国学公开课系列

墨子公开课

刘亚玲 ◎ 编著

当代世界出版社
THE CONTEMPORARY WORLD PRESS

图书在版编目（CIP）数据

墨子公开课／刘亚玲编著 .—北京：当代世界出版社，2016.11
ISBN 978-7-5090-1146-1

Ⅰ.①墨⋯ Ⅱ.①刘⋯ Ⅲ.①墨翟（前468—前376）—哲学思想—思想评论 Ⅳ.①B224.5

中国版本图书馆CIP数据核字（2016）第266485号

书　　名：墨子公开课

出版发行：当代世界出版社
地　　址：北京市复兴路4号（100860）
网　　址：http：//www.worldpress.org.cn
编务电话：（010）83907332
发行电话：（010）83908455
　　　　　（010）83908409
　　　　　（010）83908377
　　　　　（010）83908423（邮购）
　　　　　（010）83908410（传真）
经　　销：新华书店
印　　刷：北京晨旭印刷厂
开　　本：710毫米×1000毫米　1/16
印　　张：17.5
字　　数：280千字
版　　次：2017年3月第1版
印　　次：2018年3月第2次
书　　号：ISBN 978-7-5090-1146-1
定　　价：39.80元

如发现印装质量问题，请与承印厂联系调换。
版权所有，翻印必究；未经许可，不得转载！

前言

俗语有云：最大的声音是听不到的声音，最厉害的武功招式是无招。这话似乎有些虚无缥缈，但用在"爱"上就好理解了，最伟大的爱是无言的爱。从古至今，"爱"也许是出现频率最高的一个字，它被人们永远地追寻，被人们虔诚地崇拜……爱是至言，爱是真理，爱是维持人与人之间关系的基础，寻找到了爱，就寻找到了幸福。现在我们以最近的距离，超越时空的障碍，靠近墨子，与墨子面对面地交谈，倾听他那闪着哲学光辉的语言，走进他的内心深处，我们从中将获得人生的大智慧，洞见历史深处的大光明。

墨子是位思想巨子，因为他自立门户，创立了墨家学说；他也是位大爱无言的圣贤，因为他是中国五千年文明历史上第一位站在最底层劳动者和社会弱者的立场上说话的人；他在中国历史上不可或缺，因为他与众多的圣贤一道，展开思想的砥砺和交锋，共同创造出了百家争鸣的局面；他还是位科学家，是中国历史上第一位在力的作用、杠杆原理、光线直射、光影关系、小孔成像、点线面体圆概念等众多领域都有精深造诣的大家。

墨子出身贫寒，他深知下层劳动人民的疾苦，即使有了名气，也没有因为被人们看重而让自己的生活改变，为自己捞些好处。他始终都和学生们一起穿粗布，系草鞋，勤劳动，以吃苦为乐事，并自称"贱人"。在他身上，真正体现出了艰苦朴素、勤俭节约的民族精神。只不过，从现在人的一些视角来看，似乎他活得有点"不太潇洒"，而正是这种"不太潇洒"

让他保持了生命永恒的辉煌,也正是这种"不太潇洒"倡导出了一个民族优秀的品质——兼爱。兼爱,就是人与人之间宽容、平等、互相理解,强大的不欺侮弱小的,聪明的不欺侮愚笨的,富裕的不欺侮贫困的。在诸侯征伐、战乱纷飞的年代,贫苦老百姓流离失所,家破人亡。对他们来说,生的希望是渺茫的,只有死的危险才是经常光顾的;而弱小的诸侯国则是强大的诸侯国的口中之物,朝不保夕。墨子倡导的"兼爱"的根本出发点,正是为了阻止"强劫弱,众暴寡,诈谋愚,贵傲贱"(《墨子·非乐上》)的暴虐行径,使弱小的诸侯国能摆脱灭亡的命运,使受欺压凌辱的人民能过上平安幸福的生活。出于这样为贫弱者代言的动机,墨子的"兼爱"学说总是着眼于实际的利益,让每个人能够获得看得见、摸得着的好处,实现"饥者得食,寒者得衣,劳者得息"的目的。他说:"小国城郭之不全也,必使修之。"(《墨子·非攻下》)这就是"兼相爱,交相利"的道理。很显然,他的这些道理,都是真正从贫困的民众和弱小的诸侯国利益出发的。不论是君臣也好,父子也罢,让大家在人格平等的基础上做到真正相亲相爱。这和儒家等级森严的以血亲为宗法本位为核心的"仁爱"学说相比,是更加人性化的。

墨子一生为"兴天下之利,除天下之害"而"摩顶放踵",做过许多事,最经典的就是"止楚攻宋"这件事,这也是墨子实践"兼爱"思想中一个经典的案例。墨子听说楚国将攻打宋国,便从鲁国出发,只身赴险,走了十天十夜的路程才赶到楚国,先以道理说服楚王不要攻宋,又与公输盘进行模拟攻防演习,尽数挫败公输盘的各种器械,公输盘的器械用完了,而墨子的器械还有余。公输盘何许人也?是被后人奉为制造鼻祖的鲁班先生。楚王见此,只好放弃攻宋。墨子终于化解了一场战争危机。

墨子就是这样以自己实际行动来传播着墨家的精神,不懈地向世人呐喊。但在当时混乱的年代,推行"兼爱"学说的难度可想而知,有人问墨子:"现在天下没有谁在行义,你偏偏自己受苦去行义,何苦呢?"墨子抬头看了看天,回答道:"有一个人,他有十个儿子,只有一个儿子耕种,九个闲着,那么从事耕种的那一个儿子不能不加紧干活。什么缘故呢?就是吃饭的人多而耕种的人少。现在天下没有人行义,那么你应该鼓励我行义呀,为什么阻止我呢?"他的话中体现的责任感,是非常值得我们学习的。时代在前进中，总是或多或少有它的缺陷，总是在将某一点推向极端的同时把其他扔到脑后，看清楚了这一点，我们不妨学学墨子，想想自己该怎么办吧！

学习墨子的智慧，也学习墨子的精神，做一个智慧而又理智的人。虽然我们不一定要做到墨家弟子那样以苦为乐，但起码我们也要树立墨子那种勤奋好学、积极进取的人生观，学习墨子那种"兴天下之利，除天下之害"的精神。

本书以《墨子》为基础，以浅显的道理、朴实的语言，去阐述墨子话语中所蕴含的哲学深义，对现代人生活有着重大的启示，相信对大家提升自己的做人之道，也大有裨益。

目录

第一章 伟大的平民圣人——墨子其人其事

季羡林说:"墨子在人类文明史上,代表了一个时代的高度,他在哲学、教育、科学、逻辑、军事防御等许多领域都有杰出贡献,是一位伟大的平民圣人。"

兼爱天下的圣哲——墨子 ………………………………… (2)
墨家的兴起与衰落 ………………………………………… (5)
《墨经》中的科学 …………………………………………… (8)
墨子与老子 ………………………………………………… (13)
孔子与墨子主要思想比较 ………………………………… (17)
墨子精神哪去了? ………………………………………… (25)

第二章 兼爱——人生最大的艺术

墨子指出,若使天下人都彼此相爱,国与国不互相攻打,家与家不互相争夺,没有盗贼,君臣父子都忠孝慈爱,这样就天下太平了。

多一份爱,就多一份信任、理解和宽容;少一份恨,就少一份仇视、争斗和罪恶。

像爱自己一样去爱别人 …………………………………………（34）
爱人利人，人亦爱之利之 ………………………………………（37）
爱，是自己心里的事 ……………………………………………（40）
兼爱的层次 ………………………………………………………（42）
朋友与陌生人 ……………………………………………………（45）
大爱无声 …………………………………………………………（48）
以德立身，泽己及人 ……………………………………………（50）
爱人者，人方爱之 ………………………………………………（53）
爱人与爱己 ………………………………………………………（55）
以爱人之心感化人 ………………………………………………（57）
"爱人"并不是为了回报 …………………………………………（60）
君子以人为镜 ……………………………………………………（64）
为人解难，利于他人 ……………………………………………（66）
万事莫贵于义 ……………………………………………………（68）
塑造博爱的个性 …………………………………………………（71）
帮助别人就是帮助自己 …………………………………………（74）
爱心不能带有功利性 ……………………………………………（78）

第三章 "战"还是"不战"——墨子做人的启示

墨子认为：凡事只讲争先，不礼让是不可能的。比如在狭窄拥挤的城门前和人与人行走的街道上。中国自古就是礼仪之邦，素来有谦逊礼让的传统，可现如今，个个都脚步匆匆，好像有忙不完的事，为了抢先一步，为了抢个位置，争得头破血流。古人云：进一步山穷水尽，退一步海阔天空。

"非攻"的智慧 …………………………………………………（82）
身体力行更重要 …………………………………………………（85）
平等待人，品出做人滋味 ………………………………………（86）
战争与和平 ………………………………………………………（88）
墨子的防御思想 …………………………………………………（90）

不进行邪恶的攻伐，也不放弃正义的诛讨 …………… (91)
不可无不让 ………………………………………… (94)
利中取大，害中取小 ………………………………… (96)
以礼服人 …………………………………………… (97)
学会宽容别人 ……………………………………… (99)
害人之心不可有，防人之心不可无 ……………… (102)
除恶就是扬善 ……………………………………… (104)
以其人之道还治其人之身 ………………………… (107)

第四章　机智与愚钝——墨子人际交往的智慧

墨子说："运用大智慧的人，一般人很难知道他的功劳，爱耍小聪明的，反倒为世人所知。"

真正聪明者，是个大智若愚的人，而那些自以为聪明的人，都爱耍些小把戏，哗众取宠，成了世人的笑料。

"聪明人"的"聪明" …………………………… (112)
智者与愚者 ………………………………………… (115)
谄媚奉承可以覆灭一个国家，也可以毁灭一个人 … (118)
虚怀若谷，方能海纳百川 ………………………… (120)
聪明与愚笨之间 …………………………………… (123)
避免与人争论不休 ………………………………… (126)
言行傲慢伤人，言行谦逊获福 …………………… (128)
谨慎处世 …………………………………………… (131)
韬光养晦，示弱以人巧避祸 ……………………… (133)

第五章　俭节则昌，淫佚则亡——清谈墨子的生活智慧

"强本节用"是墨子思想的主题，墨子提出"俭节则昌，淫佚则亡"。节用只求实用不求华丽，但是现在有些人却忘记了这个道理，不仅讲究华丽还讲究奢侈。人，在不知足中绝对地追

求，在自得其乐中相对地满足。"人心不足蛇吞象"用作欲望无限膨胀的比喻符号，是节俭生命的一种反向修辞设计。

强本节用，去除铺张浪费恶俗 ……………………………………（136）
知足就是富有 ……………………………………………………（138）
死者与生者 ………………………………………………………（141）
害人不浅的历史厚葬陋俗 ………………………………………（142）
丧葬与人道 ………………………………………………………（144）
活得简单，才能活得自在 ………………………………………（145）
高石子背禄向义给现代人的启示 ………………………………（148）
生命之舟载不动太多的沉重 ……………………………………（150）
身外物，不奢恋 …………………………………………………（153）
懂得放弃，洒脱生活 ……………………………………………（155）
名利会使人相互残害 ……………………………………………（158）
勤俭节约则昌 ……………………………………………………（161）
分出事情的轻重缓急 ……………………………………………（163）

第六章 做自己命运的主人——墨子的非命观

墨子有言曰："强必治，不强必乱；强必宁，不强必危。""强必贵，不强必贱；强必荣，不强必辱。""强必富，不强必贫；强必饱，不强必饥。"

墨子在《非命》篇中强调了人在自然社会中的作用，强调一切都必须靠自己，自己才是命运的主宰，才是灵魂的领导。

哲学上有句格言：外因是变化的条件，内因是变化的基础。成功者相信命运掌握在自己的手中，所以他勤奋不辍；失败者相信命运天注定，所以他等待幸运的光临。

自信才能成功 ……………………………………………………（166）
为所难者必得所欲 ………………………………………………（169）
言必信行必果的立身处世之道 …………………………………（171）
胜败的关键在于条件是否适宜 …………………………………（174）

染苍则苍，染黄则黄 …………………………………………… (176)
命运掌握在自己手中，做人就要做自己 ………………… (179)
除了努力工作，没有任何捷径 …………………………… (181)
坚持就是胜利 ……………………………………………… (183)
相信自己，因为"我"很重要 …………………………… (186)
居安思危 …………………………………………………… (188)
只有自己才能拯救自己 …………………………………… (190)
信念改变命运 ……………………………………………… (192)
要慎言敏行，将聪明用在行动上 ………………………… (195)
福祸由己定 ………………………………………………… (197)
志不强者智不达 …………………………………………… (199)
不放弃，小甲虫也能撼大树 ……………………………… (202)
辛勤实干，切忌空谈 ……………………………………… (206)
相信自己，无所不能 ……………………………………… (208)
言而有信，是为大丈夫 …………………………………… (211)

第七章 尚贤——墨子的现代人才观

墨子对于贤能人才的价值有着极其深刻的认识。《亲士》篇云："入国而不存其士，则亡国矣。见贤而不急，则缓其君矣。非贤无急，非士无与虑国。缓贤忘士，而能以其国存者，未曾有也。"意思是说，到一个国家主政却不能蓄纳贤士，那就要亡国了。发现贤人却不急于举用，贤人就会怠慢其国君。没有贤才就不能处危难，没有贤才就不能与之谋虑国事。怠慢贤才、忘记良士，而能使其国家保存的事，从未有过。贤人对于国家是如此重要，对于竞争日趋激烈的企业，又何尝不是这样呢？

归国宝不若进贤士 ………………………………………… (214)
实力胜于资历 ……………………………………………… (218)
要会因事设人，而不是因人设事 ………………………… (222)
正确评价人才 ……………………………………………… (225)

用好比自己强的人 …………………………………………（230）
有能举之，无能则下之 ……………………………………（233）
用人不疑，故利若此 ………………………………………（236）
用人当知人善任 ……………………………………………（240）

第八章 学思并重——墨子的学习与教育思想对现代人的启示

　　学思并重，提高实践能力是墨子思想的一大亮点，墨子在学习中很注重学与思的结合。要知其然，更要知其所以然。墨子提出学习要"以行为本"。正如有位伟人说的那样：实践出真知。"两耳不闻窗外事，一心只读圣贤书"的那种时代已经过去。在学校里若没有实践能力，那么走出象牙塔，可能会面临诸多困境。

墨子的教育思想 ……………………………………………（244）
知识就是资本 ………………………………………………（246）
学习永远都是有益的 ………………………………………（250）
行者必先近而后远 …………………………………………（253）
多才多艺，不如独精一门 …………………………………（255）
谦虚是学习的重要法门 ……………………………………（257）
学以致用，将知识运用于实践 ……………………………（259）
条条大路通罗马 ……………………………………………（261）
创新是一种强大的力量 ……………………………………（263）
经常反省自己 ………………………………………………（266）

第一章　伟大的平民圣人
——墨子其人其事

季羡林说:"墨子在人类文明史上,代表了一个时代的高度,他在哲学、教育、科学、逻辑、军事防御等许多领域都有杰出贡献,是一位伟大的平民圣人。"

兼爱天下的圣哲——墨子

墨子姓墨，名翟，鲁国人。生于公元前480年左右，卒于公元前390年左右，享年90岁左右，大约相当孔子逝世后、孟子出生前的时代。墨子可说是中国历史上一个伟大而又神秘的人物。他创立的墨家学派和孔子所创立的儒家学派是春秋战国时期的诸子百家中最著名的两家。《韩非子·显学》云："世之显学，儒墨也。"毛泽东说："墨子是一个劳动者，他不做官，但他是比孔子高明的圣人。"如此伟大的人物在历史上应享有盛名，然而，与孔子在人们心目中的辉煌形象形成反照，各种史籍对墨子的生平却未有一明确、肯定的记载，以至后人关于墨子本人的情况知道很少，使我们无法认清墨子的真面目。墨子出生何地，也有争议，《史记·孟荀列传》说他是宋国的大夫，《吕氏春秋·当染》则认为他是鲁国人，现代学者普遍认为他是鲁国人。

墨子是伟大的思想家、教育家、科学家、军事家和社会活动家，在中华民族的文明史上，代表了一个时代的高度。

墨子的思想具有极重要的时代价值。他的思想学说博大精深，他的科学思想前无古人，他的军事技术高于其他诸子，他对世界、对社会的贡献也是多方面的。

墨子有著作传世。《汉书·艺文志》著录《墨子》有七十一篇，后亡佚十八篇，故今本《墨子》仅五十三篇。其中较能代表墨子学说和思想者有《尚贤》《尚同》《兼爱》《非攻》《节用》《节葬》《天志》《明鬼》《非乐》《非命》等。其余大都为墨家后学所作。其中《经》《经说》和《大取》《小取》，均属名辩之作，以讨论人的认识论和逻辑学等问题为主，可能成书于战国晚期，故为集名辩大成之作，是今天研究战国名辩之学的重要材料（见《墨经》）。《备城门》《杂守》等十一篇，主要讲城守之术，应为兵家作品，也是墨家善守御的一种见证。还有如《亲士》《修身》

《所染》，前人多疑非墨家所作。

据《墨子》可知，墨子的学说思想主要包括以下几点：

（1）兼爱非攻。所谓兼爱是要求君臣、父子、兄弟都要兼相爱，"爱人若爱其身"，并认为社会上出现强执弱、富侮贫、贵傲贱的现象，是因天下人不相爱所致。指出为官的要"兴天下之利，除天下之害"，为民的要相亲相爱，交互得利。

（2）天志明鬼。宣扬天命鬼神的思想是墨学的一大特点。墨子认为，天是有意志的，它不仅决定自然界星辰、四时、寒暑等的运动变化，还对人世的政治起支配作用。因"天之爱民之厚"，君主若违天意就要受天之罚，反之则会得天之赏。对于鬼神，墨子不仅坚信其有，而且认为它们对人间君主或贵族也会赏善罚暴。

（3）尚同尚贤。尚同是要求百姓上同于天子。墨子认为，国君是国中贤者，百姓应以君上之是非为是非。他还认为，上面了解下情也很重要，因为只有这样才能赏善罚暴。尚贤是要求君上能尚贤使能，即任用贤者而废抑不肖者。墨子把尚贤看得很重，以为是政事之本。他特别反对君主用骨肉之亲，对于贤者应不拘出身，提出"官无常贵，民无终贱"的主张，认为只要有贤能，不管亲疏远近、贫富贵贱都要任用他们。他认为，人民都要向他们的长官认同学习，下级的主管必须向上级的主管认同学习。

（4）节用。节用是墨家非常强调的一种观点，他们抨击君主、贵族的奢侈浪费，尤其反对儒家看重的久丧厚葬之俗。认为君主、贵族都应像古代大禹一样，过着极为俭朴的生活，而且要求墨家弟子在这方面也能身体力行，主张"强本节用"，重视生产，崇尚节俭，人人参与劳作并分工合作，各尽所能。

墨子还是伟大的教育改革家，墨子善于独立思考，长于发现问题，敢于革弊立新，创立代表"农与工肆之人"利益的墨家学派，并在教育目的与方针、教学方法与内容等方面进行了一系列卓有成效的改革。在这些教育改革中，最重要的是培养什么人和如何提高人的素质。墨子教育最突出的特点就是综合教育加实践锻炼。墨子的综合教育体现在教育思想的全面性和教育内容的广泛性两个方面。墨子在教育方法上注重实践，他所培养的学生能够学以致用，学成以后直接从事拯救社会和普济民生的大业，成为时代的栋梁之材。墨子主张的教育的目的是为了实现救世拯民。他是第一个不畏劳苦送教上门的教育家。他很重视教授生产、军事技能、自然科学知识和逻辑知识。他提出了教育上的量力性（可接受性）原则、实践性原则等。在教学方法上，要因时（材、人）施教、讲清事物的所以然、以行为本、注重学生个性发展。在自然科学方面，他在力学、几何学、代数学、光学等方面，都有重大的贡献。在军事方面，墨子主张"有备无患"，反对侵略战争，采取防御战争。他主张外交上要"遍礼四邻诸侯"，争取外部的支持。

墨子的教育思想不仅在古代教育史上有独特的价值，今天仍然能为我们提供多方面的借鉴。无论是对人人享有完全平等的教育机会的要求，注重培养学生良好道德风范、高尚道德情操，要求磨炼学生意志的思想，广泛的学习与实践的做法，还是师生在教学中积极主动精神的提倡以及创造性思维的培养等，都对我们有极大的启示。

墨家的兴起与衰落

春秋战国时期，正是中国从奴隶社会向封建社会过渡的时期，诸侯争霸，群雄并起。这时候社会的转型需要思想学说做理论指导，诸侯之间的激烈竞争又导致他们极力招揽人才。时代的需要，宽松的学术氛围，孕育了中国最朴素而灿烂的思想文化。一时间诸子兴起，百家争鸣，互相借鉴又互相诘难。讨论的问题之广，涉及的题材之多，发掘的深度之远，以及对后世的影响之深远，都是空前绝后的。丰富灿烂的文化成果构建了中国古代文化的基本框架，而后中国文化两千多年的发展，尽管也受到一些外来文化影响，但总是被中国文化消化和吸收（如西汉末年开始传入中国的佛教，唐朝早期开始传入中国的伊斯兰教、基督教，晚清时期开始影响中国的西方思想哲学体系），中国的主流文化还是这个时期奠定的。这期间形成的对后世较有影响的学说有：儒家、墨家、道家、法家、兵家等。所谓东方人的智慧，无论是中国、日本，还是韩国，都离不开这几家的范畴。

墨子正好生活在孔子之后、孟子之前。墨子早年"学儒家之业，受孔子之术"，后来他看到儒家学说的种种弊端，于是自立门户，开创了墨家学派。墨子毕生为之身体力行，言传身教，为墨家学说的发扬光大和实施济世而奔走呼号。在其晚年和身后，墨家渐渐成了最有影响的学派，与儒家学说分庭抗礼，并大有凌驾其上之势。以至于孟子哀叹："墨翟之言盈天下。"荀子更是说："礼乐灭息，圣人隐伏，墨术行。"韩非也说："世之显学，儒墨也。"

墨家学说成于道、儒之后，为什么能够异军突起而盛行一时呢？在于它提出了一些当时儒道两家学说没有提出的社会学说和政治方案，如王天下、正诸侯、尚贤能、等贵贱等思想。尤其是它反对非正义的战争和穷奢极欲的享乐生活，得到了很多小国的支持，反映了广大下层老百姓的呼声。

先秦诸子的学说，主要是围绕修身齐家治国平天下展开的，墨家也是如此。墨子注重品行的完善，认为有四种品行是君子必须具备的：贫则见廉，富则见义，生则见爱，死则见哀。他认为，君子必须意志坚定，言而有信，言行如一，表里一致，敢于捍卫真理，善于明辨是非，并要经常审视自己。他不但注重本身的修行，还注意到了结交朋友的重要性，说道："染于苍则苍，染于黄则黄"，即我们所说的近朱者赤，近墨者黑。

墨子跟道家、儒家还有个显著不同的地方，就是他不但注重言传，还注重身教，身体力行。墨家的人全部葛衣短衫，亲自劳作。墨子不像老子、孔子那样四体不勤、五谷不分，他甚至鼓励弟子们以苦为乐。正因为如此，墨子才深知民间疾苦，才对儒家提倡的繁文缛节深恶痛绝。也是这个原因，墨家才迅速得到广大平民的支持，具备广泛的民众基础，成为一时之显学。

但墨家提出的非攻思想，不符合战国时期大一统的趋势。在当时的条件下，不通过战争不可能真正结束分裂而使天下稳定。墨子及其后来的弟子都没有弄清楚，至少没有把这样的观点形成文字：战争，有时也是实现和平的一种手段。因此非攻思想不可能被那些实力强大的诸侯国接受。而兼爱非攻是墨子的主流思想所在，因此墨子思想不可能被大国接受。墨子奔走呼号一生也没有实现自己的理想，他的弟子更是如此，其原因就有非攻不符合那种特殊战乱的年代。

战国时期，墨家内部严格的半军事化的纪律、准宗教式的信仰、慷慨赴死的精神、对大义的执着追求，导致大批弟子在帮助守城时死亡，丧失了大批墨学精英。墨子为劝楚惠王而亲自赴楚，根本不把生死当回事，其后来者亦是如此。

墨子思想在很多地方跟孔子儒家直接针锋相对，一直互相攻击。当儒家成为正一统后，墨家思想就被视为异端，遭到封杀。

在墨子之后，墨家再没有出现一个天才的集大成者，进一步完善其思想，以保持其旺盛的生命力，与时俱进，适应时代的要求。而道家先有老子，后有庄子和刘安；儒家自孔子后有孟子、荀子、董仲舒。特别是在西汉初年，国家大治，统治者在寻找治国良策时，董仲舒及时奉上"天人三策"，刘安也献上《淮南子》，而墨家作为当时的显学却在学术和治国思想上无所作为。结果汉武帝采纳了董仲舒的学说，罢黜百家，独尊儒术。儒家正式跟皇权结合，成为正统思想，墨家沦为杂家。

西汉初年，游侠成为一种风气。疑为墨家弟子的郭家、朱解之流对民间影响非常之广。加之墨家内部有一套完整的赏罚制度，墨家弟子犯了法，自己处罚，完全不需政府插手。作为封建集权的统治者，怎么可能容忍他人的影响比政府比皇帝还大？又怎么可能容忍有别的组织可以在法外立法？因此汉景帝时开始弹压墨家。到汉武帝时，儒家思想成了主导，郭家、朱解之流又以武犯禁，藐视皇权，杀人于千里之外；更有一些墨家子弟参加了当时的七国之乱。汉武帝震怒之下，先后三次重拳出击镇压墨家。墨家子弟的活动从此走向地下，逐渐衰落。游侠之风也因此衰落，直到大唐才又渐渐兴起。

随着时间的推移，墨子学说到了近代又逐渐受到推崇，比如梁启超、章太炎、孙中山等。

墨子又是个极端的人……他觉得旧社会整个要不得，非从根本推翻改造不可。所以他所提倡几条大主义，条条都是反抗时代潮流，都带极端革命的色彩。革除旧社会，改造新社会，就是墨子思想的总根源。——梁启超

古时最讲爱字的莫过于墨子。墨子所讲的"兼爱"，与耶稣所讲的博爱是一样的。——孙中山

列宁在苏俄实行的与墨子理论近似，但比墨子的学说更彻底、更深刻、更伟大。——蔡和森

墨翟也许是中国出现过的最伟大的人物。——胡适

除这些引言之外，鲁迅在《故事新编》里，直接赞颂过墨子的言行，也将墨子视为中国的脊梁。

20世纪中国上半叶，当时社会上最具影响的政治精英和文化巨擘，在对墨子的兴趣和地位评价上，章太炎与梁启超，胡适与鲁迅，并没什么不同。中外、新旧思想猛烈碰撞之际，在这些精英人物的心中，老子与佛陀，孔子与基督，墨子与马克思，也没有太大区别。

那时，中国社会的知名学者，没有没谈论过墨子的。就当时的客观情景而言，以往以孔孟为标志的中国传统文化，霎时间，变成了以墨为尊的局面。

这就是近代墨学的复兴。

《墨经》中的科学

对于《墨经》富含科学精神这一点，近现代学者有比较一致的看法。梁启超在其《墨经校释·自序》中说："在吾国古籍中，欲求与今世所谓科学精神相悬契者，《墨经》而已矣！"

《墨经》中的科学知识，主要集中于数学、力学、光学诸方面。

《墨经》中的数学知识，充分表现了墨家高度的抽象思维能力。这里有对数学一些基本概念的定义，如对于"中"的定义，《经上》谓："中，同长也。"《经说》上解释道："中，自是往相若也。"这一定义适合于各类几何形体，非常准确。再如，"同长，以正相尽也"，这是对两线段相等所作的定义，十分贴切。又如对于圆的定义，《经上》定义道："圆，一中同长也。"圆只有一个圆心，从圆心起到圆周上任何一点长度都相等。这样的定义，即使在今天看来，也无可挑剔。《墨经》的数学，主要集中于几何方面，涉及点、线、面、方、圆等几何概念，以及几何体彼此间相互关系问题。此外，也涉及数学其他分支，例如《经下》提到"一少于二而多于五，说在建位"，这是对十进制的强调，在数学史上具有重要地位。

在力学方面，《墨经》中相关条目更多，涉及的内容也更广泛。《墨经》讨论了力的定义，讨论了运动的分类、运动和时空的关系、物质结构、应力和应变等。对圆球的运动和它的随遇平衡、轮轴和斜面的受力等都有扼要论述。书中记述了浮力，对物体沉浸在水中的部分和浮力的关系，有大致正确的认识。该书还探讨了一些简单机械的工作原理，反映了古人在长期实践中，在应用简单机械如杠杆、滑车、轮轴、桔槔、辘轳等的过程中发展起来的力学知识。在一本书中集中讨论这么多的纯粹力学知识，这在古籍中是不多见的。

尤为值得一提的是《墨经》中的光学知识。《墨经》中涉及光学的知识一共有八条，对这八条，钱临照有精辟论述，他说："这八条光学文字虽为经下八十余条中的一小部分，但八条文字的本身是经过作者缜密的考虑，把它排成一个很合乎科学意义的次序，这绝不是偶然的事。这八条中第一条是述影的定义与生成。第二条说明光与影的关系。第三条则畅言光是具有直线行进的性质的，并且描写一个针孔照相匣的实验来说明它。第四条说光有反射的性能。第五条论光和光源的关系而定影的大小。这五条论光和物、阴影的关系。从第一条影的定义起到第五条的光、物、影三者间复杂的关系为止，物理学光学中论影的部分已完备了。从此以下就是论物和像的关系了。第六条述平面镜中物和像的关系。第七条进而述凹球面镜中物与像的关系。第八条则述凸球面镜中物与像的关系。这样光学中论像的部分也就完毕了。影论、像论有了，几何光学的基础打下了，首尾具备了。这样有条理的、完整的记载，文虽前后仅八条，寥寥数百字，确乎可称两千多年前世界上伟大光学著作。"

除此之外，《墨经》还包括了其他一些有关科学内容，反映了我国先秦时期所达到的科学水平，是一份研究我国古代科学，特别是物理学方面的宝贵遗产。

力学是现代物理的重要分支，是研究机械运动的基础。《墨经》中记述了丰富的力学知识。《墨经》中提出了关于机械运动的正确定义："动，域徙也。"意思是说，机械运动的本质是物体位置的移动。这与现代机械运动的定义完全一致。《墨经》中还进一步阐述了平动、转动和滚动等几种不同的机械运动形式。《墨经》中对这些运动形式的定义是非常科学的，例如，在书中将平动定义为"俱止、动"，意思是说一个物体的所有部分要静止就全部静止，要动就全部都动。

《墨经》中关于力的定义是从人的体力概念引申出来的。书中定义："力，刑之所以奋也。"这里"刑"就是"形"，指人的身体。"奋"的原意是鸟张开翅膀从田野飞起。这句话的意思是说，力是使人的运动发生转移和变化的原因。

《墨经》中写道："刑（形）之大，其沉浅也，说在具（衡）。"就是说，形体大的物体，在水中沉下的部分浅，是因为物体重量被水的浮力平衡的缘故。这些认识说明墨家不仅定性地认识到浮力同重力的平衡关系，而且有定量的概念。这从一个侧面可以看出，我国人民早在春秋战国时代就已经认识到了浮力原理，并开始在生产中加以应用。

《墨经》中讨论了杠杆平衡问题。在《墨经》中将砝码叫作"权",将悬挂的重物叫作"重"。支点的一边叫作"标"(力臂),另一边叫作"本"(重臂)。如果两边平衡,杠杆必然是水平的。在平衡状态下,加重其中一边,必将使这边下垂。这时要想使两边恢复平衡,应当移动支点,使"本"缩短,"标"加长。而在"本"短"标"长的情况下,假若再在两边增加相等的重量,那么"标"这一端必定下垂。

　　《墨经》不仅清楚地叙述了种种杠杆实验的结果,更难能可贵的是对这些实验做了正确的解释。例如,它解释上面讲的"标"一端下垂的实验现象,认为是由于力臂和砝码的联合作用大于重臂和重物的联合作用的缘故。这个解释不仅考虑到力或重的多少,而且还考虑了距离和平衡的关系,虽然没有得出明确的定量关系,但是实际上提出了力学中"力矩"的概念。所以可以说,墨家已经发现了杠杆平衡原理。

　　在《墨经》中还记载了丰富的几何光学知识。墨子在当时就已知道光是沿直线传播的。墨子和他的学生做了世界上最早的"小孔成像"实验,并对实验结果作出了精辟的分析。在一间黑暗的小屋朝阳的墙上开一个小孔,人对着小孔站在屋外,屋里相对的墙上就会出现一个倒立的人影。为什么会这样呢?《墨经》中写道:"景:光之人,煦若射,下者之人也高,高者之人也下。"这句话的意思是:因为光线像射箭一样,是直线行进的。下面的光线射到人,通过小孔,成影在上边;上边的光线射到人,穿过小孔,成影在下边,就成了倒立的影。这是对光沿直线传播的第一次科学解释。

　　《墨经》中还利用光的直线传播原理解释了物体和投影的关系。墨家认为,光被遮挡就产生投影,物体的投影并不会跟随物体一起移动。飞翔的鸟儿,它的影子仿佛也在飞动着,实际上并不然。墨家指出飞鸟遮住了直线前进的光线,形成了影子。一瞬间后,飞鸟移动了位置,原来光线照不到的地方,现在照到了,旧影就消失了,而在新的地方,出现了新的影子。这就是说,鸟在飞翔中,它的影子并不跟着移动,而是新旧投影不断更新。在两千多年前,能这样深入细致地研究光的性质,解释影动和不动的关系,是非常不容易的。

　　墨家在研究了两个光源同时照射一个物体和成影现象以后指出:一个物体有两种投影,是由于它受到两个光源照射的缘故;如果只有一个光源照射一个物体，则只会产生一个投影。这些论述与现代光学中的"本影""半影"描述非常吻合。

我国在三千多年前就出现了青铜镜，到了战国时期，无论在青铜镜的制造方面还是在使用方面都积累了丰富的经验。墨子和他的弟子对镜子成像的原理进行了深入的研究，提出了平面镜、凹面镜和凸面镜的成像理论。

在分析镜面成像的时候，墨家把物体看作由无数物点组成，所成的像由无数"糗"（qiǔ）组成。"糗"字本义是炒米粉，在这里取它极细小的含义，描述物体成像的像点。

墨家知道光在透镜或凹面镜之前会聚焦。《墨经》上说："在远近有端与于光，故景库内也。"景就是影，指物体的影像；内就是纳，也就是聚集在一点的意思。《墨经》里常称焦点为"正"或"内"，所以我们知道墨家已研究出光线聚集原理。

墨家对凸面镜生虚像的原理也很了解。《墨经》记载："景之臬无数，而必过正，故同处其体俱。"意思是说：物体影子由物体与镜子距离的远近来确定，任何一处都可成影，所以说影无数，但这些影子都必然通过焦点，即过"正"。在我们知道的所有能成像的物体中，太阳是最远的，所以它成像在焦点上。而物体离镜面愈近，成像的位置愈远；如果物体和太阳一样远，则影像也在焦点上，所以说，"同处其体俱"。

墨家已经知道凹面镜成倒实像的现象，《墨经》说："临鉴而立，景到。"意指物体经过凹面镜的反射，所成的影像是倒的，"到"就是倒的意思。书中对这种现象给出了解释："足蔽下光，故成景于上；首蔽上光，故成景于下。"

从《墨经》中的记载可以看出墨家对光的性质以及凹凸面镜成像现象相当了解。不难推测，在墨家所处的时代，我国已经出现了凹面镜及凸面镜。而且墨子及其弟子一定做了很多次实验，并针对这些实验进行了认真的观察和思考才能得出这些结论。

在我国浩如烟海的经史著作中，《墨经》是唯一一本对我国古代几何光学发展进行系统性论述的典籍。

据《墨子·备穴》中记述，在当时人们为防御敌人攻城，设计了一种地下声源探测装置。具体的方法是，沿城墙根每隔一定距离挖上一口井，挖到地下水位以下约两尺为止，然后在井下放置一个容量七八十升的陶瓮，瓮口蒙上皮革，作为地下共鸣箱。让听觉灵敏的人伏在瓮口仔细听，当有敌人挖坑道攻城时，就可以根据陶瓮响声的大小来确定敌人的方向位置，以便出兵迎击。

《墨经》在数学方面，提出了一些几何学的定义，这表明我国在战国时期就已经产生了理论几何学的萌芽。例如：

"平，同高也。"说的是平的定义，指出高低相同就是平。

"直，相参也。"这里参就是三。三点共一线就是直，这是直线的定义。

"同长，以正相尽也。"是说两个形体相比较，恰好相尽就是长度相同。

"中，同长也。"说的是形体的对承重心的定义。

"圆，一中同长也。"这是《墨经》中对圆的定义。这与近代数学中圆的定义"对中心一点等距离的点的轨迹"是完全一致的。

此外，《墨经》中还提出了"端""尺""区""穴"等概念，大致相当于近代几何学上的点、线、面、体。书中写道："端，体之无厚而最前者也。""端，是无间也。""端"字原意是植物初出土的芽尖，整个植株由它长成。这里借用来描写几何学上的没有厚度也没有间隙、无法间断的"点"，这种思想虽然在现在看来还不是十分准确，但在当时的文明程度下，还是很了不起的。

墨子与老子

墨子与老子都出身于没落贵族,老子曾为周朝史官,对他去职的原因,尽管《史记》上说的是"居周久之,见周之衰,乃遂去",但至少可证明他在当时也是不得志的。在这样一个背景下,他们不仅有很多共同关注的问题,而且一些看法也很接近。但另一方面,由于他们在文化传承与价值观念等方面的明显差异,所以两人的思想往往是同中有异、异中又有同,把两人放在一起考察,是很有意思与意味的。

首先,需要理清的是他们与儒家的关系。老子、墨子与儒家的矛盾是显而易见的,但如果仔细考较,则会发现冲突的程度不同。墨子由于"学儒者之业,受孔子之术"的原因,属于儒家阵营中的反戈一击者,因而更晓得儒家的弱点,所以专拣儒家的要害处攻击,如《淮南子》所谓"其礼烦扰而不悦,厚葬靡财而贫民,久服伤生而害事"。而在老子与孔老夫子之间,矛盾则没有这样激烈,尽管"世之学老子者则绌儒学,儒学亦绌老子",但它们本质上还是正如司马迁说的这叫"道不同不相为谋"。也可以说属于"文人相轻"的一类,老庄一派最看重的是谁的道术更高明,因而《史记》关于孔子问礼于老子的记载,是他们最热心讲述与回忆的历史细节。庄子在文章中更是几次对此极尽渲染之能事,这与墨子对孔大圣人激进态度有很大的区别。与孟子把墨子与杨朱说成是"无父无君"的"禽兽之道"态度不同,在中国历史上,儒道之间一直是一种良性的对立互补关系。当然,孟子的批评是太自私了,有些意气用事,但他们各自占有了真理的一部分,所以在儒墨两家也是存在对话途径的。如荀子虽然把墨家思想贬称为"役夫之道",但也坦承"墨术成行,则天下尚俭"(《荀子·富国》)。而司马谈在《论六家要旨》中更是强调讲"强本节用"的墨家"不可废也"。孔子之后的儒家,也往往是从墨、老两家吸取了一些智能之后,才完成了自身的理论补充的。如在儒家士大夫的"重农"措施中,就可以看到墨家的身影。而法家的韩非子也是因为吸收了老子的政治智能，才把孔子的仁心转换为政治家的铁石心肠的。这是历史过程的复杂与变量所在。

其次是他们的政治态度。对儒家极力赞美的周王朝，墨、老都是有不同看法的。但由于墨子的传统是代表着原始奴隶社会公有制的"夏政"，而老子的思想则更多地带有更加原始的母系制烙印，所以在什么是一个理想的政治与社会上，两人有时相似，有时则相反，这当然需要仔细分辨才能弄清楚。在对统治者这方面，两人表面上的差别是"有为"与"无为"。在老子有"贵柔"政治哲学，他反复宣扬的道理是"以柔制强"。而墨子则完全不同，他说："君子不强听治，即刑政乱；贱人不强从事，即财用不足。"（《墨子·非乐上》）但由于老子要求"柔"的主体是统治者，而墨子要求"强"的是整个社会群体，要求的主体不同，所以这两条道路并不存在根本上的对立。甚至可以说，如果两者结合起来，一方面，统治者对一己之私欲"塞其兑，闭其门"，把个体欲望降到最低的限度；另一方面，又能像"腓无胈，胫无毛，沐甚雨，栉疾风"的大禹那样"形劳天下"，全心全意地为人民大众谋福利，那离一个真正理想的社会就相去不远了。在对什么是理想的社会方面，老子的"小国寡民"与墨子的"夏政"也很相似，两人都有开历史倒车的因素。但由于墨子强调只有群策群力才能生存下去，而老子的意思却是"民至老死不相往来"，一个是肯定了社会关系的必要性，尽管它的层次极低，而另一位完全否定了它，这正是墨家一些思想常可以在现实中发生作用，而老子思想只能退缩到抽象理论中的原因。

再次，对人生本身，他们都有物质关怀重于人文关怀的意思，如老子有"绝圣弃智""见素抱朴，少思寡欲，绝学无忧"，以及"五色令人目盲；五音令人耳聋；五味令人口爽；驰骋畋猎，令人心发狂；难得之货，令人行妨。是以圣人为腹不为目"等说法。而墨子本人更是极端的实用主义者，所谓的"先质而后文"，所谓的"食必常饱，然后求美；衣必常暖，然后求丽；居必常安，然后求乐"都是如此。但在对人文关怀的否定程度与方式上，两者的关系又是相当复杂的。墨家要反对的是儒家的繁文缛节，而反对的原因则是它不仅要消耗大量的生活资源，而且还直接影响了整个社会的物质生产。如墨子"非乐"的原因是"使丈夫为之，废丈夫耕稼树艺之时；使妇人为之，废妇人纺绩织纴之事。今王公大人，唯毋为乐，亏夺民衣食之财，以拊乐如此多也"。而老子则把文明时代的新文化统统看作是灾难的根源，他最著名的说法如："使有什伯之器而不用；使民重死而不远徙。虽有舟舆，无所乘之，虽有甲兵，无所陈之。使民复结绳而用之"；"绝圣弃智，民利百倍；绝仁弃义，民复孝慈；绝巧弃利，盗贼无有"。这些说法太极端了，以至于著名英国哲学家罗素说：老子的"回归自然"与卢梭是完全不同的，因为在卢梭看来，回归自然就是从巴黎那种不健康的城市生活回到乡村，而不是老子的蛮荒时代。进一步说，根据老子的标准，像大禹那样的圣人已经是"非人类"了。而根据墨子的标准，老子讲的这套"玄之又玄"的东西，由于没有实用价值，所以也是应该抛弃的。

最后，在人性这一基本问题上，中华三圣（老子、孔子、墨子）又有着惊人的相似。老子认为："人法地，地法天，天法道，道法自然。"已非常清楚地提出了人性"自然"的主张。孔圣人的"性相近也，习相远也"，无疑是对老子人性观的传承。墨子一书开篇《所染》，以染丝为喻，"非独染丝然也，国亦有染"。"非独国有染也，士亦有染。"一语道破人性的自然状态，并指出改造环境的重要性。

人性"自然"观的本质，是人性解放的思想，是对不被异化的人、自然状态的人的一种追求。在老子所处的时代，"大道废，有仁义"，执政者以一己之私驱策天下，以荒唐之仁义道德愚弄民众，而普通民众竟然深陷其中，被统治者的"圣智仁义"催眠。所以老子讲大道，要"道法自然"，反对强权对人性的异化，要人们"绝圣弃智"，"绝仁弃义"，"绝巧弃利"，以回归大道，回归人性。在老子那里，"民之难治，以其智多"，就是要抛弃礼乐等级观念、大国家主义以及对圣智仁义巧利的盲目追随。老子甚至认为人权高于国权，主张"小国寡民"自然状态。

孔子何以讲仁义道德？孔子所言的仁义智能，在春秋末期有现实的意义。针对当时统治者的昏暗、人之主体性价值与尊严惨遭践踏的社会状况，孔子希望高扬人的尊严与价值。他提出仁者"爱人"的人道主义原则，直言批评统治者"未能事人，焉能事鬼？"（《论语·先进》）仁者何在呢？孔子主张通过大众教育，培养理想人格，以挽救人的价值与尊严。

墨子则进一步肯定人的尊严和人的价值，认为仁不是手段而是目的，说："仁，爱己者，非为用己也，非若爱马。"(《墨子·经说上》)他提倡更为广泛的人道原则，以此解放平民。他批评孔子的仁义存在亲疏厚薄之别，从而提出"兼相爱，交相利"(《墨子·兼爱中》)，充满社会平等思想与对社会等级的批判思想。反对等级制度礼乐文明，主张"节用""节葬""非乐"。他反对宗教天命对人的异化，具有强烈的平民革命思想，指出，儒家所言的"天命"是"天下之大害也"(《墨子·非命上》)，"命者，暴王所作，穷人所术（述），非仁者所之言也"(《墨子·非命下》)。

孔子与墨子主要思想比较

几年前，曾记得读过一句"孔席不暖，墨突不黔"，是说孔子与墨子两人为救世而汲汲奔走于天下的忙碌与艰辛。一个连席子还没坐暖，一个连烟囱才生起火就要匆匆到别处游说拯救世人了，此中足见圣人的风范。后虽然孟子骂墨子是无君无父，是畜生之道，但对他这种"士志于道"的精神还是赞扬的，"墨子兼爱，摩顶放踵利天下，为之"（《孟子·尽心上》）；庄子也由衷地称赞，"墨子真天下之好也，将求之不得也，虽枯槁不舍也，才士也夫！"（《庄子·天下》）；曹操对墨子的兼爱也说："侈恶之大，俭为共德。兼爱尚同，疏者为戚。"

先秦诸子时代，是我国历史上文人人格相对独立、思想最为活跃的时代，也是一个学术上异彩纷呈、硕果累累、辉煌璀璨的时代。在当时涌现出许多思想主张互不相同的学派，其中影响最大的有两个：一为孔子开创的儒家，一为墨子开创的墨家。《韩非子·显学》篇记载："世之显学，儒墨也。儒之所至，孔丘也，墨之所至，墨翟也。"从两者关系来看，墨子是孔子的徒弟，后"背叛"师门，自立门户，创立墨子，可以说，墨家学说乃是墨子对儒家学说进行反思和批判的产物，因此，二者必然同中有异，异中有同。所以要了解墨子，就必然将墨子与其"师父"孔子做一番比较，以更加清晰地认识墨子思想与儒家思想的异同。

1."从周"与"背周"

在中国文化史上，孔子最早开始发现了文质之间的辩证关系问题。他说："质胜文则野，文胜质则史。文质彬彬，然后君子。"孔子眼中的君子是自然才智与后天修养、内在修养与外在行为的合一。孔子在注重人内在本质的同时，更加重视外在手段，尤其是礼乐文化对人的教化作用，认为一个人"兴于《诗》、立于礼，成于乐"。

孔子对周礼显然是情有独钟，他的主要理由是周礼借鉴了夏礼和殷礼,并做了应有的补充,在文化上已经达到了相当高的程度,他说:"周监于二代,郁郁乎文哉,吾从周。"

孔子认为,学习周礼,可以帮助人们了解生命的意义和价值,过一种符合道德要求的生活,为政治管理者找到一种长治久安之道。尤其是在春秋末年,"礼坏乐坏",天下失序,在孔子看来,恢复和弘扬周礼显得尤为重要。孔子在当时虽然也意识到了周礼所面临的危机,主张对周礼进行一些创新,但是由于他对中国传统文化基本上抱一种同情的态度,总是力图用伦理的言辞来论证它的合理性,所以他对周礼进行的只是输血式的改造,只有量变而鲜有质变,使这种创新蒙上了浓重的温情主义和唯心主义的色彩。

同样在文质关系问题上,墨子与孔子的观点就截然相反,墨子主张先质后文,讲究实用。墨子说:"食必常饱,然后求美;衣必常暖,然后求丽;居必常安,然后求乐。为可长,行可久,先质后文,圣人之务。"墨子之所以这样认为,是因为他思想的立足点是"兴天下之利,除天下之害"。墨子对儒家从周代继承下来的礼乐文化等进行了大量的批判,这在《墨子》书中的《节用》《节葬》《非乐》等篇章中随处可见。他认为这些礼、乐劳民伤财,奢靡不实用,并力求以简单有效的方式来代替它们。《墨子·非儒下》中说:"孔丘盛容修饰以蛊世,弦歌鼓舞以聚徒,繁登降之礼以示仪,务趋翔之节以观众。博学不可使议世,劳思不可以补民,累寿不能尽其学,当年不能行其礼,积财不能赡其乐。繁饰邪术以营世君,盛为声乐以淫遇民。其道不可以欺世,其学不可以导众。"在《墨子》书中,夏禹被塑造成与儒家所宣传的礼乐文化背道而驰的古代圣王典型,以此来压服儒家所崇拜的祖师爷文王、周公。墨子以大禹吃苦耐劳、热心救世的精神与实践为榜样,来要求自己并创立墨家学派。《淮南子·要略训》上说:"墨子学儒者之业,受孔子之术,以为其礼烦扰而不悦,厚葬靡财而贫民,(久)服伤生而害事,故背周道而用夏政。"

由此可见,墨子的"从夏"与孔子的"从周"格格不入。冯友兰曾指出:"墨翟虽然没有明确地从根本上批判'周礼',但上面所说的墨子这些主张的实际意义,就是反对和批判周礼。"

2."仁爱"与"兼爱"

《墨子》一书政治观点和道德观念形成的共同基本核心思想,便是

"兼爱"。墨子提倡"兼相爱",就是说无差别地爱社会上所有人。墨子的"兼爱",是对孔子思想体系的基本观念"仁"的改造。

"仁爱"和"兼爱"分别是儒墨两家的代表性理论和核心范畴。从总体意义上来看,儒家的"仁爱"是一种有次序的差等之爱,即要求以对父母兄弟之爱为中点,层层外推,逐渐扩充到对宗族、国家和社会的爱,其中"亲亲"之爱最真实、最浓厚,即"孝悌也者,其为仁之本与"。而墨家的"兼爱"则是一种爱所有人的无差等之爱,要求人们抛却血缘和等级差别的观念,爱人如己。用墨子的话说就是:"视人之国若视其国,视人之家若视其家,视人之身若视其身。"以此达到"国与国不相攻,家与家不相乱,盗贼无有,君臣父子皆能孝慈"的良好的局面。

"樊迟问仁,子曰:爱人。"以爱人作为仁的基本核心主要有两方面的内涵:就人和物的关系而言,前者比后者重要;就人和人之间的关系而言,应当互相尊重和相亲相爱。这就组成普遍的社会道德原则,肯定了人的社会价值和尊严。孔子强调"仁爱",对我们中华民族精神产生过积极和深远的影响。我们民族的"尊老爱幼""雪中送炭""济困扶弱""成人之美"等都是儒家仁爱思想的成果。另外,《左传·昭公十二年》上说:"仲尼曰:'古已有志,"克己复礼仁也"。'"孔子知道旧有的"仁"以克己复礼为目的,就是认为每个人努力克制自己以使言行合乎道德礼制。因此在《论语·颜渊》里,孔子又说:"克己复礼为仁,一日克己复礼,天下归仁焉。"礼即周礼,它反映了宗法等级关系的制度和规范,最重要的是亲亲(亲爱自己亲族的宗法制原则)和尊尊(区分尊卑长幼的等级制原则),这就渗入爱人之仁中。这表现出孔子的仁爱思想具有的另一面——"爱有差等"。

孔子推崇"仁爱"的首要心理动因是"报恩心"和"同情心",报恩心主要指孝道,孝就是爱父母,这是人最真实、最基本的情感,是其他一切情感的基础。因为人一出生首先享受到的就是父母的怀抱之爱,个人最基本的利益是父母给的,不孝就会心不安。个人的一部分利益又是社会和他人给的,只不过父母给我们的利益多,而他人给我们的利益少罢了。这样,如果能爱父母,便能推而广之爱其他人,如果不能爱父母,那又怎么去爱那些给我们的利益少于父母的人呢?所以,孝乃为仁爱的根本。

关于为仁的方法,孔子推崇"忠恕"之道。即己欲立则立人,己欲达则达人，己所不欲，勿施于人，这就是孔子的同情心理论。孔子认为只要及人，以同情心待人，便可达到仁的境界。孔子的仁爱是层层外推之爱，是植根于人的本性的，是人心自然而然萌发出来的。但是，同样自然的是，别人对我的爱总要少于父母对我的爱，所以爱父母总要胜于爱其他人，爱是有差等的。"仁爱"的第二个心理基础是完善自我品德之心。孔子认为，"仁"是人之所以为人的基础与核心，所以，为了完善自己的道德品质，实现为人之本，就必须实行仁。可见，孔子仁爱的心理动因，无非两种感情：一种是源于个人需要的感情，是为了完善自我道德，满足自我道德需要；一种源于个人非道德需要的感情。人所以有爱人之心，一方面因为他有报恩心，他懂得个人利益是他人给的；另一方面因为他有同情心，能够推己及人。

与孔子强调爱的心理动因不同，墨子的兼爱强调功利动因。墨子的兼爱是基于功利主义的，是主体以自爱之心去爱与我相对的客体。最终实现"投之以桃，抱之以李"，即唤起对方爱自己的目的，"夫爱人者，人必从而爱之；利人者，人必从而利之"（《墨子·兼爱中》）。

另外，他的"兼爱"也是为了消除当时"国之与国相攻，家之与家相篡，人之与人相贼"的混乱局面。他说："视人之身若其身，谁贼？""视人之家若其家，谁乱？""视人之国若其国，谁攻？"（《墨子·兼爱上》）那么，用什么来作为兼爱的保证呢？墨子认为博爱无私、没有亲疏远近、贫贱贵贱的。天是兼爱的保证。天有意志，人顺之得赏，违之得罚，天志是衡量人间善恶的唯一标准和最高依据。而儒家不仅关注天，更重视人，注重人的内在修养即道德意识的苏醒和自觉，贯穿着道德的主体精神。儒家的仁爱除了以天作为外在的保证之外，还有内在的保证，更有一套由近及远、由亲及疏的环环相推的可循之路。可以说，儒家的仁爱是天道、人道的相融合，内在与超越的相统一。而在这点上，墨子显然是有欠缺的，他只注重人的超越层面和现实性的探讨，而忽视了对人的内在本性的探究。因此，儒家的仁爱易转化为现实去推行，而墨家的兼爱作为一种博爱，虽然是对仁爱的超越，但在血缘关系起重要作用的中国传统家族社会，就难免流于空想。

墨子则提出"兼爱"来针对孔子的仁爱，主张"天下兼相爱，爱人若爱其身"（《墨子·兼爱上》）。墨子又把爱和仁义看作有共同内涵。"兼即仁矣，义矣"（《墨子·兼爱下》）。"兼以易别"（《墨子·兼爱下》），否定爱有亲疏尊卑的现实性差别。这就使墨子的人道原则和孔子的人道原则呈现出差异：具有为"爱有差等"所压抑的博爱、平等的因素，散发出强烈的平民气息。墨子的"兼爱"，直接冲击了儒家的"亲亲有术，尊贤有等"的"仁爱"。可以说，儒墨对立本质是：人道原则和理性原则的结合与分野。从"爱有差等"和"爱无差等"这个角度来说，墨家的"兼爱"比儒家的"仁"更体现出博爱。其兼爱观，也突出了互助互利的精神，是应予以褒扬和发挥的。

3. "天""天命"和"天志、非命、明鬼"

在《论语》里面，孔子一直都没有对天做过明确的阐述。自然之天，义理之天，主宰之天，常常交替着出现。无论哪一种意义上的天，在孔子那里都有一个共同点，即天是神秘不可知的，是人力所不能支配的。在这一点上，墨子与孔子不同，墨子主要是在主宰之天的意义上使用天，认为天是有意识的，能根据人的行为赏善罚恶。天的意志被称为"天志"，天志的基本含义就是"兼相爱"。墨子说："顺天之意何若？曰：'兼爱天下之人。'"谁反对兼爱，谁就是反对天的意志，谁就要受到惩罚，天子也不例外。天志就好比宪法，"上将以度天下之王公大人为刑政也，下将以量天下万民为文学、出言谈也"。这样，墨子推崇的"天志"已不再是高高在上的神秘不可测的"神仙"，而变为墨子实现其兼爱理想的一种工具和手段，打破了传统天道说的虚幻性、神秘性，而具有了现实性、可知性和可行性。虽然这种从"天上"到"人间"的转化是他大大高于前人的地方，但这种唯心主义的迷信思想并不可取。

孔子讲"天命"，他说："君子有三畏，畏天命，畏大人，畏圣人之言。"孔子不仅认为自然界的事情由天命支配，而且认为人的生死、贫富、贵贱、成功、失败也都是由天命决定的，所谓"死生由命，富贵在天"，人们应该承认天命，顺天命而行。但是同时，孔子也认为，人还是应该尽力去做自己应该做的事，不管成功还是失败，"知其不可而为之"，尽人事然后听其自然。至于人的道德品质，孔子认为完全由人自身努力所决定，与天命无关，他说："为仁由己。"孔子没有否定天命，但对天命的威力做了限制，天命可以教人的某些正确的行为不成功，但不能不让人做正确的事情。

但墨子又完全否定了天命说，批判儒家的"命富则富，命贫则贫，命众则众，命寡则寡，命治则治，命乱则乱，命寿则寿，命夭则夭"的宿命论。墨子认为宿命论是暴人之道，是为不肖者开脱的，会造成恶劣的社会影响："群吏信之，则怠于分职；庶人信之，则怠于从事。吏不治则乱，农事缓则贫，贫且乱政之本，而儒者为道教，是贼天下之人者也。"（《墨子·非儒下》）墨子用三表法来证明命的不可信性，并提出"非命""尚力"的主张，号召人们强力而为，指出人之所以异于禽兽，在于"赖其力者生，不赖其力者不生"，认为"强必贵，不强必贱；强必荣，不强必辱"。由此可见，在天人关系上，墨子认识到了人的重要性，重视人的作用，认为个人的富贵以及国家的治乱都取决于个人努力的程度，取决于人们对"兼相爱，交相利"贯彻的程度，而不是预先决定的命运。可以说，在这一点上，墨子比孔子表现了更加积极进取的人生态度，但墨子反映出的前后两种矛盾思想为后人所诟病。

对待鬼神的问题上，孔子的态度是犹豫不定的，他对鬼神既没有明确肯定，也没有明确否定，基本上采取的是存而不论、敬而远之的态度。他说："未能事人，焉能事鬼；未知生，焉知死。""敬鬼神而远之，可谓知矣。"墨子则明确肯定了鬼神的存在，证明方法依然是三表法。如果以现代科学的观点来看，墨子的论证显然是站不住脚的，只能是一种迷信。但是应该看到墨子的"明鬼"并非目的，而是手段，在墨子眼中，鬼神也具有赏善罚恶的能力，其标准同于"天志"的标准。由此可见，墨子的"明鬼"实际充当的是"天志"的助手，是督促人们实现"兼爱"的。墨子借天言志，借鬼言志，用来增强自己理论的力度，但同时也反映了手工业者力量的薄弱，借助超自然的力量不可避免地具有空想性与非现实性。

4."举贤才"与"尚贤"

孔子"举贤才"，墨子"尚贤"，两种人才观既有相近之处，又有原则区别。

首先来看看相同之处。两人都强调贤人对治理国家的重要性，肯定人才的社会作用。孔子将历代王朝的兴衰与统治者对待人才的态度联系起来，将"尊贤"列为治国安邦的九经之一，曰："尊贤则不惑。"将选拔贤才作为政治管理的基础，并得出"其人存，则其政举；其人亡，则其政息"的结论。墨子在这点上更显突出，将人才作为为政之本，指出："国

有贤良之士众，则国家之治厚；贤良之士寡，则国家之治薄。"（《墨子·尚贤上》）

其次在判断贤人的标准上，两人也有相通之处。两人都认为贤者既应具备高度的道德修养，又应博学多能。从选贤与用贤的方法来看，孔墨两人都主张观言察行，量才录用。孔子说"君子不可小知而可大受也，小人不可大受而可小知也"；墨子说"以德就列，以官服事，以劳殿赏，量功而分禄"。孔老圣人与墨大学家两人的看法都是很有见地的。

当然，由于两人所处的时代背景和阶级利益不同，二者的人才观也有原则区别。其一，其尊贤的出发点、目的和范围不同。孔子的"举贤才"并未打破"亲亲"的限制，只是在维护"亲亲"的前提下对"亲亲"进行的补充，是以"君子笃于亲"和"故旧不遗"为前提的，这样，必然会使举贤的范围受到很大限制。而墨子的"尚贤"完全打破了"亲亲"的束缚，不问贫富皆同事，亲疏远近，"列德而尚贤。虽在农与工肆之人，有能则举之"。由此可见，墨子举贤的范围要比孔子大得多，这是墨子"尚贤"思想进步性的突出表现。其二，在为贤之道上，二人也有差异。在孔子那里，学习周礼是提高修养成为贤人的必修课，所谓"君子博学于文，约之以礼，亦可以弗畔矣夫"。而墨子对周礼持批判态度，他对为贤之道的论述是这样的："为贤之道将奈何？曰：有力者疾以助人，有财者勉以分人，有道者劝以教人。若此，则饥者得食，寒者得衣，乱者得治。"

5. 各自的义利观

义，"义者，宜也"，是指人类社会活动和人际关系中应当遵循的最高原则和应当追求的最高道德；利，是指能满足人类生活需要的利益和功利，这个概念出现得很早。义利问题是中国古代道德理论中的一个重要问题，如何处理好两者关系，对政治、经济、伦理及社会风尚都具有十分重要的作用。几千年来，历代思想家对它进行了反复讨论。诸子中主要四家，儒家提出了"重义轻利"；法家提出了"贵利轻义"；道家以既超道义又超功利的态度来看待义利；而墨子既不是重义轻利，也不是重利轻义，而是义利合一，志功双规。

墨子声称"万事莫贵于'义'"，甚至直接把有利于天、鬼、人的事情说成是仁义，把不利于天、鬼、人的事判断为不义。《耕柱》墨子里说："今用义为政于国家，国有必富，人民必众，刑政必治，社稷必安。所为贵良宝者，可以利民也，而义可以利人，故曰义，天下之良宝也。"从意识形态上说，这是重义，但从现实价值上来说则是贵利。

墨子的学生更把义利直接挂钩，"义，利也"。由此可见，与其说墨子贵义，不如说墨子重利。在墨子而言，义不过是"利"的别名，不义也不过是不利的另一种表达。墨子把各具属性的义利统一起来，从这角度来看，重义也是贵利，贵利也就是重义，义利合一。

再让我们来看一下孔子提出的"重义轻利"思想。孔子提出了"君子义以为上"（《论语·阳货》），孔子一方面继承了春秋前期晋国大夫邳郑父、里克的观点，也认为"义以生利"，所不同的是孔子强调行义要符合礼的规定。孔子说："礼以行义，义以生利，利以平民，政之大节也。"他认识到，利益是使老百姓安定的重要因素，治国安民不能忽视利益的取得。就社会而言，孔子并不否认功利是其发展的重要基础。《论语·子路》里，孔子在进入卫国时，曾与冉有说过一段在"庶"（人口兴旺）、"富"（生活富裕）之后进行"教"（教育）。由此可见，孔子肯定了经济对于社会发展是不可缺少的。另一方面，在义利关系上，孔子又明显表现出以义制利、先义后利的思想，孔子说"见利思义"（《论语·宪问》）。符合道义，取之无妨，这叫作"义然后取"（《论语·宪问》）。在孔子与子贡谈论食、兵、信三者孰为重时，孔子以信为第一，认为"民无信不立"（《论语·颜渊》）。足食和足兵体现了功利追求，而民信则属于道德追求的范围，这段话是子贡以非此即彼的极端形式，要求孔子在义利之间做出选择。在这种对立下，孔子将道德追求置于优先于利的地位。

随着市场经济的发展，道德和金钱的关系问题进一步凸显出来了。正确看待和处理义与利的关系问题，是一个很大的社会问题，也是关系做人、立身的大事，我们应当高度重视。孔子所说的"见利思义"，有助于启迪社会成员在这方面做出正确的道德取向。我们现在要做的应是去规范"利"，也就是如何让它理性。而我们完全可以鉴借孔子的"重义轻利"来进行调节。综上所述，我们不难发现"重义轻利"是适合我们现在社会的义利观。

由以上五个方面的比较可以看出，孔墨思想同中有异，异中有同，它们存在着形式上的对立与功能上的互补。但遗憾的是，两汉以后，儒家独步天下，而墨学式微。今天，如能发掘墨家思想中的精华，使之与已成为中国主流文化的儒家思想相结合，必是中国文化发展的一大幸事。

墨子精神哪去了？

《史记》写孔子师徒，用了一万五千字；写孟子用了二百四十字；写墨子用了二十四个字，也就是一句话："盖墨翟，宋之大夫，善守御，为节用。或曰并孔子时，或曰在其后。"

1. 墨子的形象

墨子穿草鞋，是他的大众形象。鲁迅的《故事新编·非攻》是这么写的。

据说是墨子老家的山东滕州火车站的墨子雕像，也是这么塑的。这是个象征性的形象，但也许是一种真实写照。

或许庄子描述得更为具体，在《庄子·天下》里写道："使后世之墨者多以裘褐为衣，以跂蹻为服。"

这句话，王先谦的《庄子集解》注释为：裘褐，粗衣。木曰跂，草曰蹻。这注释太过简略，没有具体说明白以跂蹻为服，到底是身上绑着草绳子，还是脚底拖着草鞋。所以，后人直接说墨子本人亦是穿着草鞋，步行天下。

墨子是不是一辈子穿草鞋，这很难说，也没个准数；但墨子在战火纷飞的诸侯国之间，穿梭往来，四处奔走，却是有史可查的。《文子·自然》篇有"孔子无黔突，墨子无煖席"之语。《淮南子·修务训》一字不改，照搬了。可到班固写《答宾戏》，话变成了"孔席不煖，墨突不黔"，位置调换，意思还一样——连在一个固定的地方睡觉、吃饭的时间都没有，可见忙到了什么程度。当墨子在山东听说湖北人要攻打河南人，立即连夜起程，日夜兼程，走了十天十夜（按照里程计算两地之间有700多公里），走进楚国的首都。经过一番手脚并用的较量，制止了"一场单边主义的国际冲突"。

这件事，据梁涛先生《墨子行年考》考证，是墨子29岁那年做的，否则连走十天十夜,任何人都吃不消。在这件事上,墨子体现出要体力有体力,要口才有口才,要思想有思想,要精神有精神,要计谋有计谋,这五大元素,全部具备,只能在一个人的黄金岁月——而30岁,正是一个男人的黄金时期。

墨子看到楚王打消了进攻宋国的念头,又走回自己的老家鲁国了。

学者梁涛考证,墨子回国后,越王听说了墨子的义举,托人来邀请墨子去越国发展。墨子可能是旅途劳顿,毕竟又走了十天十夜,但更主要的可能是对越王没什么信心,鲁越相距甚远,山高水长,就说了一番大道理,推谢了越王的隆情盛意,转身去了相邻不远、他刚刚帮了大忙的宋国(今河南省境内)。一去就被关进了大牢。这时有人造谣,说墨子死在了宋国的监狱里。好在关的时间不长,出来后,墨子又回了鲁国。墨子是鲁国人,鲁国既是他的祖国,也是他事业的后花园,墨子在外面跑累了,或是有什么不顺心的事,就回到鲁国休整一下。

周威烈王二十三年(公元前403年),墨子又从鲁国动身去齐国,原因是强大的齐国要攻打鲁国。这次行程,相对十天十夜来说,算短途。墨子到齐国后,对齐王说了一番以下的话。

子墨子见齐大王曰:"今有刀于此,试之人头,倅然断之,可谓利乎?"大王曰:"利。"子墨子曰:"多试之人头,倅然断之,可谓利乎?"大王曰:"利。"子墨子曰:"刀则利矣,孰将受其不祥?"大王曰:"刀受其利,试者受其不祥。"子墨子曰:"并国覆军,贼杀百姓,孰将受其不祥?"大王俯仰而思之曰:"我受其不祥。"(《墨子·鲁问》)

杀人会受不祥,有点像佛家的轮回报应。总之,打了个"倅然断之"——刀砍人头的比喻,几问几答,俯仰之间,一场血仗就在谈笑间避免了。

墨子后来又去了趟楚国,为的还是"化解国际纠纷"。墨子平生几次出国,虽然所走国度和出行气派,跟孔孟相比,略显寒碜,但效用却不可同日而语。每出去一趟,都救回不少人命。

以上叙述,都是根据梁涛《墨子行年考》编撰的。

2. 墨者

墨子和孔子一样,第一职业和身份,应该是老师。孔子号称弟子三千,虽然史书没有一一记载出他们弟子的名字。墨子的弟子——至少墨在世时——没这么多。《墨子·公输》里说，"然臣之弟子禽滑釐等三百人"，这三百人，不能肯定完全是墨家弟子。至于"从属弥众，弟子弥丰，充满天下"（《吕氏春秋·当染》），那是"孔墨皆死久矣"之后的事。

要成为墨家弟子，《庄子·天下》说，"不能如此，非禹之道也，不足谓墨"，可见墨家是个有严格要求、纪律严明的组织，墨子对弟子要求的严格，从几件事上，可以看出。

子墨子怒耕柱子。耕柱子曰："我毋俞于人乎？"子墨子曰："我将上大行，驾骥与羊，我将谁驱？"耕柱子曰："将驱骥也。"子墨子曰："何故驱骥也？"耕柱子曰："骥足以责。"子墨子曰："我亦以子为足以责。"（《墨子·耕柱》）

这个故事，现在常被用来说明人才使用与管理的道理。一个怒字，形象地显示出墨子对于弟子的态度。

这一点，在墨子最重要的大弟子禽滑釐身上，也能看出。"禽滑釐子事墨子三年，手足胼胝，面目黧黑，役身给使，不敢问欲。"（《墨子·备梯》）这样的师徒关系，在孔门师徒中看不到，让墨子的形象，有一种老大的味道。

《墨子》书中，两件相反又相似的事，很能说明墨子跟弟子之间这种近乎老大与小弟的关系。

一个出自《墨子·耕柱》：有个叫高石子的，墨子举荐他去卫国，卫君对他不错，给了高职优俸，高石子本人也想好好干；但没做多久，高石子就离开卫国，跑去在齐国的老师那里，说："卫君看在您的面子上，对我不错，我也想好好做，可卫君不把我的话当回事儿，所以我跑出来了。卫君不会认为我是狂妄之人吧？"墨子回答他说："如果你走得有道理，怕人说什么狂妄。"高石子说："我哪敢随随便便就离开，老师您教过我，不该要的钱，再多也别动心。"墨子一听很高兴，把大弟子禽滑釐叫来身边说："你听听！不择手段弄钱的，见得多了；有钱也不要的，今天高石子做到了。"

另一个出自《墨子·鲁问》：一个名叫胜绰的弟子，墨子把他安排在齐国项子牛那里。项子牛三次侵犯鲁国，胜绰都参与了。墨子一听，派个人要项子牛把胜绰给辞了，说："我把胜绰弄在你身边，是要制止骄傲并纠正邪僻，现在，这家伙只顾厚禄，却欺骗您。我听说嘴里说仁义却不付诸行动，是明知故犯。胜绰不是不懂这些道理，他是把俸禄看得比义还重要。"

这两件事，凸显了墨子不怒而威，对众弟子家长式的控制。

墨子作为老师，口才自然了得。墨子在"处理国际事务争端"时，阻止别人发动战争，如果没有巧舌如簧、势如破竹的口才，能挽救众多老百姓的性命吗？这些都是墨子口才的正面形象。墨子口才，还有侧面形象。

《墨子·鲁问》中有这样一件事：鲁国有个人，让儿子跟墨子学本事，谁曾想却死在战场上。做父亲的就找墨子索赔。墨子说，你让你儿子来学本领，现在学会了，打仗打死了，你却怒气冲冲，这不是准备卖粮，粮食卖完了，你却生气了，岂不荒唐！

3. 最早的穷人经济学

司马迁的寥寥数语，没有交代清楚，墨子到底是什么时候人，但后世诸多学者，还是从《墨子》本书和先秦其他典籍的旁证中，推断出墨子大概的生卒年限，即春秋末至战国初，也就是孔子和孟子之间的那段岁月。也就是说，那时候诸子的重量级人物，只有墨子，亲身见证了发生在周威烈王二十三年（公元前403年）的三家分晋。这一事件，标志着东周王朝春秋的结束和战国的开始。春秋向战国的转变，是中国历史上第一次严格意义的社会革命。这场革命，并非像"汤武革命"那样，一股力量取代了另一股力量，你方唱罢我登台，而是发自社会内部，由于生产工具的演变，导致生产力的变化，从而引起社会关系的重新调整。

墨子在一个最有利的历史观察点上，目睹了这场惊心动魄的伟大变革。

那时，铁器的广泛使用，新型生产方式的普及，带来了生产力的巨大释放，带来了社会生产总值的高速增长，相对比值远远超出今天的规模与水平，城市化如雨后春笋，到处都很繁华，但毫无疑问，在繁华热闹的背后，穷人更多，贫寒人家更多，平民百姓更多，贫富差距拉大。墨子说："民有三患：饥者不得食，寒者不得衣，劳者不得息，三者，民之巨患也。"（《墨子·非乐上》）这话并非虚幻想象，而是社会实情——那时候，就业者与非就业者，并不是社会的主要矛盾，但饥寒交迫，疲惫丧命，却是时刻要面临的可怕威胁。

墨子赶上了，看到了，大声说出了自己的话。

第一次，在中国历史上，有巨大影响力的思想者，从民众的角度，发出了穷人的声音，而且是以连续、集束的方式发出的。

首先是经济上，也就是在最基础的生存方面。墨子在《非命上》里，提出著名的"三表"论，第一是"上本之于古者圣王之事"——也就是和历史作比较；第二是"下原察百姓耳目之实"；第三是"观其中国家百姓人民之利"。在墨子的思想里，这个重要而普适的原则是：凡是对百姓有利的，就是应该的；凡是不利于百姓的，就是不该的。

《墨子·节用中》提出，"诸加费不加民利者，圣王弗为。"——又花钱，又对老百姓没实际利益的，不干。

《墨子·非攻中》篇，更是直接从老百姓的利益角度，说明战争的得不偿失："今师徒唯毋兴起……春则废民耕稼树艺，秋则废民获敛。今唯毋废一时，则百姓饥寒冻馁而死者不可胜数"，"计其所得，反不如所丧者之多"，"今尽王民之死，严下上之患，以争虚城，则是弃所不足而重所有余也。为政若此，非国之务者也"——显然，这只是小老百姓的看法，王公大人，岂能作如是观？

"厕役以此饥寒冻馁疾病而转死沟壑中者，不可胜计也。此其不利于人也，天下之害厚矣！而王公大人乐而行之，则此乐贼灭天下之万民也，岂不悖哉！"（《墨子·非攻下》）——那年头，打仗是来钱、来利最快、最丰厚的勾当，不战，怎么可能！死人有什么好奇怪，人反正都要死，只要不死我就好。两个"乐"字，画龙点睛，一针见血。

墨子几乎是本能地意识到，百姓经济上的穷困、窘迫，与政治密不可分，这就使墨子将自己的经济观点延伸到了政治领域。于是，墨子喊出了即使在今天也极具震撼和冲击的声音："人无幼长贵贱，皆天之臣也。"（《墨子·法仪》）"虽在农与工肆之人，有能则举之，高予之爵，重予之禄，任之以事，断予之令。……故官无常贵而民无终贱，有能则举之，无能则下之。"（《墨子·尚贤上》）"是故选天下之贤可者，立以为天子。……又选择天下之贤可者，置立之以为三公。……又选择其国之贤可者，置立之以为正长。"（《墨子·尚同上》）

很简单，但也很大胆。从上到下，一律选任。当然，怎么选，还得另说；但首先得是这个字：选，管你是天子，还是村长。

墨子就这样，提出了中国最早的穷人政治经济学。

4. 没有阶级意识，但潜伏了阶级风暴

墨子为穷人说话，向王公大人大声疾呼，希望穷人们能有一个正常、安定的生产和生活环境，那墨子是否就是穷人的代表，或者，墨子是否就是被统治阶级的代表？

先来听听一些评论：

阴阳、名、法、儒及道德各家，皆代表统治阶级的意识形态，而仅墨子一家代表被统治阶级的意识形态。墨家便弥漫下层，为被统治阶级代言——党晴梵《先秦思想史论略》

墨子是直接站在劳动人民一边。——《匡亚明教授谈墨子》

墨子的人类观点实质上是阶级论。这一思想是以《尚贤篇》为张本。所谓"尚贤"即尚国民阶级的资格，并坚持着国民阶级的立场以反对氏族贵族。——侯外庐《中国思想通史》

事实如何？翻开《墨子》，也许我们会有些不同的看法。

《墨子》全书，现存五十三篇，其政治伦理思想，主要集中于《尚贤》《兼爱》等二十四篇、《法仪》四篇以及《耕柱》五篇。细读这些篇章，若探究墨子立论的出发点，这出发点依次应为：天下、国家和百姓，贯穿这三者的，是义。——在墨家词典里，义、利相等；义：利也。（《墨子·经上》）

墨子的总体思想，一言概之，就是：兴天下之利，除天下之害。

天下，是墨子思考的出发点和归宿，载体和客体。

天下从事者，不可以无法仪。——《墨子·法仪》

君实欲天下之治而恶其乱也。——《墨子·辞过》

天下之乱，若禽兽然。——《墨子·尚同上》

圣人以治天下为事者也。——《墨子·兼爱上》

此仁者之为天下度也，既若此矣。——《墨子·节葬下》

言必称天下。《墨子》全书诸篇，找不出天下字眼的，没有；而且都是提纲挈领、万语归宗之语。如果说天下在墨子的表述中，多少有些抽象、空泛，那落实到现实、具体层面，这第一层，就是国家。

《非攻》主要出于国家的考虑，自不待言。《七患》开宗明义，"国有七患"。《尚贤》："是在王公大人为政于国家者，不能以尚贤事能为政也。是故国有贤良之士众，则国家之治厚；贤良之士寡，则国家之治薄。"《节

用》开篇语："圣人为政一国，一国可倍也。"《尚同》虽以天下为论述目标，却以国家为天下之实际构成，"以天下为博大……故画分万国"。即使是"无差等"（荀子语）的兼爱，也以国家为立足点之一，所谓"视人国若己国"。

综上所述，可以看出，墨子，首先是个以天下为己任者。其次，是个泛国家主义者（既非鲁国主义者，也非宋国主义者），百姓人民，排在天下、国家的后面。墨子"三表"说之一，"观其中国家百姓人民之利"，国家、百姓、人民依次并列，——顺带说明一下，先秦时所谓百姓，不同于今日，"是贵族的通称"（见范文澜《中国通史简编第一编》第139页），春秋战国之际，百姓逐渐庶民（人民）化，但区别仍在——正是墨子思想的客观反映。

不仅如此，下面这些观点，从另一面显示了墨子的政治倾向：

"自贵且智者为政乎愚且贱者，则治；自愚且贱者为政乎贵且智者，则乱。"（《墨子·尚贤中》）

"贤人唯毋得明君而事之，竭四肢之力以任君之事，终身不倦。若有美善则归之上，是以美善在上，而所怨谤在下，宁乐在君，忧戚在臣。"（《墨子·尚贤中》）

"义不从愚且贱者出，必自贵且智者出……夫愚且贱者，不得为政乎贵且智者，贵且智者，然后得为政乎愚且贱者。"（《墨子·天志中》）

"义者，正也。……然而正者，无自下正上者，必自上正下。"（《墨子·天志下》）

"上之所是，必皆是之，上之所非，必皆非之。""乡长之所是，必皆是之；乡长之所非，必皆非之。""国君之所是，必皆是之；国君之所非，必皆非之。""国君唯能壹同国之义，是以国治也。"（《墨子·尚同上》）

持这些主张的墨子，能是底层民众和被统治阶级的代表吗？恐怕比统治阶级代表所说，有过之而无不及。所以，墨子的思想，没有，也不可能有明确、清晰的阶级意识，阶级意识充其量含含糊糊包含在天下、国家与所谓道义之中。墨子的言语之间，既没有特别偏向王公大人，也没有特别偏向百姓人民。墨子只是按照自定的义与非义的标准，有一说一，有二说二；有好说好，有坏说坏。这么讲，并非要否认墨子思想的人民性。侯外庐先生在《中国思想通史》中说：墨子所举以说明原则的，恰当孔子所说的小人的小知，恰当子路所谓之民人社稷；墨子的知识对象，是国民领域的农、工、商。这是个非常好的判断和说法，也正是墨子思想的人民性所在。人民，或者说底层民众的利益关切，是墨子思想的动因之一，也是墨子全部理想所期待的果实之一。

但是，不管本意如何，墨子那些旗帜鲜明的主张，那些主张所依据和针对的残酷现实，以及若能兑现的客观结果，显然具有倾向性。它们是人民痛苦的呻吟、现实丑陋的闪电和山雨随时欲来的风暴源。

这与其说是墨子的意图，不如说是社会本身的压力和逼迫。无论是暴力侵夺（非攻并非仅指战争而言，一切不公平的暴力侵害、掠夺，都是非攻的范围和对象），还是公然、霸道的政治，社会的不平等，上层社会令人瞠目结舌、难以想象的骄奢淫逸、声色犬马，跟底层民众的入不敷出、朝不保夕，无时不是一幅尖锐、刺激的对照画。墨子本人，也许从未想过要发动人民，抗击暴政，甚至有可能会站到另一面，但墨子的这些主张和言论，就像一堆没有引线的火药，随时会被引爆。

"赖其力者生，不赖其力者不生。"（《墨子·非乐上》）这句话，凝聚了一股怒吼的味道。

第二章 兼爱
——人生最大的艺术

墨子指出,若使天下人都彼此相爱,国与国不互相攻打,家与家不互相争夺,没有盗贼,君臣父子都忠孝慈爱,这样就天下太平了。

多一份爱,就多一份信任、理解和宽容;少一份恨,就少一份仇视、争斗和罪恶。

像爱自己一样去爱别人

【原文】若使天下兼相爱，爱人若爱其身，犹有不孝者乎？（《墨子·兼爱上》）

【大意】假若天下都能相亲相爱，爱别人就像爱自己，还能有不孝的吗？

墨子指出，像爱自己一样去爱别人，这世界还会有战争、仇怨吗？爱人，并不是不爱自己，但光爱自己是远远不够的，也不是真正地有爱心，做人有爱心，最主要的还是要能爱别人，要有博爱之心，那怎样去爱人呢？这就要求我们要平等，己所不欲，勿施于人，像爱自己那样去爱别人。

战国时梁国与楚国相邻。两国颇有敌意，在边境上各设界亭（哨所）。两边的亭卒在各自的地界里都种西瓜。梁国的亭卒勤劳，锄草浇水，瓜秧长势良好；楚国的亭卒懒惰，不锄不浇，瓜秧又瘦又弱，目不忍睹。

人比人，气死人。楚亭的人觉得失了面子，在一天晚上，乘月黑风高，偷跑过去把梁亭的瓜秧全都拉断。梁亭的人第二天发现后，非常气愤，报告县令宋就，说我们要以牙还牙，过去把他们的瓜秧扯断！

宋就却说道："楚亭的人这种行为当然不对。别人不对，我们再跟着学就更不对，那样未免太狭隘、太小气了。你们照我的吩咐去做，从今开始，每晚去给他们的瓜秧浇水，让他们的瓜秧也长得好。而且，这样做一定不要让他们知道。"

梁亭的人听后觉得有理，就照办了。

楚亭的人发现自己的瓜秧长势一天比一天好起来，仔细观察，发现每天早上地都被人浇过，而且是梁亭的人在夜里悄悄为他们浇的。

楚国的县令听到亭卒的报告后，感到十分惭愧又十分敬佩，于是上报楚王。楚王深感梁国人修睦边邻的诚心，特备重礼送梁王以示歉意。结果这一对敌国成了友好邻邦。

在矛盾面前，应该大事化小，小事化了，不要冤冤相报，没完没了。古人尚且知道这样的道理，我们应该如何面对呢？不要抱怨别人对你不好，因为你用什么样的心态对待别人，别人就用什么样的心态对待你。不能友好示人的人，也终究只有敌人，而你的错也已经无可挽回了。

中国古代哲人有"以德报怨"这种做人方式，对于这一点我们不可能要求每个人都做到，但是，我们的老祖宗毕竟是高瞻远瞩的。做人也一样，如果凡事都像对待自己一样去对待别人，把敌人当成朋友，那么还有什么不可以平心静气地解决呢！

爱，是一个你中有我、我中有你的爱心圆。

韦利是一个患有先天性心脏病的小男孩，但他开朗活泼，几乎和所有的人都能成为朋友。正是因为他乐观和快乐，很少有人知道他是一个随时可能离开人间的高危病人。

韦利有早起晨练的习惯。尽管医生不让他做高强度和剧烈的运动，但是韦利还是愿意早起看看清晨，看看太阳，看看一天的开始是如何的美丽。那是一个薄雾和轻烟笼罩的早晨，韦利走到城市中央广场的时候，发现一个人倒在地上，身上洒落了露水，脸色发紫，呼吸微弱，显然他正处在生命即将逝去的危险之中。韦利早已知道心脏病发作时的痛楚，他对这个陌生人的痛苦感同身受。四周很静，真正晨练的人一般不会来这里。韦利知道自己一个人无论如何也扶不起地上这个身材高大的人，怎么办？时间来不及了，韦利顾不上医生的警告俯身拉起他的衣服。就这样，12岁的韦利用尽全身力气一点点地把这个人在地上拖行了200米。终于有人发现了他们，韦利只说了一句"快送他去医院"便昏倒在地。

韦利醒来后看到的是陌生人一脸的关切和自责。他说，自己因贪杯醉倒在街头，如果不是韦利救了他，医生说他会冻死在那里。陌生人愧疚地说："对不起，医生告诉我说你的心脏病差一点就要了你的命，你是在拿你的命救我。真不知道该如何感谢你！"韦利笑了："我现在没事了，你也没事了。这就是最好的感谢！"陌生人一定要报答韦利。韦利想了想说："我真的不需要什么报答，只是希望你能像我救你一样，尽自己所能在需要的时候，去救助比自己的处境还要差上许多的陌生人，我想这就足够了。"

许多年过去了,韦利活过了比医生的预言长数倍的时间。他还是和以前一样乐观,并且真诚地对待每个人,在需要的时候尽自己所能帮助别人。但是韦利的病终于在一个冬天的早晨击倒了他。当时韦利正在一个很偏僻的地方散步,忽然感到心口一阵剧烈的疼痛,韦利挣扎了几下终于支持不住倒在了地上。

　　韦利醒来时发现自己躺在医院里,身边站着一个十几岁的男孩,正用一双大眼睛关切地看着他。韦利很感激地握住了男孩的手说:"谢谢你,孩子,你救了我。你是怎么发现我的?"男孩很开心地说:"我早上要去爷爷家陪他,正好路过那个地方,看到你躺在地上,我就想起了爷爷说他年轻的时候被一个和我一样大的男孩救起来的事。我想我也一定能够做到,于是我就使出全身的力气拉你。幸好你还不算重,我成功了,回去后一定告诉爷爷,他告诉我要尽力帮助每位需要帮助的陌生人,我今天做到了。"

　　韦利不知道该如何形容自己的心情,一次对人施以援手竟会带来一生受用不尽的恩惠。爱,真是一个同心圆,我中有你,你中有我。爱能产生人间一切的美德与奇迹。

　　韦利尽己所能地救了陌生人,不想在许多年后却又意外地被救于那个陌生人的孙子,而那孩子正是因为当年韦利救了他爷爷,才从爷爷那里得到了教诲:要尽力帮助需要帮助的人。于是韦利悟出了:爱是无止境的。

　　虽然韦利深知自己的能力有限,可他还是在需要时尽自己所能去帮助别人。尽管故事只提到了他救陌生人那一件事,但我们都能联想到,有许许多多的人曾受到过韦利的援助。韦利从不接受任何报酬,只是希望他们也能像自己一样,在需要的时候尽自己所能去帮助别人。同样,有类似故事的陌生人,获救于韦利后,不仅自己铭记韦利的愿望,还将韦利的愿望传予他人……于是懂得"在需要的时候尽己所能去帮助别人"的人便越来越多,爱心圆在越来越浓的爱意中不断地扩大,爱也就无止境地延伸开了。

爱人利人，人亦爱之利之

【原文】兼相爱，交相利。(《墨子·天志上》)

【大意】爱自己也爱别人，与人交往要彼此有利。

兼爱，是墨家学派所倡导的"十大主题"之一。墨子认为诸侯国之间互相攻伐，家与家之间互相篡夺，人们之间互相残害，君臣之间不忠诚，父子之间不慈孝，兄弟之间不友爱，都是由人们之间只知自爱、不能相爱而引起的，因此他倡导"兼爱"。所谓"兼爱"，就是人们之间不存在血缘与等级的观念，不论是什么人，都爱别人如同爱自己，视人如己，相亲相爱。他认为，"兼相爱"还可以得到"交相利"的目的，而只有人们都能做到"兼相爱、交相利"，才能形成"强不执弱，众不劫寡，富不侮贫，贵不敖贱，诈不欺愚"的局面，使天下大治。

墨子处在当时的社会环境中，只看到人们"不相爱"的表面现象而未能认识到人们之所以不相爱，其社会根源是政治的、阶级的利害冲突，这种根源不是"兼爱"的主张所能消除的。因而虽然"兼爱"理论具有反对贵族等级观念的进步意义，但它只能是当时人们期望社会安宁、稳定的幻想，带有强烈的理想色彩，是不可能真正实现的。在阶级社会中，虽然不可能真正实现墨子所倡导的无等级、无差别的"兼爱"，但他所提出的"爱人""利人"的主张却能够在一定程度上改善人与人之间的关系，促进人们之间和睦友好地相处，在今天仍然具有一定的积极意义。

如果人们都能做到视人如己、爱人如己，有能力便帮助有困难的人，对苦难者伸出援手，那么同样会换来别人的友爱和帮助，但我们并不应提倡出于功利目的的"爱人""利人"，不能只看重付出之后是否能得到同等的回报，而是应该无私一些，真诚地善待他人。人人若都能付出一份爱，那么我们所生活的这个世界就会变得更加美好。兼爱不仅是个人的生活艺术，更反映的是一个社会整体形态。

其实，你若帮助别人，在无形当中你也是帮助了自己。

在一场激烈的战斗中，上尉忽然发现一架敌机向阵地俯冲下来。照常理，发现敌机俯冲时要毫不犹豫地卧倒。可上尉并没有立刻卧倒，因为他发现离他四五米远处，有一个小战士还站在那儿。

上尉顾不上多想，一个鱼跃飞身将小战士紧紧地压在了身下。此时一声巨响，飞溅起来的泥土纷纷落在他们的身上。等周围平静下来后，上尉拍拍身上的尘土站起身来，又把惊魂未定的小战士拉起来。

看到小战士平安无恙，上尉松了一口气，他回头看了看，顿时惊呆了：刚才自己所处的那个位置，被炸成了一个大坑。如果自己不是为了救小战士而飞身跃过来，恐怕此时早已变成炮灰了。

小战士是幸运的，身边有一位可以给他无私帮助的人，但更加幸运的是上尉，因为他在帮助别人的同时也帮助了自己，躲开了本应降临到自己身上的厄运。在前进的道路上，搬开别人脚下的绊脚石，有时恰恰是为自己铺路。

有一扇门，你轻易就能推开。

一位穷苦的学生为了凑足学费，到外地挨家挨户地推销商品。他一心一意想凑足学费而不想多花钱，于是他决定硬着头皮向人讨些食物。

他敲了一户人家的门，开门的是一个小女孩，他一看便失去了勇气，心想，天下哪有大男生跟小女孩讨东西吃的？于是他只要了一杯开水解渴。

小女孩看得出他非常饥饿，于是拿了一杯开水与几块面包给他。他很快把食物接过来，狼吞虎咽地吃着，一旁的她看到他这种吃法，不禁偷偷地笑着。

吃完后，他很感激地说："谢谢你，我应该给你多少钱？"

她傻傻地笑着说："不必啦，这些食物我们家很多。"

他觉得自己很幸运，在陌生的地方还能受到他人如此温馨的照料。

多年以后，小女孩感染了罕见的疾病，许多医生都束手无策。女孩的家人听说有一个医生的医术高明，便赶紧带她去接受治疗。就在医生的全力医治和长期的护理下，小女孩终于恢复了往日的健康。

出院那天，护士交给她医疗费用账单，她几乎没有勇气打开看，心中知道可能要一辈子辛苦工作，才还得起这笔医疗费。最后她还是打开了，看到签名栏写了以下这段话：

"一杯开水与几块面包，足够偿还所有的医疗费。"

她眼里含着泪水，终于明白，原来主治医生就是当年那个穷学生。

山不转水转，水不转路转，有时一个举手之劳的帮助可使一个人渡过难关，往往因为这样，在你渡过难关的时候，也会收获意外的帮助。

在生活中，我们会经常遇到一些需要我们付出爱心的事，比如：

在遥远的波斯尼亚，费希玛和两个儿子生活在一个小村庄里，丈夫却远在异乡工作。有一年波斯尼亚战争爆发，战争不但让费希玛失去了丈夫，也失去了家园，她不得不带着孩子走上逃难之路。

在弃家而逃之际，费希玛没有忘记一只鱼缸和两条金鱼，那是丈夫从外地回来送给儿子的礼物。现在，它们不仅是已逝的丈夫对孩子的爱，更是两条活生生的生命啊。于是，她捧起金鱼缸从容地走向湖边，将它们轻轻放进蓝蓝的湖水。

几年后，战火平息，费希玛和孩子们结束逃难返回家乡。家乡处处都是废墟，一切都从头做起，但他们在当年放生金鱼的湖边却看到湖面泛起片片金光，仔细一看，是一群活泼美丽的金鱼，跟他们当初放生的两条长得一模一样。最值得庆幸的是，她的两个儿子还从当时放生金鱼的那片湖水中摸回了那个圆圆的金鱼缸。一切都仿佛与自己的亲人在乱世后重逢一样，他们是多么高兴啊！

渐渐地，费希玛和她的金鱼故事流传开来，人们纷纷前来观看，并顺便买两条回家送人。于是出售金鱼成为费希玛一家的致富之路，费希玛和她的孩子们终于摆脱了战乱和贫穷，过上了安宁殷实的生活。

当年，当费希玛捧着一缸金鱼走向湖边时，她未必知道自己播下的是生命的种子，然而，今天这满湖的金光粼粼中每一条都是一枚美丽的果实。这就是善念的回报。

两条小小的金鱼，居然能够改变一个家庭的命运，真是不可思议！其实，真正改变了费希玛一家命运的应该是她当初的爱心才对。

只要我们坚持不断地播种爱心，我们也会像费希玛一家人那样收获很多美好的东西。

爱,是自己心里的事

【原文】 智是之世之有盗也,尽爱是世。智是室之有盗也,不尽是室也。智其一人之盗也,不尽是二人。(《墨子·大取》)

【大意】 知道这个世界上有强盗,仍然爱这个世界上所有的人。知道这座房子里有强盗,却不应认为这座房子里的人都是强盗。知道其中一个人是强盗,不能讨厌屋里所有的人。

墨子有个学生叫巫马子,巫马子真诚好学,常向墨子提问题。

巫马子问他的老师说:

"你倡导兼爱天下,没得到什么益处;我不爱天下,也没什么害处。功效都没达到,先生为什么只认为自己正确,而认为我不正确呢?"

墨子反驳道:"假如有三个人,一个人放火,一个人捧水要浇灭它,一个人拿火苗将要助燃,都没做成,这三人你看中哪一个?"

巫马子不知是计,说:"我以为捧水的人意图是正确的,那拿火苗的人用意不对。"

墨子说:"现在你该明白了,我兼爱天下的主张是正确的,你不爱天下的用意是错误的。"

巫马子无言以对。

有好的想法办一件事,办成了,自然是大好事;没有办成,其用意也值得称赞。而有心将事情办坏,尽管也没办成,但用心也是错的。若保持邪恶的用心不改,那么,迟早会走向歪路。

两个人在小河上架桥,一个想把桥架设得牢固耐用,让过桥的人平稳安全;另一个表面上好好架,私下却设了机关,想让桥不久后垮掉,好让人过些时候又来请他架桥。两人都在架桥,都在做事,但目的却不同,一个坦荡正派,一个心怀鬼胎。心术不正的人迟早会被人看破。

心眼坏的人总是怀着侥幸心理,总想蒙混过关。然而时间是最公正的法官，无论是善良与邪恶、崇高与卑劣，他都看得清清楚楚。

　　有兼爱天下、关怀他人之心，也许并不能时时处处让人感受到你这份美好的心意，也许并没有人说你的好话，也许还会有人误会你、责怪你，这都不必计较。因为，爱，是自己心里的事，是对自己的一种要求。

第二章　兼爱——人生最大的艺术

兼爱的层次

【原文】视人之国若视其国；视人之家若视其家；视人之身若视其身。是故诸侯相爱，则不野战；家主相爱，则不相篡；人与人相爱，则不相贼；君臣相爱，则惠忠；父子相爱，则慈孝；兄弟相爱，则和调。天下之人皆相爱，强不执弱，众不劫寡，富不侮贫，贵不敖贱，诈不欺愚。凡天下祸篡怨恨可使毋起者，以相爱生也。是以仁者誉之。（《墨子·兼爱中》）

【大意】看待别人的国家就像自己的国家，看待别人的家族就像自己的家族，看待别人之身就像自己之身。所以诸侯之间相爱，就不会发生野战；家族宗主之间相爱，就不会发生掠夺；人与人之间相爱就不会相互残害；君臣之间相爱，就会施惠效忠；父子之间相爱，就会慈爱、孝敬；兄弟之间相爱，就会融洽、协调。天下的人都相爱，强大者就不会控制弱小者，人多就不会强迫人少，富足者就不会欺侮贫困者，尊贵者就不会傲视卑贱者，狡诈者就不会欺骗愚笨者。凡天下的祸患、掠夺、埋怨、愤恨可以让它们不发生的，是因为人们产生了相爱之心。所以仁者称赞它。

墨子提倡的兼爱，表现的是他人的平等之爱，是一种抛开血缘和背景平等的博爱，对任何人一律平等。从此等意义来说，兼爱并无层次之分。我这里所说的层次只是从爱的范围上来区别，从而提炼出更深层次、更大范围的兼爱内涵。

对自己生活周围的人富有爱心，如亲戚朋友、邻居街坊、单位同事，他们与自己都有着千丝万缕的联系，对他们怀有同情和关切之心，爱邻如己能够使自己的生活环境融洽、祥和、温馨。这是兼爱的第一个层次。

能够对与自己不相关的人和事产生兴趣，并乐意尽力相助，这是兼爱的第二个层次。有人落水了，赶快下去救；有房子失火了，赶快冲进去抱出啼哭的婴儿；遇到流氓闹事，能够见义勇为，主持正义；很遥远的地方受到灾乱了，捐献一点财物表示心意；等等。在这里，兼爱就是一种社会公德之心。

更有境界的人，对自己所属的民族、国家，对共生于这个地球的各个种族、各个国家满怀着热情，关心国际国内发生的大事，就像关心邻居发生的事一样。这是兼爱的第三个层次。

大智大爱之人，不仅具有上述的三个层次，而且能够超越对具体事物的爱心而上升到对人类命运的终极关怀，能够对漫漫历史之河给予沉静的思索和持久的注视。尽管人的生命有限，但这种大爱者将其爱心融入进绵绵不断的生命长河，因而使有限的生命获得了一种永恒的辉煌。

这是真正的生命之爱。大爱者无时无刻不体验到一种难以言喻的热流涌遍全身，体验到自己与自然、与人类的互亲和互爱。

在人类大家庭里，每个人都是其中一分子，爱与被爱、自爱与他爱都是互相的，没有天生的高低贵贱之分。聪明人懂得，爱心是自己的事，是自己生命充实而有光彩的需要。无论是显贵一时还是默默无闻，无论是穷人还是富人，对爱心来说，那又有什么关系呢？

爱心使人善良、明智、聪慧。富有爱心，是人生的一大幸福。

当我们留心身边的一切时，我们就会发现，我们的生活到处都有爱心的足迹，爱心是没有界限的。让我们看看这则寓言吧。

鸭子、老鼠和黄狗住在一个院子里。

有一天，鸭子生了第一个蛋，高兴地叫起来："我生蛋了，我生蛋了！"赶快跑去向主人报喜。

调皮的老鼠跑来："啊，这是鸭子生的蛋，让我来跟她开个玩笑。"老鼠拿起笔，在鸭蛋上左一下右一下地画了起来，画完以后就跑开了。鸭子回来一看："咦，这是什么蛋？反正不是我的蛋，我的蛋哪儿去了？"她跑了一圈，没找到自己的蛋，回来再瞧瞧那个怪蛋："啊，蛋上画着小狗的头。这一定是黄狗生的蛋。"

鸭子抱着蛋，气喘吁吁地找到黄狗说："黄狗，这是你的蛋吧？"黄狗简直摸不着头脑说："不，这不是我的蛋。我根本不会生蛋。"

"那一定是别的狗生的蛋。黄狗，我把这个蛋交给你，你再打听打听，我不管了，我还得赶快去找自己的那个蛋呢。"

黄狗真为难。他找了整整一天，也没找到会生蛋的狗。"唉，这个蛋里有一只小狗等着出壳呢。要是没有谁来孵蛋，小狗就出不来了。"黄狗最后决定自己来孵这个蛋。于是，他一天到晚把这个蛋抱在怀里，用温暖的皮毛紧紧贴着它。那只调皮的老鼠，看到黄狗在孵鸭蛋，肚皮都笑痛了。

三天过去了，五天过去了，十天过去了。黄狗没有好好睡过一觉，还是紧紧搂着那个画着小狗头的鸭蛋。这时候，老鼠实在不忍心了，对黄狗说："快别这样了，你孵不出小狗来的。"黄狗眨巴着瞌睡眼说："你怎么知道孵不出来？时间还没到呢。"

又过了几天。黄狗怀里的蛋壳破了，里面蹦出来的是只小鸭。老鼠这才告诉黄狗：是他在鸭蛋上画了小狗头。老鼠说："我说你孵不出小狗，这会儿知道了吧。"黄狗很喜欢这只小鸭，轻轻地抚摸着他，说："可是我总算没白费力气呀！"

虽然明知道那个蛋不是自己的，但黄狗还是对它倾尽了爱心，把小鸭孵出来了。

在我们的身边，也有许多像黄狗那样充满爱心，并且不分彼此地给予别人爱的人：他们中有我们的老师，对待每个同学就像对待自己的孩子一样，总是充满爱心；有我们的朋友，他们对待我们就像对待自己的兄弟姐妹一样，总是关怀不断；有匆匆而过的陌生人，他们在不知不觉中给予了我们爱的关注……所以，当我们留心身边的一切时就会发现，我们的生活到处都有爱心的足迹，爱心是没有界限的。

朋友与陌生人

【原文】若使天下兼相爱,国与国不相攻,家与家不相乱,盗贼无有,君臣父子皆能孝慈,若此,则天下治。(《墨子·兼爱上》)

【大意】假若天下的人都相亲相爱,国家与国家不相互攻伐,家族与家族不相互侵扰,盗贼没有了,君臣父子间都能孝敬慈爱,像这样,天下也就能治理得很好了。

墨子要天下人相亲相爱,则天下可治。如果以自己为中心的话,天下就没有朋友,只有陌生人。

置身于闹市当中,常会为自己身边拥来挤去的陌生人而气恼,甚至会讨厌那些陌生人。倘若换了地方,在荒无人烟的原始森林或是戈壁,我们却会为偶然发现的一点人的迹象而欣喜若狂,会有一种温情自然地流满全身。

亲人、朋友对自己的重要,大家很容易意识到,而陌生人对我们的重要,却常常被人们遗忘了。

没有朋友会很痛苦,而没有陌生人又会怎么样呢?我们吃的饭、穿的衣、坐的车、住的房从何而来?人类怎样形成一个完整而有序的社会?

陌生人的相对面是熟人,是朋友,是亲戚,有熟悉的人就必然会有陌生的人,他们共同形成一个适宜人生存的环境。每个人只有在这样的环境和气氛中才能够生活得方便、自如、充实。

对一个亲戚和朋友,亲热也罢,宽容也罢,讨好也罢,迎合也罢,都容易做到。付出可以得到回报,付出的是一,得到的回报兴许是二。在这个时候,我们最容易掩盖起自己的本性,掩藏起自己的缺点,专拣对方喜欢的话说,将最好的一面展示给对方看。

对陌生人就完全不同了,一切功利的想法都成了多余,装扮出来的自谦或自傲也没有必要,没有责任也没有负担,想怎样就怎样。

这时,最能看透一个人的内心本质,最能检验一个人的修养和品格。

一个残疾人向你行乞,你能够掏出身上最后一块钱,一个人挤车时不慎踩了你的脚,你会体谅地一笑。

老人被绊倒在路边,你能够弯腰扶他起来。

墨子以他整个的生命向我们讲述着这样的道理:要平等地爱任何人,不管是亲人、朋友,还是陌生人,都没有差别,爱陌生人,就像爱你的亲人一样。

要做到这一点是很困难的,在《墨子·耕柱》中墨子的学生巫马子坦率地说:

"我爱邹国人比越国人深,爱鲁国人比邹国人深,爱我家乡人比鲁国人深,爱我家里人比家乡人深,爱我父母亲比爱家里其他人深,爱我自己比爱我的父母亲深,因为这是更贴近自身的缘故。打我,我就会感到疼痛;打别人,我就不感到疼痛。我为什么不去帮自己而去帮助别人呢?所以,我只会杀他人以利于我,而不会杀我自己以利他人。"

巫马子有这种想法并不奇怪,人都难免有弱点。我们要做的事应该是:克服它而不要去助长它。就像身上长了疮,医生要做的是挤出脓血,使之愈合,而不是助其向全身蔓延。

针对巫马子的话,墨子指出:"既然这样,那么有一个人喜欢你的主张,这个人就想要杀掉你以利于他自己;十个人喜欢你的主张,这十个人就想要杀掉你以利于他自己;天下的人都喜欢你的主张,天下的人就都想要杀掉你以利于他自己。"全天下的人都想要杀掉提出这个主张的人,你还能保全自己吗?

曾看到一个20岁的女孩走上台去唱歌。也许心理准备不够充分,旋律响起后,她才唱了开头一句:

"雨潇潇……"

女孩跟不上旋律,非常尴尬,不知所措,再也唱不下去了。

有一个男孩从座位上站起,快步走到台上,拿起另一只麦克风,站在女孩的身旁,待乐曲重又过渡到开头的时候,跟女孩齐声唱:"雨潇潇,恩爱断姻缘……"唱了这开头的一句后,他放下麦克风,大方地回到自己的座位上。那个女孩在他的"启动"下,有了信心,拉开了嗓子,大声唱完。

当时我的心不觉涌出了一种感动。

一年冬天，我独自走在广州的街上。经过公园前的马路，我正想着心事。忽然听到一声响亮的"喂！"接着被一个小伙子拉了一把。一辆红色的士飞快地从我面前擦身而过。我被吓了一大跳。当我定下神来想说声"谢谢你"的时候，那小伙子早已跨上自行车无影无踪了。

后来独自逛街过马路，我总会想起这位面容都未曾记清的陌路人。

有一个不快活的老头儿，他常来看我。他的老伴几年前过世了，唯一的女儿也嫁到了美国。他不习惯那边的日子，不愿意去住。他说："我已是快入土的人了，还企望什么呢？"

这位没有任何企望的孤独的老头儿非常节俭，不喝酒也不抽烟，只是喜欢喝咖啡。当我把一块白色方糖投入他的杯盏中，用一只小汤匙不断地搅动的时候，他竟感动得流出眼泪来。

以后每每他来看我，我都细心地为他煮咖啡，并且把一块白色方糖放进他的杯中，为他慢慢、慢慢地搅动。我不知道，在这个世界上，在这淡淡的苦味的杯盏中，他是否能获得一点甜意和安慰、一丝温暖？

人类的血缘之爱是上天赋予的。而没有血缘的陌路人的爱是一种博爱，一种比血缘感情更深刻的东西。它有一种无形的凝聚力，把人类团结在一起，让亲密和温暖洋溢于你我他的心间。

我们都渴望爱，渴望温情，渴望帮助。

别人给予我爱，我当把这爱也传递给别人。

第二章 兼爱——人生最大的艺术

大爱无声

【原文】 视父兄与君若其身,恶施不孝?犹有不慈者乎?(《墨子·兼爱上》)

【大意】 看待父亲、兄弟和国君像自己一样,怎么会做出不孝的事呢?还会有不慈爱的吗?

如果一个人爱别人如同爱自己一样,那么他才能真正地善待别人。

古希腊有句谚语:"恩情,不一定会用世俗的形式呈现在你我面前,它有时会变换不同的容颜来帮助你。不要用决裂的方式对待所有的关系,因为有时是你错解了它;不要让遗憾发生,用感恩的心情看待世界,可防止一切不幸发生。"

有一位老人,因为衰老逐渐丧失了工作能力。她的儿子就想遗弃她,于是狠心地背着她往深山里走。途中,这个儿子一路上都听到他母亲折断树枝的声音,心想:一定是她怕被遗弃之后,无法自己识路下山,因此在沿路做上记号。他不以为然地继续往深山里面走,又走了好远,他放下背上的老母亲,毫无感情、狠心地对她说:"我们就在这里分别吧!"这时候,他母亲慈祥地说:"上山的时候,沿途都有折断树枝的记号,你只要顺着记号下山,就可以安然回家了。"这位老母亲并不在意儿子的大逆不道,反而沿途帮他做了记号,使其在返家的路途中不会迷路,这种伟大的母爱,终于唤醒了儿子的良知。他赶紧向母亲赔罪,又将她背回家,从此对母亲百依百顺,尽人子孝养之道。

爱是生命中最好的养料,只要有爱就有彩虹,生命就有希望。

一个小男孩认为自己是世界上最不幸的孩子,因为患脊髓灰质炎而留下了瘸腿和参差不齐且突出的牙齿。他很少与同学们游戏和玩耍,老师叫他回答问题时,他也总是低着头一言不发。

在一个平常的春天,小男孩的父亲从邻居家讨了些树苗,他想把它们栽在房前。他叫他的孩子们每人栽一棵。父亲对孩子们说，谁栽的树苗长得最好，就给谁买一件最喜欢的礼物。小男孩也想得到父亲的礼物。但看到兄妹那蹦蹦跳跳提水浇树的身影，不知怎么地，萌生出一种阴冷的想法：希望自己栽的那棵树早日死去。因此浇过一两次水后，他再也没去搭理它。

几天后，小男孩再去看他种的那棵树时，惊奇地发现它不仅没有枯萎，而且还长出了几片新叶子，与兄妹们种的树相比，显得更嫩绿，更有生气。父亲兑现了他的诺言，为小男孩买了一件他最喜爱的礼物，并对他说，从他栽树来看，他长大后一定能成为一名出色的植物学家。

从那以后，小孩慢慢地变得乐观向上起来。

一天晚上，小男孩躺在床上睡不着，看着窗外那明亮皎洁的月光，忽然想起生物老师曾说过的话：植物一般都在晚上生长。为何不去看看自己种的那棵小树？当他轻手轻脚来到院子里时，却看见父亲用勺子在向自己栽种的那棵小树下泼洒着什么。顿时，一切都明白了，原来父亲一直在偷偷地为自己栽种的那棵小树浇水施肥！他返回房间，任凭泪水肆意地奔流……

几十年过去了，那瘸腿的小男孩尽管没有成为一个植物学家，但他却成为了一位成功人士。

爱是生命中最好的养料，哪怕只是一勺清水，它都能使生命之树茁壮成长。也许树是那样的平凡、不显眼；也许树是如此的瘦小，甚至还有点枯萎，但只要有这养料的浇灌，它就能长得枝繁叶茂，甚至长成参天大树。

小男孩是幸运的，他爸爸养育了他，又造就了他。与其说小男孩种树，不如说父亲在培植小男孩这棵"树"。小男孩自卑的心和阴冷的想法，犹如正在枯萎的小树苗。正是父亲的良苦用心和爱的心泉的滋润，才使"小树"得以重生，得以茁壮成长，最终长成参天大树。而小男孩，也给了这份爱丰厚的回报。

爱是生命中最好的养料，只要有爱就有彩虹，生命就有希望。虽然不是每个人都能成为植物学家，或者当上总统，但是，李白告诉我们"天生我材必有用"。接受别人的爱时，也要献出自己的一份爱，不管它是多么的微不足道。"赠人玫瑰，手有余香。"当我们成为别人的需要时，我们就会明白，自己是多么的重要，是多么的"命有所值"。

以德立身，泽己及人

【原文】士虽有学，而行为本焉。(《墨子·修身》)

【大意】做官虽讲才学，但必须以德行为本。

墨子认为君子修身要一切以德行为本，他非常注意品德对于人的重要性。

孔子有句话叫"其身正，不令而行；其身不正，虽令不从"。一个人要想赢得别人的尊敬和爱戴，首先就要成为一个顶天立地的正直之人。

所谓"德"就是人的品行，德行就是"德"，自古"才"与"德"并重，形容一个人最好的词语就是"德才兼备"。

一个品行不端、德行糟糕的人不能结识真正的朋友，获得长久的事业成功。这样的人很难有人能与之长期合作，因为这种人不是搞一锤子买卖，就是过河拆桥；他们甚至还可能因为某种利益的驱动，铤而走险而落入法网……

要想获得别人的好感，需要以德立身，这是一个内在标准，没有这个内在的标准，人生之路就会失去支撑，最终导致众叛亲离将是必然的。

但必须知道，以德立身，还必须以自律为前提，一味讲"哥儿们义气"并不在以德立身之列。俗话说"近朱者赤，近墨者黑"，在社会上，无德之友最终会成为自己成功路上的定时炸弹。例如，明知这笔贷款不合手续，但因为对方是朋友，所以大开绿灯；明知这个项目不能担保，因为受朋友的委托，所以还是办妥了。诸如此类经济犯罪案件多数发生在年轻人身上，他们重朋友、讲义气，交往中自以为彼此很了解底细，因此在合作中绝对信任对方，毫无防备，不能办的事也不好意思拒绝，这样，如果被无德之人利用，必然会毁了自己的前程。

以德立身贯穿于每个人人生的全部过程，是一个人做人最根本的原则。在人生的不同阶段，道德对人的要求虽有着不同的变化，每个人体验和经历的内容也不一样，但是，"以德立身"的人生支柱是不变的，它对每个人人生大厦起着支撑作用的定律是不变的。

在外国名人当中也不乏以德立身的人。富兰克林就是一例。

富兰克林是美国资产阶级革命时期民主主义者、著名的科学家，受到了人们的爱戴和尊敬。但是，富兰克林早年的性格非常乖戾，无法与人合作，做事经常碰壁。

富兰克林在失败中总结经验，他为自己制定了13条行为规范，并严格地遵守，他很快为自己铺就了一条通向成功的道路：

（1）节制：食不过饱，饮不过量，不因为饮酒而误事。

（2）缄默：讲话要利人利己，避免浪费时间的琐碎闲读。

（3）秩序：把所有的日常用品都整理得井井有条，把每天需要做的事排出时间表，办公桌上永远都不零乱。

（4）决断：决心履行你要做的事，必须准确无误地履行你所下定的决心，无论遇到什么情况都不要改变初衷。

（5）节约：除非是对别人或是对自己有什么特殊的好处，否则不要乱花钱，不要养成浪费的习惯。

（6）勤奋：不要荒废时间，永远做有意义的事情，拒绝去做那些没有多大实际意义的事情，对于自己的人生目标永不间断。

（7）真诚：不做虚伪欺诈的事情，做事要以诚挚、正义为出发点，如果要发表见解，必须有根有据。

（8）正义：不做任何伤害或者忽略别人利益的事。

（9）中庸：避免极端的态度，克制对别人的怨恨情绪，尤其要克制冲动。

（10）清洁：不能忍受身体、衣服或住宅的不清洁。

（11）镇静：遇事不要慌乱，不管是普通的琐碎小事还是不可避免的偶然事件。

（12）贞洁：要清心寡欲，如果不是有益于身体健康或者是为了传宗接代，尽量少行房事。绝不做任何干扰自己或别人安静生活的事，也不做任何有损于自己和别人名誉的事情。

（13）谦逊：要向耶稣和苏格拉底学习。

道德没有统一的标准，德的前提就是尽量帮助别人，做有利于自己和他人的事，而不损人利己。

　　当你感谢天，感谢地，感谢父母，感谢许多值得感谢的东西时，也别忘了感谢自己。只有自己行得正，坐得端，才无愧于天，无愧于地，无愧于父母。

爱人者，人方爱之

【原文】 爱人利人以得福者有矣，恶人贼人以得祸者亦有矣。(《墨子·法仪》)

【大意】 爱人利人而得福的是有的，厌恶人残害人而得祸的人也是有的。

墨子在《兼爱》篇主要强调了人要相亲相爱，否则就会受到惩罚。生活中，有些人自私自利，不知爱人，或者带有功利性地去爱人。结果往往使自己陷入绝境，又或者失去最珍爱的人。

凡是不能去真正爱人的人，别人一定也不会爱他。

20 世纪 30 年代，在德国的一个小镇，有一个犹太传教士，每天早晨总是按时到一条幽静的小路上散步。不论见到谁，他总会热情地打一声招呼：早安！

小镇上一个叫米勒的年轻人，对传教士每天早晨的问候，反应很冷淡，甚至连头都不点一下。然而，面对米勒的冷漠，传教士未曾改变他的热情，每天早晨依然给这个年轻人道早安。几年以后，德国纳粹党上台执政。传教士和镇上的犹太人，都被送往集中营。下了火车，列队前行的时候，有一个手拿指挥棒的军官，在队列前挥舞着指挥棒，叫道："左，右。"指向左边的将被处死，指向右边的则有生还的希望。轮到传教士了，当他无望地抬起头来，眼睛一下子与军官的眼睛相遇了。传教士不由自主地脱口而出："早安，米勒先生。"

米勒虽然板着一副冷酷的面孔，但仍禁不住说了一声："早安"。声音低得只有他们两人才能听到。然后，米勒果断地将指挥棒往右边一指。

传教士获得了生的希望……

人是很容易被感动的，而感动一个人靠的未必都是慷慨的施舍、巨大的投入。往往一句热情的问候，一个温馨的微笑，就足以唤醒一颗冷漠的心。但这需要你付出内心的真情实感。

如果说上面这个事例说明了"爱人利人而得福",那么下面这个例子则说明"厌恶人残害人而得祸",两者结局悬殊之大,令人扼腕深思。

这是越战结束后一个士兵的故事——

士兵打完仗回到国内,从旧金山给父母打了一个电话。

"爸爸,妈妈,我要回家了!但我想请你们帮我一个忙,我要带我的一位朋友回来。"

"当然可以,"父母回答道,"我们见到他会很高兴的。"

"有些事必须告诉你们,"儿子继续说,"他在战斗中受了重伤,他踩着了一个地雷,失去了一只胳膊和一条腿。他无处可去,我希望他能来我们家和我们一起生活。"

"我很遗憾地听到这件事,孩子,也许我们可以帮他另找一个地方住下。"

"不,我希望他和我们住在一起。"儿子坚持。

"孩子,"父亲说,"你不知道你在说些什么,这样一个残疾人将会给我们带来沉重的负担,我们不能让这种事干扰我们的生活。我想你还是赶快回家来,把这个人给忘掉,他自己会找到活路的。"

就在这个时候,儿子挂上了电话。

父母再也没有得到他们儿子的消息。几天后,他们接到旧金山警察局打来的一个电话,被告知,他们的儿子从高楼坠地而亡,警察局认为是自杀。

悲痛欲绝的父母飞往旧金山。在陈尸间里,他们惊愕地发现,他们的儿子只有一只胳膊和一条腿。

在现实生活中,每个人都面临着地狱或者天堂的生活,一些人总是不停地埋怨:如今人际关系变得冷漠了,各忙各的,没有人情味,没有温馨感。其实,只要我们心中充满爱,只要我们真诚,懂得付出、帮助和分享,我们就生活在天堂;若只为自己损人利己,自私自利,就等同于生活在地狱。爱人者人爱之,爱心永远不会孤独寂寞。

有言道:两人分担一份痛苦,就只有半份痛苦;两人分享一份快乐,就有了两份快乐。心中有多少爱,才能分享多少爱。当你对别人好的时候,就是对自己最好的时候。

爱人与爱己

【原文】爱人不外己,己在所爱之中。(《墨子·大取》)

【大意】爱别人并不是不爱自己,自己也在所爱当中。

墨子在强调爱人的同时也指出,爱别人并不是不爱自己,你在帮助别人的同时,也会给自己带来快乐。

两年前,李墨走出大学校门做了县三中的一名普通教师。

虽然,每天站在讲台上,但他却无时无刻不在找机会调离学校。想要脱离这块"沼泽之地"。然而,不久后发生的一件事却彻底改变了他的想法。

开学不久,身为班主任的李墨,每天不但白天要上四五节课,晚上还得加班。从学校到他的住处,要经过一条长长的小巷。晚上九点以后小巷便很少有人走动,加上两边大多是高墙,更显得阴暗可怕。每次走到那里,他都不由地心跳加速,猛蹬车子,生怕半道上杀出个"程咬金"。

那天,李墨又拐进小巷,刚想一路猛冲时,突然发现小巷的中间亮起了一盏明亮的灯。李墨的心一下子踏实下来。起先,他以为只是偶然碰上那家主人有事外出,所以他的家人故意让灯亮着。后来,他发现自己错了,那里原本没有路灯。所谓灯,只不过是那户人家窗上挂着的一个灯泡。而且从那以后,每次下晚班回来拐进这条小巷,他都能看见那盏温暖的灯。

一个晴朗的假日,李墨终于敲响了那盏灯旁边的一扇窄窄的小门。开门的是一位年近花甲且双目失明的老人。老人问他找谁。当他结结巴巴地把一个下晚班的教师与那盏灯的故事告诉老人时,老人舒展开满脸的皱纹笑了。

"其实,你不该感谢我,应该感谢的是他们!"

"他们?"

"是他们。"老人说着朝李墨抬了抬脸,两只什么也看不见的眼珠朝上翻动着,好像证实他说的是心里话。

老人说:"我一生下来就是个瞎子。半岁时,父亲狠心地抛弃了我和母亲。在贫苦和孤独中,我们母子一直相依为命。两个月前,母亲也永远离开了我。虽然知道那是人必然的归宿,但我还是感到万念俱灰。我搬回这幢老屋,想在这里静静地离开这个给予我太多苦难的世界。那晚,也就是我准备离去的晚上,不知为什么,我第一次拉亮了房里的那盏灯。突然,我听到窗外有人对我说:'真谢谢你!不然,我一定踩进旁边的下水沟里了。'是一位老太太的声音。不一会儿,又有两个女学生骑车从我窗前急急而过,她们送给我一串清脆的铃声。其中一个说:'我觉得这是世界上最美的灯光……'"

"自从痛失慈母后,我以为自己已流不出一滴眼泪,但那一刻,我却忍不住热泪盈眶。我放弃了自杀的念头,因为我觉得,在这个世界上自己不再孤独,而且还有人需要我。"

"从此以后,我就把房里的那盏灯挂到了窗户上,并从每晚八点到十点半都让它亮着。我也就每天聆听着行人对我的赞美和感激,心情一天天欢快舒畅起来。我再不觉得生活毫无意义,因为每晚我要去点亮那盏灯。"

老人轻轻咂了一下瘪下去的嘴,脸上洋溢着幸福的光芒。

李墨久久回味着老人那蕴含哲理的话。墨子曰:"爱人不外己,己在所爱之中。"是啊,在人生的旅途中,我们为别人,其实也是为自己点亮了那盏幸福的灯!

那么,我们每个人也该踏踏实实地去做一名点灯的人,而李墨要点亮那些莘莘学子心中希望的灯。

以爱人之心感化人

【原文】 视人身若其身,谁贼?故盗贼亡有。(《墨子·兼爱上》)

【大意】 看待别人就像自己一样,谁会害人?所以盗贼没有了。

墨子对于人性的观点与孟子是趋于相同的,虽然墨子没有明确提出性善论的观点,但我们从其言论中也可以发现。爱别人也爱自己,这就是基于人性善的基础之上的,以爱人之心去感化他,视人身若己身,没有人是不会被感动的。

以善良的心去看人、去做事,别人也会以善良回报你。

青莉17岁那年,好不容易找到一份临时工作。母亲喜忧参半:家有了指望,但又为她的毛手毛脚操心。

工作对她们孤女寡母太重要了。青莉中学毕业后,正赶上大萧条,一个差事会有上百的失业者争夺。多亏母亲为她的面试赶做了一身整洁的海军蓝套装,她才得以被一家珠宝行录用。

在商店的一楼,青莉干得挺欢:第一周,受到领班的称赞;第二周,被破例调往楼上。

楼上珠宝部是商场的心脏,专营珠宝和高级饰物。整层楼排列着很气派的展品橱窗,还有两个专供客人看购珠宝的小屋。

青莉的职责是管理商品,在经理室外帮忙和传接电话,既要热情、敏捷,还要防盗。

圣诞节临近,工作日趋紧张、兴奋,青莉却忧虑起来:旺季过后我就得走,回到往昔可怕的日子。然而幸运之神来临了。一天下午,青莉听到经理对总管说:"青莉那个小管理员很不赖,我挺喜欢她那个快活劲儿。"

青莉竖起耳朵听到总管回答:"是,这姑娘挺不错,我正有留下她的意思。"这让青莉回家时蹦跳了一路。

翌日,青莉冒雨赶到店里。距圣诞节只剩下一周时间,全店人员都绷紧了神经。

整理戒指时，青莉瞥见那边柜台前站着一个男人，高个头，白皮肤，约30岁。他脸上的表情吓了青莉一跳，他几乎就是这不幸年代的贫民缩影。一脸的悲伤、愤怒、惶惑，犹如陷入了他人置下的陷阱。剪裁得体的法兰绒服装已是褴褛不堪，诉说着主人的遭遇。他用一种绝望的眼神，盯着那些宝石。

青莉因为同情而涌起了悲伤。但青莉还牵挂着其他事，很快就把他忘了。

小屋打来要货电话，青莉进橱窗最里边取珠宝。当青莉急冲冲出来时，衣袖碰落了一个碟子，6枚精美绝伦的钻石戒指滚落到地上。

总管先生激动不安地匆匆赶来，但没有发火，只是说："快捡起来，放回碟子。"

青莉弯着腰，说："先生，小屋还有顾客等着呢。"

"去那边，孩子。你快捡起这些戒指！"青莉用近乎狂乱的速度捡回五枚戒指，但怎么也找不到第六枚。青莉寻思它是滚落到橱窗的夹缝里，就跑过去细细搜寻。没有！她突然瞥见那个高个男子正向出口走去。顿时，青莉知道戒指在哪儿了。碟子打翻的一瞬间，他正在场！当他的手就要触及门柄时，青莉叫道："对不起，先生。"

他转过身来。漫长的一分钟里，他们无言对视。青莉祈祷着，不管怎样，让她挽回她在商店里的未来吧。跌落戒指已经很糟，但终会被忘却；要是丢掉一枚，那简直不敢想象！而此刻，青莉若表现得急躁——即便她判断正确——也终会使她所有美好的希望化为泡影。

"什么事？"他问，他的脸在抽搐。

青莉确信她的命运掌握在他手里。青莉能感觉得出他进店不是想偷什么，他也许想得到片刻温暖和感受一下美好的时辰。青莉深知什么是苦寻工作而又一无所获，青莉还能想象得出这个可怜人是以怎样的心情看这个社会：一些人在购买奢侈品，而他一家老小却无以果腹。

"什么事？"他再次问道。猛地，青莉知道该怎样作答了。她母亲说过，大多数人都是心地善良的，她不认为这个男人会伤害她。青莉望望窗外，此时大雾弥漫。

"这是我第一次工作。现在找个事儿做很难，是不是？"青莉说。

他长久地审视着青莉,渐渐地,一丝十分柔和的微笑浮现在他脸上。"是的,的确如此,"他回答,"但我能肯定,你在这里会干得不错。我可以为你祝福吗?"他伸出手与青莉相握。

青莉低声说:"也祝您好运。"他推开店门,消失在浓雾里。青莉慢慢转过身,将手中的第六枚戒指放回了原处。

其实,大多数人都是心地善良的!只是可能由于一时的窘境而做一些违规的事。只要我们心存善良之心,相信是能感化他们的。

第二章 兼爱——人生最大的艺术

"爱人"并不是为了回报

【原文】爱人者必见爱也,而恶人者必见恶也。(《墨子·兼爱下》)

【大意】爱人的人必定被人爱,而憎恶人的人必定被人憎恶。

我们天天埋怨别人不知回报,不知我们有没有反思过自己的行为,是我们太了解人性,还是我们忽略了人性?帮助别人的目的不是为获得回报。如果我们得到别人的感激,的确是一件令人欣喜的事;如果没有,也不要为此伤感、抱怨不休,为他们留下一颗助人的种子就好。

假如你救了一个人的生命,你会期望他感激吗?也许会。可是乔治在他当法官前曾是位有名的刑事律师,曾使78个罪犯免除了牢狱之灾。你猜猜看,其中有多少人曾当面致谢,或至少寄张贺卡来?一个也没有。

当一位银行职员挪用银行基金去炒股票而造成亏损、面临指控时,查尔斯帮他补足金额以免他吃上官司,这位银行职员是否感谢他呢?是感谢他,但只是那一阵子,后来这个人还跟曾经救他脱离牢狱之灾的人作对呢!

假如你送亲戚100万美元,他就应该会感谢你吧?钢铁大王安德鲁·卡内基就资助过他的亲戚,不过安德鲁·卡内基一定想不到这位亲戚正在诅咒他呢!为什么?因为,卡内基留下了3亿多美元的慈善基金,但他只继承了100万美元。

现实就是如此。

艾玛是一位住在纽约的妇女,她整天埋怨自己寂寞。没有一个亲戚愿意接近她。如果你去看望她,她一定会絮絮叨叨告诉你,她侄儿们小的时候,她是如何照看他们的。他们得了麻疹、腮腺炎、百日咳,都是她照看的,他们跟她生活了很久。她还资助一位侄子读完商业学校,一直到结婚前,他都住在她家。

这些侄子会常回来看望她吗?噢!有的!有时候!完全是例行公事式

的。他们都害怕回来看她，真正使他们受不了的是要坐几小时听那些絮絮叨叨、无休无止的抱怨与自怜。当她终于发现无论如何也没法叫她的侄子们回来陪她时，她就拿出她的绝招——心脏病发作。这心脏病当然不是装出来的，医生也说她的心脏相当神经质，经常心悸。可是医生们也无能为力，因为她的情绪往往是她病发的起因。

这位老妇人需要的是关爱，但她表现的却是需要感恩，可惜她可能永远也得不到她所设想的感激或关爱了，因为她认为这是她应得的，她要求别人给她这些东西。

世界上有很多像她一样的人，认为别人都忘恩负义，他们渴望被爱，但是在这世上真正能得到爱的唯一方式，不是去索求，而是要不求回报地付出。

这是不是听起来太理想化、太不符合实际了？其实不是这样！这是追求幸福最好的一种方法。亚里士多德说："一个理想、完美的人会从施予中得到快乐。"

真正的快乐是你付出多少，别人得到了多少帮助，而不是你该得多少回报，否则你会陷入为索取回报而与别人斤斤计较的争论当中，又何谈快乐呢？

为人父母者一向抱怨子女不知感恩。甚至莎剧主人翁李尔王也不禁叫道："不知感恩的子女比毒蛇的利齿更吞噬人心。"可是如果我们不教育他们，为人子女者怎么会知道感恩呢？忘恩像随意生长的稗草，感恩有如花草，需要细心栽培及爱心的滋润，才能开出美丽的花。

要是子女们不知感恩，应该怪谁？也许该怪的就是为人父母的我们。如果我们从来不教导他们向别人表示感谢，怎么能希望他们来感谢我们？

让我们记住，孩子是我们造就的。

要想有知恩善报的子女，只有自己先成为感恩的人。让我们把这句话永远铭记于心。我们的言行非常重要。在孩子面前，千万不要诋毁别人的善意。也千万别说："看看表妹送的圣诞礼物，都是她自己做的，连一分钱也舍不得花！"我们可能是随便说说而已，但是孩子们却听进心里去了。因此，我们最好这么说："表妹准备这份圣诞礼物，一定花费了不少时间和精力！她的心真好！我们得写信感谢她。"这样，我们的子女在无意中也学会养成赞赏感激的好习惯。

教师节那天，一大群孩子争着给他送来了鲜花、卡片、千纸鹤……一张张小脸蛋洋溢着快乐，好像过节的不是老师倒是他们。

一张用硬纸做成的礼物很特别，硬纸板上画着一双鞋。看得出纸是自己剪的——周边很粗糙，图是自己画的——图形很不规则，颜色是自己涂的——花花绿绿的，老师能穿这么花的鞋吗？

上面歪歪扭扭地写着："老师，这双皮鞋送给你穿。"看着署名像是一个女孩——这个班级他刚接手，一切都还不是很熟，从开学到教师节，也就是十天。

他把"鞋"认真地收起来，"礼轻情义重"啊！

节日很快就过去了，一天他在批改作文的时候，看到了这个女学生送给他这双"鞋"的理由。

"别人都穿着皮鞋，老师穿的却是布鞋，老师肯定很穷，我做了一双很漂亮的鞋子给他，不过那鞋不能穿，是画在纸上的，我希望将来老师能穿上真正的皮鞋。我没有钱，我有钱一定会买一双真皮鞋给老师穿的。"

这是一个不足十岁的小姑娘的心愿，他的心为之一动。但是，她怎么知道穿布鞋是穷人的标志？

他想问问她。

这是一个很明净的女孩子，一双眼睛清澈得没有任何杂质。当她站到他面前的时候，他似乎找到了答案。

他看见了她正穿着一双方口布鞋，鞋的周边开了花，这双布鞋显然与他脚上的这双布鞋不一样。

于是有了下面的问话。

"爸爸在哪里上班？"

"爸爸在家，下岗了。"

"妈妈呢？"

"不知道……走了。"

他再一次看了她脚上的布鞋，那一双开了花的布鞋。

他从抽屉里拿出那双"鞋"来。这时他感受出这双鞋的分量。

她问："老师，你家里也穷吗？"

他说："老师家里不穷。你家里也不穷。"

"同学都说我家里穷。"她说。

他说:"你家里不穷,你很富有,你知道关心别人,送了那么好的礼物给老师。老师很高兴,你高兴吗?"

她笑了。

"和老师穿一样的鞋子,高兴吗?"

她用力地点点头。

他带着她来到教室,他问大家,老师为什么穿布鞋呢?有的同学说,好看。有的说,透气,因为自己的奶奶也穿布鞋。有的同学说,健身,因为自己的爷爷打拳的时候都穿布鞋。很奇怪,没有人说他穷。他说,穿布鞋是一种风格,透气,舒适,有益健康。

后来这位老师告诉同学们:脚上穿着布鞋,心里却装着别人,是最让老师感到幸福的!只有富有的人才能给予别人幸福,能给予就不贫穷。

在同学的眼光中,小女孩意识到自己是贫穷的,在强烈的物质对比下,她那颗敏感的心敏锐地得出一个结论:穿布鞋是穷人的标志。在她注意到老师也和自己一样穿布鞋后,她便在教师节时画了一双皮鞋送给老师。这个"脚上穿着布鞋、心里却装着别人"的小女孩让人很感动,她是物质上的穷人,却是爱心上的真正富人,她小小年纪就懂得去关心他人,并把爱心给予他人。然而在日常生活中,有的人凭着父母物质上的富有到处炫耀,一切以自我为中心,看不起比他穷的人,甚至嘲笑别人,这种人实际上是爱心的乞丐,是灵魂的穷人。

没有人能选择自己的出身,但是人人都有选择做爱心富人的权利。如果我们从现在起就选择做爱心富人,爱心的大门将随时为我们敞开,那么,我们所收获的,将不仅仅是别人的感激,而是更加富有的灵魂!

第二章 兼爱——人生最大的艺术

君子以人为镜

【原文】 君子不镜于水而镜于人。(《墨子·非攻中》)

【大意】 君子不用水作镜子来照自己,而以人为镜子来照自己。

墨子在《非攻中》篇中列举并批驳了为侵略性战争辩护的种种谬论,如扩张可以使国家富强并成就霸业,是以"义"来统一天下,指出以危害别的国家为前提而获得好处,是不可行的,至于以"义"来统一天下,则是虚假不实的。墨子列举吴王夫差、晋国智伯因发动侵略战争而导致灭亡的事例,警告那些好战的诸侯要"以人为镜",借鉴夫差、智伯之事,吸取他们失败的教训。

墨子用"君子不镜于水而镜于人"来说明,聪明的人应该以历史人物为镜子,把他们成功失败的经历当作借鉴,从而知道自己应该怎么做。它告诫人们,应该以历史上的人物为借鉴,以往知来,从历史人物的事迹中预见到自己的命运和未来。当然,除了指历史上的人物之外,我们还可以用与自己同时代的人或自己周围的人,以他们为镜子。

古语云:"以铜为镜,可以正衣冠;以古为镜,可以见兴替;以人为镜,可以明得失。"人作为自己和别人的镜子,既可鉴己又可照人,这也许就是古人热衷于"以人为镜"的最好的理由了。

唐太宗以魏征为镜,看到了自己处理朝政时的得失,使自己颁布的政令更合乎民意,因而他能赢得天下太平,博得盛世美名。司马迁因受宫刑,绝望至极,但他以古代的哲人为镜,看到了自己生存的意义,文王被拘,始有《周易》,屈原放逐,乃赋《离骚》,左丘失明,才写《国语》……历史上诸多不幸的伟人都能成就一番事业。司马迁以他们为镜,从他们身上看到了希望与力量,从此,发愤著书立说,以顽强的意志,忍辱负重,终于完成了中国历史上第一部纪传体通史。

以人为镜,可以知得失,可以让自己在生活的道路上少走弯路。把伟人、成功者当作镜子，可以让我们信心百倍地迎接挑战，鼓励我们前行，也可以让我们在工作上少走弯路。以人为镜，不可一味模仿，一味邯郸学步，要根据自身情况，灵活运用。以人为镜，要多学习别人的长处，避免犯同样的错误。以人为镜好处多，但要选对镜子，选对自身有益之镜，如若拿错了镜子，就不能正确认识自己，要么自卑，要么自大。

确实，我们每个人也是自己的镜子，别人通过我们的一言一行观察、揣摩、了解并最终把我们定性和归类，于是我们成了别人眼里的好人、坏人、可信的人、不可信的人……别人如果觉得你真心诚意待他，他就会真心诚意地对待你；你待别人高尚，别人也会高尚地待你。

其实，生活中许多东西都可以作为我们的镜子，可以借鉴，伟人可以为镜，凡人也有值得学习之处，正面人物值得借鉴，反面人物值得自省。总之，以人为镜，可以让自己在生活的道路上少走弯路，少受挫折，取得更大的成就。

为人解难,利于他人

【原文】任,士损己而益所为也。(《墨子·经上》)

【大意】任侠,就是君子牺牲自己利益而使自己的作为有利于他人。

墨家在先秦诸家中应算是最有正义感的一家。墨子摩顶放踵,只要有利于天下,便一定会奋不顾身地去付出行动。为此,墨子曾裂裳裹足,急走十日十夜,只身赴险去止楚攻宋,不可不谓具有侠义心肠。墨子认为人人都应具有救世精神,主张"万事莫贵于义",而此处的"义"就是指有利于他人。春秋战国,社会动荡。许多国士变为游侠,良莠不齐,于是墨家在其经典著作中研究并阐述了任侠精神,加以引导。《墨子·经上》指出:"任,士损己而益所为也。"就是自苦为极,损己利人。《墨子·经说上》又指出:"任,为身之所恶,以成人之所急。"侠的行为方式就是行侠仗义,除暴安良,惩恶扬善,全然不顾自己的私利。墨家要求弟子竭尽全力地去扶危救困,为人解难,甚至不惜牺牲自己的性命。同时墨子还强调,救世的动机要纯一,只能是为他人利益着想,若存有私心,沽名钓誉,那就与强盗的行为没有什么不同了。墨子这一"任"的精神逐渐成为后世侠客行侠仗义的行为准则,侠的精神是"义"。在古代,任侠也被称为"义士"。墨子贵义,《经说上》阐述道:"义,志以天下为芬,而能能利之,不必用。"把为天下百姓谋利当作分内之事,有很高的本领,但不一定要求被任用。后世侠客与墨家所指的"任侠"不能完全等同,如墨家提倡"非攻",反对以暴除暴,不赞同以武力解决问题,而后世侠客则往往以正义执法者的身份自居,多以武力为民除害;墨家主张"兼爱",主张人无上下贵贱之分,都应相亲相爱,讲求的是一种泛爱,但后世侠客多具有疾恶如仇、爱憎分明的性格特征,以除暴安良为己任。尽管如此,双方在益人这一点上是相通的。汉人司马迁在《史记·游侠列传》中对"侠"的描述是"专趋人之急,甚己之私",这与墨家所讲的"任"的内涵是一致的。

当今，在商品经济的大潮中，一些人不能持节自守，损公肥私、贪污腐败的事时有发生。在此情况下，大力提倡墨子这一"任"的大公无私的思想，对于重振世风、加强社会主义道德风尚建设是大有帮助的。

金庸先生说："侠之大者，为国为民。"这是符合墨家"任侠"观的。

墨家分为上、中、下三门，所以《墨子》书中有些文章分上、中、下三种，譬如《尚贤上》《尚贤中》《尚贤下》，不同的篇章为不同的子弟所学习。"上"是指政治家；"下"是指纯粹的专家学者；"中"是指笃信墨学的苦修者，以自苦为极，损己利人，完全不同于社会的价值标准，为了所有正义的事大声疾呼，疾恶如仇。中国侠义文化的源头是墨家。

在天下失义的情况下，侠义弥足珍贵。墨子自身也参照侠义行事。《墨子·贵义》记录：墨子看望老朋友，朋友对墨子说："现在天下没有人行义了，你何必独自苦行为义？不如就此停止吧。"墨子回答："有个人生养了十个儿子，只有一个耕种，其他九个闲着，这一个耕种的不能不更加努力啊。为什么呢？因为吃饭的人多而耕种的人少。现在天下没有人行义，你应该勉励我行义，为什么还劝阻我呢？"

现代任侠义士，必承墨家"天志"。谭嗣同就是身体力行墨学的典范，曾写下了"我自横刀向天笑，去留肝胆两昆仑"的豪迈诗句。

万事莫贵于义

【原文】万事莫贵于义。(《墨子·贵义》)

【大意】天下万事之中,没有什么比道义更可贵的了。

墨子对于"义"的理解与先秦诸家是颇有不同的。墨子给"义"所下的定义为"义,利也",将物质利益作为"义"的内涵。但"利"又有私人之利和万民之利的区别,那么是不是所有的"利"都可称为"义"呢?对此,墨子进一步界定了"义"的概念,指出"义者,正也",认为"义"是"正",是正义之利,也就是有益于他人之利,将那种个人之利排除在"义"之外,从而与那种狭隘的功利主义划清了界限。墨子的弟子胜绰因为贪图个人利益而未阻止齐国侵略鲁国这种不义的行为,墨子斥责他是"禄胜义",批评胜绰的"不义"。由此不难看出,墨子所谓的"义"就是指有利于他人。墨子将"义"与和氏之璧、隋侯之珠、三足六耳的九鼎这些天下诸侯们所称道的"良宝"作了一番比较,指出这些诸侯所谓的宝物并不能起到富国家、治刑政、安社稷的作用,而唯有"义"才能做到这些,所以"义"才是真正的"天下之良宝",并因此而强调"万事莫贵于义",指出"死生利若,一无择也",认为苟有利于天下,则生不足重,死亦不足惜。墨子亲自以"摩顶放踵"的实际行动来教育墨家弟子为了行"义",要有超越生死、粉身碎骨的无畏精神。而墨家弟子也没有辜负墨子的期望,当真做到了为"义"而舍生忘死。一般的人认为天下没有比生命更重要的,而墨子却认为生命在"义"的面前是微不足道的,只有"义"才是最为重要的,"万事莫贵于义"。

在当今社会,墨子的"贵义"和无私奉献精神同样显得弥足珍贵。社会的改良和进步,也取决于每个人对别人做出了多大的贡献,你的成功如果只给你一个人带来利益,而对别人、对社会没有丝毫奉献,那也就不是真正的成功了。

成功的终极意义不在于个人生命的幸福和利益的巨大。个人不能离开他赖以生存的群体，不能离开由这些群体所构成的社会；个人的生命价值是由他人、社会给予评判的。只有在一定的社会条件下，个人的人生价值才能得以体现出来。因此，一个人在自己的人生征途中时刻不能脱离集体、社会；个人必须为大众、为社会承担责任，做出贡献，奉献自我。一个人只有当超越自己生活的狭小圈子，热心投入到社会之中，才有可能实现自己的人生价值。

从前有个国王，非常宠爱他的儿子。这位年轻的王子，过着衣来伸手、饭来张口的日子，要什么有什么。可是，他从来没有开心地笑过一回，常常愁眉紧锁，郁郁寡欢。

有一天，一位魔术师走进王宫对国王说，他能让王子快乐起来。国王兴奋地说："如果你能办成这件事，宫里的金银财宝你随便拿。"

魔术师带着王子进了一间密室，他用白色的东西在一张纸上涂了些笔画，然后交给王子，并嘱咐他点亮蜡烛，看纸上会出现什么。说完，魔术师走开了。

年轻的王子在烛光的映照下，看见那些白色的字迹化作美丽的绿色，变成这样几个字："每天为别人做一件善事。"王子依此去做，不久，他果然成为了一个快乐的少年。

小故事蕴藏着大道理，它告诉我们：人之所以生活得有意义，有快乐，有丰足感，是因为他能奉献，而不是处心积虑地想要占有。奉献给人一个实现自我的空间，因为他知道要努力工作，为社会服务，他知道要肩负一个帮助和安慰大众的使命。在朝着目标努力的过程中，他发现了实现自我的空间。

只要你敢于在行动上奉献自我，你就会生活在快乐之中。如果你养成奉献的习惯，你就会拥有心灵和财富的富足。

假若一个人能够用爱心无偿地给予别人服务和帮助，他的生命一定闪烁着光彩，充满着喜悦和快乐。

诺贝尔和平奖得主，受全世界敬仰的德兰修女，和英国平民王妃戴安娜提并论，但她们却是两个截然不同的类型。德兰没有戴妃的风华绝代，她个子瘦小，相貌普通，但她有的是一颗美丽的爱心。戴妃在卫生、安全的医院里和艾滋病人握手，会有记者拍下照片刊登在报纸杂志上，别人称赞她的爱心；可德兰却不知多少次在污秽、肮脏的街道拥抱那些患皮肤病、传染病，甚至周身流脓的垂死病人，把他们带回自己的住处，照顾他们，安葬他们，让人们享受她的奉献。

很多人一谈到德兰修女，都说她是个伟大的人，和她相比，自己实在太渺小了。可德兰修女却说："我们都不是伟大的人，但我们可以用伟大的爱来做生活中每件平凡的事。"

塑造博爱的个性

【原文】爱众世与爱寡世相若。兼爱之，有相若。爱尚世与爱后世，一若今之世人也。(《墨子·大取》)

【大意】爱众世与爱寡世相同。兼爱也要相同。爱上古与爱后世，也要与爱现世一样。

兼爱不仅是要人与人之间相互敬爱，更是要求每个人要有爱天下人之心，要有一种博爱的精神。

每个人，都有爱和被爱的心，我们为他们树立爱的榜样，将会对他们如何去爱别人产生重大的影响。当我们表达爱心的时候，别人会看着我们，甚至把我们当作学习的榜样。

谁可以当我们的好榜样？谁是我们最应该仰慕的对象？我们可以从历史人物中找到他们，也可以在开放和诚实的心态下遇见他们，我们也会在日常生活中发现他们。

南丁格尔舍弃了财富和舒适的生活，去追寻她心中深刻的需求。她被一种要去照顾千千万万个人的使命驱使，要去分担他们在她身边死亡的时候所经受绝望的情绪和恐惧。最后她成为我们今天所熟悉、敬仰的"白衣天使"之母。

天主教神父达米安抛弃了文明社会的一切，献身于照顾夏威夷莫洛凯岛上的麻风病人，完全体现了博爱的精神。他与教会的官僚体系奋战不止，为他的教区人士争取补给品，最后他自己也患了麻风病，死在他所爱的和他一起生活的人群之中。

甘地将一生完全投入追求自由之中。他的不流血革命的理论和实践，终于使英国殖民地下的印度人摆脱了帝国主义的束缚。当他一再被要求写下自己的生平回忆时，他做出了一句最有个性的答复："我的生平就是我的信息。"

这些把个人力量化为爱的历史典范,都可以帮助我们辨认、欣赏那些在日常生活中,以博爱为职责的高尚性格,可能也包含我们自己。

夏日的一个黄昏,我们几个朋友坐在广场旁一家清雅的酒店里一边喝酒一边闲聊。透过玻璃窗,我们看见街头一个女孩正提着一篮子玫瑰花,四处向人兜售。

夜幕降临,霓虹闪烁,那个美丽的黄昏忽略了小女孩一篮子好看的玫瑰。

我们只顾喝酒,也就没再注意那个女孩了。不知过了多长时间,那个小女孩竟站在饭店门口,她清秀的脸上爬满了忧愁与焦虑,操着蹩脚的普通话,有些怯怯地问:"老板,可不可以卖一碗蛋炒饭给我?"

正站在我们旁边30多岁的老板转过头,看了看她。小女孩更加羞涩了,站在那里,小手揪着衣角,不敢言语。

"当然可以,你进来坐吧!"老板语音刚落,小女孩就语无伦次起来:"不,不,你把米饭盛在方便袋里就行了。"

我们停止了谈笑。老板一副古道热肠:"没关系,你坐吧。"谁知小女孩说什么也不肯。最后老板只好给她打包好。小女孩感激地提着一方便袋蛋炒饭走了。临走时,她高兴地付了两元钱。

其实,那些蛋炒饭肯定不止两元钱。一问老板,果然如此。老板猜测说,这蛋炒饭可能不是那个女孩买给自己的,因为许多天来,她一直在这个广场周围卖花,来买蛋炒饭却是头一次。肯定还有一个人,或者她的亲戚,或者她认识的一个更加苦难的朋友,需要小女孩的照顾。最后老板说:"我给了她两份饭。"

以前也常见到有些衣衫褴褛的小孩到饭店买饭时,饭店不予理睬的事情。这位面容安详、气质儒雅的老板让我不由得敬重与感动。

不一会儿,那老板突然一拍脑门,说:"不好,我忘记给她筷子了。"我正好对那个小女孩很感兴趣,就说:"我去送给她。"

在广场的一角,我看见了她,那个卖花的小女孩,她身边还有一个灰头土脸的妇女,正神色黯然地看着我。小女孩一只抓米饭的手停在了妇人的嘴旁。

见她们拘谨,我连忙说:"我是来给你们送筷子的。"

小女孩说了声谢谢。我本想与她攀谈几句,可她们对自己的遭遇闭口不提。我只知道她们是一对母女。

　　临走时，女孩递给我一朵玫瑰，说让我送给饭店老板。

　　不知为什么，我手里握着玫瑰，心里却似一片波澜不止的湖。饭店老板对小女孩的热情在小女孩看来不仅是一念小小的善心，更多的则是一种尊重。把玫瑰放在我的手上时，小女孩浅浅地笑了，露出两颗雪白的小虎牙。我感觉到，她的晶莹如同莲花上的露珠，在微风中摇曳传递着她小小内心深处由衷的感激；那一朵玫瑰，就是一个天堂啊！

　　受人滴水，报以涌泉。

　　赠人玫瑰，手有余香。

　　感激那个黄昏，让我们知道了玫瑰是不应该被忽视的。也感谢那个黄昏里如玫瑰一样悄悄绽放的女孩，让我们懂得了有一种芬芳用一朵玫瑰就可以穿越红尘中无情的空间与有情的心灵，直接抵达人间天堂。

第二章　兼爱——人生最大的艺术

帮助别人就是帮助自己

【原文】 夫爱人者，人必从而爱之；利人者，人必从而利之。(《墨子·兼爱中》)

【大意】 爱别人的人，别人肯定会爱他；帮助别人的人，别人也会帮助他。

有位哲人说过：如果说生活中真有一种快乐的感觉，那一定是我们现在感到的相互关爱的感觉。

有人曾和上帝谈论天堂与地狱的问题。上帝对这个人说："来吧，我让你看看什么是地狱。"他们走进一个一群人围着两大锅肉汤的房间。每个人看来都营养不良、绝望又饥饿。每个人都拿着一只可以够到锅的汤匙，但汤匙的柄比他们的手臂长，没法把东西送进嘴里。他们看起来非常悲苦。

"来吧！我再让你看看什么是天堂。"上帝说。他们进入另一个房间，它和第一个没什么不同：一锅汤、一群人、一样的长柄汤匙。但每个人都很快乐，吃得很愉快。因为他们互相用自己的汤匙舀肉去喂对方。

因为自私，人们不肯帮助别人，不肯为别人而牺牲自己的一丁点利益，结果却是害人不利己，自己失去得更多。其实，帮助别人就是帮助自己，为别人付出的同时，快乐和富裕便会进入你的心中；相反，如果困守在自设的真空中，不肯接受也不愿意付出，那很有可能使自己窒息，很有可能像地狱里的人们一样，守着食物饿死。

有这样一个故事：

有一只蚂蚁正在外面闲逛，忽然一阵强风把它从地上卷了起来，吹到池塘里面去了，蚂蚁因为不会游泳，只能在水里奋力挣扎并大喊救命。

一只鸽子正好经过池塘，听到蚂蚁喊："救命啊！救命啊！"

鸽子停下来，在水池中挣扎的蚂蚁看见了鸽子，便拼命喊道："我在池塘里，快救命啊！"

鸽子看蚂蚁快要淹死了，赶忙叼了一片树叶丢到了池塘中。

快被淹死的蚂蚁使尽全身力气，爬上了树叶，然后随着树叶慢慢地漂到池塘边，这才算是捡回一条命。蚂蚁心存感激地对鸽子说道："谢谢你救了我，我一定不会忘记你！"

过了很久，一天蚂蚁正在外面寻找食物，突然看见森林里一个猎人正在用枪瞄准树上的鸽子。它仔细一看，正是曾经救过自己的那一只。

正在树上休息的鸽子此时并没有觉察到猎人要拿枪打它。

蚂蚁快速爬到猎人脚下，狠狠地咬了一口，猎人疼得大叫，手中正在瞄准鸽子的枪掉在了地上。这一下惊动了鸽子，它立即飞走了。

这虽然是一个寓言，但道理却值得深思。不管何时，不管何地，只要你肯付出，就能得到回报。如果在别人需要帮助的时候能不假思索地伸出援助之手，那么在你陷入危机时也能得到别人的帮助。

你帮助别人就是帮助自己，生活中当你为别人付出的时候，本身就会体验到快乐，因为付出也是一种快乐。

为别人付出你的爱心，就会种下一片希望，就会有硕果累累的一天，就能品尝到丰收的喜悦。

你帮助别人，实际上别人也在帮助你。

陀思妥耶夫斯基20多岁写了一篇中篇小说《穷人》，学工程专业的他怯生生地把稿子投给《祖国纪事》编辑部。编辑格利罗维奇和涅克拉索夫傍晚时分开始看这篇稿子，他们看了十多页后，打算再看十多页，然后又打算再看十多页，一个人读累了，另一个人接着读，就这样一直到晨光微露。他们再也无法抑制住激动的心情，顾不得休息，找到陀思妥耶夫斯基的住所，扑过去把他紧紧抱住并流出泪来。涅克拉索夫性格内向，此刻也无法掩饰自己的感情。他们告诉这个年轻人，这部作品很出色，让他不要放弃文学创作。之后，涅克拉索夫和格利罗维奇又把《穷人》拿给著名文艺评论家别林斯基看，并叫喊着："新的果戈理出现了！"别林斯基开始不以为然："你以为果戈理会像蘑菇一样长得那么快呀！"但他读完这部小说以后也激动得语无伦次，对陌生的年轻人陀思妥耶夫斯基说："你写的是什么，你了解自己吗？"平静下来以后他对年轻人说："你会成为一个伟大的作家。"

陀思妥耶夫斯基做出了反应："我一定要无愧于这种赞扬，多么好的人！多么好的人！！这是些了不起的人，我要勤奋，努力成为像他们那样高尚而有才华的人！"后来陀思妥耶夫斯基写出了大量优秀的小说，成为俄国19世纪经典作家，被西方现代派奉为鼻祖。

格利罗维奇、涅克拉索夫、别林斯基因各自的成就赢得了人们的尊敬，但同样令人们尊敬的，是他们"腾出一只手"托举一个陌生人的行动。而且从最初，他们就预料到这个年轻人的光芒将盖过自己，但圣洁的他们连想也没有想就伸出了自己的手。

"腾出一只手"给别人肯定会牺牲自己的利益，然而别林斯基他们却因陀思妥耶夫斯基的成功而使自己的人格举世皆知。生活中更多的"腾出一只手"者则是默默无闻的，因为不是每个人都能像陀思妥耶夫斯基那样成为"不再重放的花朵"。然而"腾出一只手"给别人，重要的是在于过程，而不在于结果；无论被托举者最后是否成功，无论能否得到回报，都不影响爱的价值，这价值胜过万两黄金。

帮助别人是一种收获。

克拉克的父亲带着他排队买票看马戏。排了老半天，终于盼到在他们和卖票口之间只隔着一个家庭。这个家庭让克拉克印象深刻：他们有8个12岁以下的小孩。他们穿着便宜的衣服，看来虽然没有什么钱，但全身干干净净，举止很乖巧。排队时，他们两个两个成一排，手牵手跟在父母的身后。他们很兴奋地叽叽喳喳谈论着小丑、大象。克拉克想：今晚必是这些孩子们生活中最快乐的时刻了。

他们的父母神气地站在一排人的最前端，母亲挽着父亲的手，看着她的丈夫，好像在说："你真像个佩着光荣勋章的骑士。"而沐浴在骄傲中的他也微笑着，凝视着他的妻子，好像在回答："没错，我就是你说的那个样子。"

卖票女郎问这个父亲，他要多少张票？

他神气地回答："请给我8张小孩的、两张大人的，我带全家人来看马戏。"

卖票女郎报了价。这个父亲的嘴唇颤抖了，他倾身向前，问："你刚刚说是多少钱？"卖票女郎又报了一次价格。

这人的钱显然不够。

但他怎能转身告诉那 8 个兴致勃勃的小孩，他没有足够的钱带他们看马戏？

克拉克的父亲目睹了一切。他悄悄地把手伸进口袋，把一张 20 元的钞票拉出来，让它掉在地上（事实上，克拉克家一点儿也不富有），他又蹲下来，捡起钞票，拍拍那人的肩膀，说："对不起，先生，这是你口袋里掉出来的！"

这人当然知道原因。他并没有乞求任何人伸出援手，但深深地感激有人在他心碎、困窘的时刻帮了忙。他直视着克拉克父亲的眼睛，用双手握住克拉克父亲的手，把那张 20 元的钞票紧紧压在中间，他的嘴唇在发抖，泪水忽然滑落他的脸颊，答道："谢谢，谢谢您，先生，这对我和我的家庭意义重大。"

克拉克和父亲那晚并没有进去看马戏，但克拉克觉得自己的收获更大。

当别人陷入困境需要帮助的时候，请伸出你的手帮他一把吧，因为有爱的人生才是最充实的人生。

爱心不能带有功利性

【原文】爱人非为誉也,其类在逆旅。(《墨子·大取》)

【大意】爱人并非为了名誉,正像旅店一样,是为了利人。

墨子认为,有爱心是一种自然而然的生活观,它不是一种具有什么具体形状的物质,人有爱心并不是为了获取别人的感激、帮助或者别的什么东西,虽然这些在你付出爱心后会随之而来,有些人以金钱来衡量爱心,但金钱并不是万能的,真正的爱心是发自真诚,救人于危难之中。

一个失去了双亲的小女孩与奶奶相依为命,住在楼上的一间卧室里。一天夜里,房子起火了,奶奶在抢救孙女时被火烧死了。大火迅速蔓延,一楼已是一片火海。

邻居已呼叫过火警,无可奈何地站在外面观望,火焰已经封住了所有的进出口。小女孩出现在楼上的一扇窗口,哭叫着救命,人群中传来的消息说:消防队员正在扑救另一场火灾,要晚几分钟以后才能过来。

突然,一个男人扛着梯子出现了,梯子架到墙上,人钻进火海之中。他再次出现时,手里抱着小女孩。孩子交给了下面迎接的人群,男人消失在夜色之中。

调查发现,这孩子在世上已经没有亲人了,几周后,镇政府召开群众集会,商议由谁来收养这孩子。

一位教师愿意收养这孩子,说她能保证孩子受到良好的教育。一个农民想收养这孩子,他说孩子在农场会生活得更加健康惬意。

其他人也纷纷发言,叙说把孩子交给他们抚养的种种好处。

最后,本镇最富有的居民站起来说话了:"你们提到的所有好处,我都能给她,并且能给她金钱和金钱能够买到的一切东西。"

从始至终,小女孩一直沉默不语,眼睛望着地板。"还有人要发言吗?"会议主持人问道。一个男人从大厅的后面走上前来。他步履缓慢,似乎在忍受着痛苦。他径直来到小女孩的面前，朝她张开了双臂。人群一片哗然。他的手上和胳膊上布满了可怕的伤疤。

孩子叫出声来："这就是救我的那个人！"她一下子蹦起来，双手死命地抱住了男人的脖子，就像她遭难的那天夜里一样。她把脸埋进他的怀里，哭泣了一会儿。然后，她抬起头，朝他笑了。

"现在休会。"会议主持人宣布……

在我们的生活中处处充满了爱的阳光，将你感受到的爱讲给大家听，在人们的心上也增添了一份爱。比如：亲情之爱、慷慨之爱、社会之爱、诚挚之爱……

爱是一种付出，有付出自然有回报。这种回报可以有形，也可以无形，但是我们需要谨记，回报不是爱的目的，我们也不能抱着这个目的去爱。

第三章　"战"还是"不战"
——墨子做人的启示

　　墨子认为：凡事只讲争先，不礼让是不可能的。比如在狭窄拥挤的城门前和人与人行走的街道上。中国自古就是礼仪之邦，素来有谦逊礼让的传统，可现如今，个个都脚步匆匆，好像有忙不完的事，为了抢先一步，为了抢个位置，争得头破血流。古人云：进一步山穷水尽，退一步海阔天空。

"非攻"的智慧

【原文】 今至大为不义攻国。(《墨子·非攻上》)

【大意】 现在有人做很大的不义之事，去攻伐别人的国家。

墨子对战争的态度是非常鲜明的，他不赞成侵略战争，战争所造成的危害墨子是深有体会的，在书中，墨子也多次阐述了战争的性质，认为战争"只会让士兵去送死，加重全国人上下的祸患"。

"非攻"是墨家学说的重要范畴，是墨子军事思想的集中体现，同时也包含着丰富的政治、哲学、科学、文化、伦理思想。发掘"非攻"思想的丰富内涵，把握其精义，对继承我国优秀传统文化有着非常重要的意义。

1. 非攻——和平主义、人道主义的理论基础

墨子生活于战国初期。在这期间，物质生产方式发生了很大变化，土地由国家占有的分封制，进入到了封建领主掠夺兼并的私有制，军事斗争非常尖锐。正如墨子所言："南有楚、越之王，而北有齐、晋之君，此皆砥砺其卒伍，以攻伐并兼为政于天下。"(《墨子·节葬下》)越亡后，形成战国七雄，而夹在其间的小国如卫、鲁、宋、郑等则不断受到大国、强国的攻掠蚕食。战争问题成为当时儒、法、墨、王、臣、士、将、卒、百姓都非常关注的问题。墨子生活的鲁国是一个人口很少的小国，处于强国争霸的战略要地，这使墨子对战争带来的苦难体会更为深刻，也使他对"大攻小，强执弱"的现状非常不满，更为强国发动战争的借口所愤怒。他与弟子为制止战争南下北上，奔走于各国之间，游说于君王殿前，演讲于民众中间，"非攻"思想就是适应这种环境条件的要求而产生的。

"非攻"以"兼爱"为其理论基础，是墨子为解决当时国家之间矛盾，实现其理想而提出的。首先，"非攻"的主要思想是保护弱者，以维护广大人民群众的根本利益为出发点，是人民的理论。其次，"非攻"提出了

处理国家间关系的一个基本准则，得到了弱小国家的支持。当时的战争不仅在大国间进行，也在大国与小国、强国与弱国、小国与小国、弱国与弱国之间进行。"非攻"对大国和强国，尤其对好战的君王是一个约束，对小国与弱国则是一个保护，得到了他们的积极响应。当时，"非攻"在制止战争、减轻人民痛苦等方面确实发挥了相当大的作用。从政治和哲学意义上看，"非攻"也可称为和平主义、人道主义的基础，给后来的思想家以深刻的启迪。

2. 非攻——对战争性质的深刻分析和历史选择

墨子对战争的分析是以鲜明的是非观、善恶观和价值观为指导的，服务于为天下兴利除害总目标。在战争问题上，他既不赞成国家间的攻伐掠夺，也不盲从"春秋无义战"的看法，他从历史与现实的结合中，对战争性质做了深刻分析，对正义之战予以支持，对不义之战进行谴责，进而主张以积极的守御，战胜不义之战。

关于战争的性质，墨子在历史上第一次将其分为"诛"与"攻"，认为诛战是讨伐残暴害民君主的正义战争，攻战则是大国、强国以掠夺土地、财富、人口为目的非正义战争。因此，"非攻"绝不是不加分析地反对一切战争，而是在分清战争性质的基础上，对诛战赞同之，对攻战反对之。

总之，墨子对攻占性质、表现、结果的分析以及对饰攻战者谬论的驳斥是深刻和理性的。其巨大的逻辑力量和正义感召力强烈影响着那个年代，不但广大群众以"非攻"论是非，说贤愚，就是一些把墨学称为"贱民之道"的君王卿相，也不得不在墨子的游说下，承认攻占不义或者放弃攻战。止楚攻宋、止鲁阳文君攻郑、止齐太公攻鲁等，皆是"非攻"理论的实践硕果。

3. 守御——弱小国家的生存之道

守御是墨子军事思想的重要组成部分，据专家考证，《墨子》全书在未佚失前当为七十一篇，而城守有二十篇，近全书的三分之一，集中论述了在"甲兵方起于天下，大攻小，强执弱"的形势下"欲守小国"的战略战术。因此，有人称墨子的军事思想是守御思想，反映了弱小国家积极防御的现实，而同为春秋战国时期的孙武因其所著《孙子兵法》主要研究进攻而被称为进攻思想。《墨子》守御各篇同《孙子兵法》恰成古代军事学说的双璧，二者相辅相成，互为补充。

毫无疑问，墨子的守御思想，是站在弱者的立场上的，这就决定了其战略任务是如何最大限度地凝聚弱小国家力量，采用各种手段，夺取守御战的胜利。今天，研究其守御思想之精华，仍有极强的借鉴指导意义。

4. 非攻——充满辩学智慧的军事理论

墨子是中国的"辩学之宗"。何为辩学？"辩，争彼也；辩胜，当也。"（《墨子·经上》）即辩是对某一论题及内容进行证明和反驳的过程，符合实际为真，不符合实际为假。墨子认为，辩学的精髓在于认识真理和推翻诡辩。他说："夫辩者，将以明是非之分，审治乱之纪，明同异之处，察名实之理，处利害，决嫌疑。"（《墨子·小取》）就是说，辩论的目的就是要明辨是非（明是非之分），对正确还是错误、真理还是谬误的问题有一个明确回答。具体讲，要解决政治（军事）上的是非问题（审治乱之纪），解决思想方法上的是非问题（明同异之处），解决思维形式上的是非问题（察名实之理），解决道义上的是非问题（处利害），解决认识态度上的是非问题（决嫌疑）。可见，墨家之辩的范围是很广的。

"非攻"作为墨家的主要思想，是在同儒家辩、同诸侯王公辩、同各类人辩的过程中丰富和发展起来的。"非攻"不但回答了军事斗争的一系列基本问题，而且在阐述这些问题时引入众多的哲学范畴，使"非攻"理论更为缜密、深刻和系统。

身体力行更重要

【原文】言义而弗行,是犯明也。(《墨子·鲁问》)

【大意】口称仁义却不实行,是明知故犯。

墨子指出,要实行仁义不能只停留在嘴上,而是付诸实践,这是人的基本品格,是人格魅力的一种体现。

请先看一则小故事:

一次,墨子听说楚王请公输盘造了攻城的云梯,准备攻打宋国,非常着急。他从齐国动身,昼夜兼程赶到楚国的郢都,先后说服了楚王和公输盘,停止攻打宋国。

楚王讲理讲不过墨子,便要赖,说:"你很会讲道理,但公输盘已为我造好了云梯,做好了准备,看来是非攻不可了。"

墨子知道不给楚王一点颜色看看,他是不会善罢甘休的。于是,他便与公输盘两人在楚王面前演兵练法。墨子解下腰带当城墙,用小木扎当武器,公输盘先后设计了九种攻城的武器,都被墨子一一化解。公输盘攻城的法子用尽了,墨子的守城战术还绰绰有余。

公输盘斗输了,突然叫道:"我知道怎样制服你了,我不说。"

墨子却回答说:"我知道你想怎样制服我,我也不说。"

楚王问道:"这是为啥?"

墨子觉得该彻底打碎他们的梦想了,便大声说道:"公输盘的意图,不过想杀掉我。杀了我,就没有人替宋国守城了。但是,我已召集了三百弟子,由我的学生禽滑釐率领,拿着我制造的武器守候在宋城上,准备给进攻的楚军迎头痛击,即使杀了我,城照样攻不下来。"

楚王不得不停止攻宋。

墨子并不是一个只说不做的人,他用身体力行传播他的思想主张。这并不是他第一次止攻,正是他一次次地制止了战争,也才得到了百姓的喜爱。

平等待人，品出做人滋味

【原文】唯其可行。譬若药然，草之本，天子食之，以顺其疾，岂曰"一草之本"而不食哉？今农夫入其税于大人，大人为酒醴粢盛，以祭上帝鬼神，岂曰"贱人之所为"而不享哉？（《墨子·贵义》）

【大意】只要它是可行的就应该采纳。譬如药一样，一把草根，天子吃了它而治好自己的病，难道会说这是一把草根而不吃吗？农民缴纳租税给贵族大人，贵族大人酿美酒、做祭品，用来祭祀上帝鬼神，贵族大人难道会因为是贱人种的而不享用吗？

这是墨子往南游历到楚国的故事。墨子去见楚惠王，楚惠王以年老推辞不见，只派了穆贺来见墨子，颇有几分傲慢之意。墨子不予计较，便向穆贺讲述治国的道理，穆贺大喜，对墨子说：

"你的主张，确实是好啊！但是君王，是天下的大王，恐怕他会说是下等人干的，而不加采纳吧？"

墨子做了上述回答。

人生而平等，这是从理论上讲的。但实际上，那个时候自打从娘胎里出来，人与人就没有平等的时候。王公大夫的娇子与平民的孩子能平等吗？富甲一方的豪绅与沿街乞讨的叫花子能平等吗？

长期的不平等环境培养出人的阶级意识，把人分成三六九等，就是没有平等意识。

因而，墨子能以平等之心待人便显得愈发珍贵。贵不自傲，贱不自卑；得意不张狂，失意不卑微；童叟无欺，上下无别。这才是人的真性情、真品格。

平等待人，不仅能使人获得好的名声，为周围的人所敬重；而且，平等待人，才能办真事，办好事，办大事。墨子说：江河之水，非一源之水也。虚心使人进步，骄傲使人落后。骄傲就是自以为是，目中无人，傲慢无理，这种人是迟早要栽跟头的。而谦虚的人，多以别人的长处对照自己的短处，乐意向比自己地位低下、年纪小的人学习求教，始终怀着平等自然之心。这种人必有所成。

墨子讲了一个商汤的故事：

从前商汤将去见伊尹，让彭氏之子驾车，彭氏之子在半路上问道："你要到哪里去？"商汤回答说："我要去见伊尹。"彭氏之子说："伊尹是天下的贱人，如果你想要见他，就派人召他来问问，他算是受到恩赐啦！"商汤说："此言不对。如果这里有一种药，吃了它耳朵加倍灵敏，眼睛加倍明亮，那么我必定高兴地尽力吃药。现在伊尹对于我们国家，好比是良医善药。而你不想让我见到伊尹，这是你不想让我好呀。"

墨子说得好，平等待人并非是给了对方多大的面子，而是善待珍爱自己的行动。你敬人一分，人敬你十分。你给别人一分尊重，别人给你十分信任。

始终如一地平等待人，便活出了做人的滋味，懂得了做人的道理。

第三章 "战"还是"不战"——墨子做人的启示

战争与和平

【原文】 以攻战亡者,不可胜数。(《墨子·非攻中》)

【大意】 由于攻战而亡国的,可是数不清。

墨子再一次指出了战争的危害。在《非攻》篇中,墨子用大量的篇幅写战争给国家与人民带来的严重危害。谁都讨厌战争,然而这世界上仍有战争。下面我们来看一看《联合国宪章》。

"我联合国人民同兹决心:欲免后世再遭今代人类两度身历惨不堪言之战祸,重申基本人权,人格尊严与价值,以及男女与大小各国平等权利之信念,创造适当环境,维持正义,尊重由条约与国际法其他渊源而起之义务,久而弗懈,促成大自由中之社会进步及较善之民生,并为达此目的:力行容恕,彼此以善邻之道,和睦相处;集中力量,以维持国际和平及安全;接受原则,确立方法,以保证非为公共利益,不得使用武力;运用国际机构,以促成全球人民经济及社会之进展。"

这《联合国宪章》和两千多年前墨子提出来的"非攻"思想不谋而合。

墨子在《杂守》中说:激励我方精兵,谨慎小心不产生顾虑,守城的兵士一个个敬重打退敌人的人,鄙视离开战斗岗位、临阵脱逃的胆小鬼。培养战士高昂的勇气,民心百倍,多捉拿敌人就多给奖赏,兵士就不会懈怠。

墨子是一个大爱者,他兼爱人生的主张至今还令我们感动。

墨子又是一个高明的战略防御家和军事谋略家,他对战争过程的了解、对战术的熟练运用,都是世所罕见的。

战争,是实现和平的手段;和平,是发动战争的目的。

和平与战争是历来人们所关注的问题。

和平时,人们淡忘了友爱的珍贵;战争时,仇恨不再令人激动。

于是，温暖和煦的阳光下，血亲骨肉之间会相互残杀，平时里的算计、倾轧、钩心斗角，更是如家常便饭。而在两军对垒的阵地前沿，双方商定为一场足球赛而停战一天，他们似乎忘记了明天等待他们的将是什么。

这正是人类的奇妙之处。

和平，是无硝烟的战争；战争，是色彩丰富的和平。

和平时的战争令人惊心动魄；战争时的和平让人流连忘返。

和平时，人与人之间的争斗总是面带笑容，谈笑风生之间让对方命丧黄泉；战争则不同，它的一切争斗都是那么赤裸裸，那么光明正大，全在血与火的搏杀中见胜负。

和平时的友爱到处都是，让人动情，但友爱真不真，则要到你死我活的关键时刻经受考验。

墨子见社会到处是以大欺小，以强凌弱，到处是侵略他人的战火，老百姓流离失所、苦不堪言，于是，他举起了反对侵略战争和兼爱非攻两面大旗。

经受战争洗礼的友爱是至真至纯的，经受战争考验的人最懂得友爱的价值。

墨子深懂战争，故他深懂友爱。

悟透了战争与和平的关系，墨子得以发现兼爱人生的道理。

第三章 「战」还是「不战」——墨子做人的启示

墨子的防御思想

【原文】故备者，国之重也。(《墨子·七患》)

【大意】所以防备是国家最重要的事情。

墨子赞成非攻的防备战，但怎么防备才最有效，墨子对此作了详尽的阐述。下面来看一段故事。

禽滑釐向墨子询问道："根据圣人的说法，吉祥的凤凰鸟没有出现，诸侯背叛国王，天下战争四起，大国攻打小国，强国控制弱国。我想为小国防守，应该怎么办呢？"

墨子说："防御哪种进攻？"

禽滑釐说："当今世上常用的进攻方法是：积土成山，居高临下；用钩梯爬城；用冲车攻城；用云梯攻城；填塞城壕；决水淹城；挖隧道；突然袭击；在城墙上打洞；像蚂蚁一样密集爬城；使用蒙上牛皮的四轮车；使用高耸的轩车。这十二种攻城方法，请问应如何防守？"

墨子说："我方应把城墙、壕沟修好，把守城器械备足，粮食、柴草充足，上下相亲，又能取得四邻诸侯的援助。这是长久备战防守的根本条件。而且，负担防守任务的人很重要。他虽然善于防守，但是君主不信任他，那么，还是不能够防守。君主所任命担负防守任务的人，一定是能够防守的人；如果他没有能力而君主任用他，也是不能防守的。由此看来，担负防守的人，既要善于防守，又要君主尊重和信任他，这样才能防守得住。"

墨子在这里总结了小国防守的基本策略。一是要天时、地利、人和。墨子特别强调上下相亲，四邻相援。此所谓"人心齐，泰山移"，军民团结一家亲，试看天下谁能敌。二是要有精明的指挥主帅，以号令三军。这就像一盘象棋，车马炮相士卒齐备，在将帅的统领下，相互协调配合，其防线就如铜墙铁壁，坚不可摧。

懂得防守战略，方能抵御别国的侵略，从而最终实现兼爱天下的理想。

不进行邪恶的攻伐，也不放弃正义的诛讨

【原文】 天下莫不欲与其所好，废其与恶。(《墨子·耕柱》)

【大意】 天下没有人不想亲附他所喜爱的人，疏远他所憎恶的。

当然，墨子这里所讲的喜欢与憎恶的人都是相对于人的，倘若相对于国家，你都憎恶的话，便要将其诛讨。有攻伐便有诛讨。

诛讨，是抵制攻伐的最直接的方式。攻伐是邪恶的，诛讨是正义的。尽管在形式上相仿，都是诉诸武力，但性质上截然不同。

攻伐是侵略占有；诛讨是伸张正义，救民于水火。

诛讨虽也要付出代价，但换来的是和平，铲除的是战争的根源。

墨子举例说明诛讨有功。

古时候三苗大乱，民不聊生。古帝高阳于是给在玄宫的禹下达命令，大禹亲自握着天帝的瑞玉令符，去征讨有苗。雷电震撼，有一尊神人面鸟身，用手捧着圭玉侍立，挟箭急射有苗头领。有苗军大乱，一败涂地。大禹战胜三苗后，便划分山川，分别物类，节制四方，于是黎民百姓安居乐业。

商汤驱逐夏桀，亦同此理。桀王无道，导致寒暑杂至紊乱，五谷枯焦死去。汤于是奉上天之命，率领他的部队诛讨夏桀，夏桀的民众也起而响应，归附商汤。

到了商纣王，天帝不能享受其德，祭祀鬼神不按时，于是又天下大乱。妖妇夜间出现，鬼怪夜间悲吟，有女子化为男子，天下了一场肉雨，荆棘生长在国都大道上，纣王更加骄横放纵了。有只赤鸟口中衔圭，降落在周的岐山社神庙上，说道："上天命令周文王，讨伐殷邦。"贤臣泰颠来投奔协助，黄河中浮出图篆，地下冒出乘黄马。

周武王即位后，梦见三位神人对他说："我既已使荒淫的殷纣王沉湎于酒色之中，你前去攻打他，我必定助你成功。"武王于是决定替天行道，

消灭纣王这个无赖，反商为周。政教通达四方，天下太平。

依墨子之见，诛讨之功，功在上天、鬼神和民众。上符合上天的旨意，中符合鬼神的利益，下符合人民的心愿。

在日常生活中，我们有时也会碰到一些无赖的人物，对这种人也是有必要诛讨的。"无赖"是现实中常见的一种人，每个人都难免会遇到，这些人往往自私自利，为谋得自己的利益与你死缠烂打，占点理就趾高气扬，无理也能辩三分。遇到这种人，我们说话时若有丝毫让步，都很可能让他得寸进尺。

"嗨，毛巾，每条4元！"一汉子的高声吆喝，吸引一女青年从其摊位上挑了一件。她付了款，转身欲走，那汉子急忙拦住说："哎，还差6元。"女青年大惑不解："每条4元，我只要了一条，不是已经付给你4元了吗？"那汉子狡黠地一笑："哪里哟，我喊的是'每条10元'。"女青年愤然道："我明明听的是'4元'，现在你又说'10元'，这不是存心欺骗吗？"那汉子眼睛凶狠地一瞪，大吼道："谁欺骗你了？我喊的就是10元！"女青年有些惶恐，瑟瑟地说："10元？那我不要了，退钱给我吧。"那汉子更了不得，气势汹汹地指着女青年："你要耍我？今天我还没开张，你就要触我的霉头？休想！说要就得要！快点，再补6元来！"那神情，似乎要把女青年一口吞下。

女青年难以脱身，不料她不急不忙反倒哈哈大笑起来：

"你吓唬谁呀？你自己看看，这种毛巾，能值10元吗？给你4元，都已经抬举你了。"

"我要的是10元，你为啥给4元？"

"我听见你喊的就是4元。从目前的行市来说，顶多，也就这个价。"

"我喊的就是10元，你自己听错了，你怪谁。"

"'4'和'10'，在声音上是有明显区别的。如果要存心敲诈顾客，故意混淆它们在发音上的某些近似，即使占点便宜也只能得逞一时，最终吃亏的，还是你自己。"

"谁敲诈了？我吃亏不吃亏，关你啥事？"

"你做生意难道不是为了赚钱？要赚钱，最起码的一点，就得讲信誉。硬要把'4'说成是'10'，这不是敲诈是什么？不顾信誉，你生意还做得下去吗？今天我就是给了你10元，你还能敲诈得了第二个吗？"

"我……我喊的是 10……10……元。"

"现在，不管你喊的是'4 元'，还是'10 元'，市场的买卖双方，都是以质论价的。像这种毛巾，如果你喊 10 元，我绝不会买，可以说，任何人都不会买。这一点，你是比我更明白的。"

"真……的，我喊的是……10 元，你又没还价，就表明你同意我喊的价了。"

"好，就算你喊的是 10 元。我付 4 元给你，就表明我认为它只值这个价，这难道不是一种具体的、实实在在的还价吗？还用得着多说话吗？要是你觉得不合算，你可以不卖；同样，你硬要 10 元，我也可以不买。这是市场交易的起码原则。强买强卖，都是违法的。你想去工商局的话，我陪你！"

"好好好，便宜你了，算我倒霉……"

女青年力挽狂澜是因为她瞅准了，大凡无赖怕什么——一怕理，二怕法。不难看出，开始时，那个无赖的汉子，使她处于困境之中。但她坚信自己并没有听错，对手是在敲诈，很快就调整好自己的战术：只有坚定不移地揭露他，击中他的要害，并以法律为自己撑腰，才能扭转颓势，战而胜之。

实际上，在现实生活中，对于有意和我们为难的人，我们也不妨利用类似的方法给对方以适当的教训。

不可无不让

【原文】无不让也,不可,说在始。(《墨子·经下》)

【大意】什么都要礼让是不可行的,必须保有初始条件。

墨子认为,礼让是个人行为的基本准则,并不是任何都可以礼让,必须有底线。

中国自古就是礼仪之邦,素来有谦逊礼让的传统,这对于增强人们的道德品质、提高社会的道德风尚有着较为积极的作用。但如果不分时宜、不假思索地滥施礼让,则不会产生良好的效果。儒家主张:"君子胜不逐奔,揜函弗射,施则助之胥车。"要求在得胜之后,不去追击败逃的敌人,对那些已经丢盔弃甲的敌人也不再用箭射杀,敌人溃逃时车辆陷住了,就应帮他推车。在儒家看来,只有这样才算是"君子"的行为。墨家则尖锐地指出,这种假仁假义礼让的背后,实际是纵容暴乱之人去残害父母,危害世人,天下没有比这更不义的事了。春秋时期的宋襄公,就是一位"不杀黄口,不获二毛"、坚持对敌礼让的儒家信徒。宋国与楚国交战,在形势对己方有利的情况下,宋襄公却仍固执地一再对敌礼让,这就好比有人要来杀害自己,自己却还以利刃相赠一样,最终丢掉了有利的形势,导致了战争的失败,成为天下的笑柄,故墨子曰"无不让也,不可"。

在现代社会,"让"与"不让"时机的掌握尤为重要。我们在追求统一的社会价值的同时,也强调实现个人的人生价值,这样社会成员间就又不可避免地出现竞争,因此不能无所不让。在国际交往中,本着加强与他国经济合作与友好往来的目的,只要以坚持和平共处五项原则为前提,在经济领域的某些方面我国可以适当地做出一定让步,但如若涉及国家主权、领土完整问题,我们是决不能做出丝毫让步的。

让是一种美德。掌握了让的方法和要诀,知道何时该让何时不该让,就称得上是一个智者了。

古人说，进一步山穷水尽，退一步海阔天空。真可谓一让值千金。

下棋时让对方两子，是高手之举；打球时不计较一分的得失，是大家风范。让，意味着一种实力、一种信心、一种大将风度。

走路时让同伴先行，吃饭时让客人上坐，分东西时让同事先得，乘车时给老人小孩让个座。让给社会带来一种温情文明的氛围，给人与人之间增添了一份宽厚和期待。

生活中的许多矛盾、纷争、殴斗，常与未掌握让的艺术相关。有时因一句话不慎，便打得头破血流，甚至丢了性命，的确不够明智。

有理的人才有资格言让，常言道：有理不在声高。得理且饶人。真理在握，大可不必气势汹汹；心平气静，更能以理服人。

无理取闹，闹不过自认倒霉，那不叫让，而是本该受罚。

有理的畏畏缩缩，无理的反而振振有词，以至善恶不分，黑白颠倒，坏人得志，好人遭殃，这不叫让，而是软弱可欺。让是一种策略。对方错了，不要一棍子打死，给对方一个认识错误的机会，所谓"浪子回头金不换"。

军事上讲"打得赢就打，打不赢就走"，"敌进我退，敌住我扰，敌退我追"；讲"迂回包抄"；讲"故意留下一个破绽，拍马便走"。这就是让的辩证法。

让的实质即为退一步，进两步。

第三章 "战"还是"不战"——墨子做人的启示

利中取大，害中取小

【原文】 断指以存腕，利之中取大，害之中取小也。害之中取小也，非取害也，取利也。(《墨子·大取》)

【大意】 断指保存手腕，是于利中选取大利，于害中选取小害。在害中选取小害，并不能算是取害，实际上是在取利。

"祸兮，福之所倚；福兮，祸之所伏。"是老子隽永的格言。祸未必就是祸，福也未必就是福。祸福相生，变幻无形。老子此言已有要求人们全面把握事物本质的朦胧意识。而墨子则更加明确地提出了应全面权衡利害关系的辩证思想，即"两而勿偏"，认为人们思考问题应考虑全局，要全面地看问题，而不应片面性地看问题。"断指以存腕"就是墨子对这一辩证思想的形象比喻。"存指"是小利，"存腕"是大利，所以，"断指存腕"是"利之中取大"。"断指"是小害，"断腕"是大害，所以"断指存腕"是"害之中取小"。而"存指"看似是小利，实为大害，皮之不存，毛将焉附？腕没了，哪还来的指呢？所以"断指存腕"是"非取害也，取利也"。这就好比怀财而行，遇到强盗的掠夺，是害；舍财而保全性命，是利。若肯舍财而保命，就是于害中取利；但若舍命而保财，看似是有利，而实际上将人财两空，是舍利而取害。

人生的道路是布满荆棘的，世间万物也是利弊共存的。无论是个人，还是一个国家、一个民族，在发展的道路上都不是一帆风顺的。我们在面对利害关系时应审时度势，辩证地处理，才能趋利避害，求得生存，求得发展。而墨子"断指以存腕""两而勿偏"的思想给我们指出了一条大路。我们应充分利用这一辩证思想去分析事物矛盾的双方，力争全面地把握事物的全貌，从而做到"两而勿偏"。

以礼服人

【原文】 亟遍礼四邻诸侯。(《墨子·鲁问》)

【大意】 赶快礼交遍四邻的诸侯。

墨子在鲁国的时候,鲁国的国君问墨子,别人要攻打鲁国怎么办。墨子就以从前的圣王禹、汤、文、武为例,认为要施行仁义,才能取得天下,解救自己。中华民族素来被称为礼仪之邦,墨子在两千多年前就提出了以礼服人的口号。

可如今在我们生活的周围,仍有很多人不讲礼貌。一个新生来到北京大学报到,由于要到另一个地方填表,随身的行李没地方放,感到非常着急。这时,他忽然看到一位踽踽独行的老人,于是,没有称呼,"帮我看着行李"。老人就这么看着这行李,直到这个小伙子回来。没想到他轻松地拎起了行李就走,连个"谢"字都没对老人说。令他万万想不到的是,在开学典礼上,他又看到了这位老人,老人在台上看着莘莘学子,主持人介绍说,这就是我国文化泰斗季羡林先生。

这样的事据说还有清华版本。这一次简直都有点近乎粗暴了。一个大学生骑着车在校园里逛,不慎碰倒了一位老人。年轻人当场就一句:你长眼睛了吗?一句话把老人骂蒙了,教了一辈子书的他说什么也不敢相信清华的学生竟然粗鲁到这种程度,且不讲道理到这种程度。当然,类似的故事由于流传得过于频繁,具体细节走样也是难免的,而且,这个无"礼"的事情并不是北大清华的专利,举这两个例子的目的是想说明,连中国高校的两颗璀璨的明珠都这样,更何况其他地方呢?

如果说在象牙塔某种无"礼"还可以被宽容的话,那么走上工作岗位,再习惯地做令人讨厌的事儿,恐怕就没有那么好运了。礼貌是一种柔韧的智慧,这种平和和内敛表达着对别人的尊重,也就自然地给自己拓宽了回旋空间,这也是君子生活在人性丛林中必须遵守的法则。难怪俗话说，有礼走遍天下，无礼寸步难行。在这个意义上讲，没有礼貌的人是举步维艰的。

成就越高的人越让人感到平易近人。我曾经在辽宁大学的校园里遇到著名经济学家宋则行先生。宋先生是英国剑桥大学的校园博士，回国之后，一直从事凯恩斯经济理论研究，一生著述颇丰，其学术成果享誉国内外。那时已经是耄耋老人的他，每天都绕着校园的广场散步，当时我怀着无比崇敬的心情向先生问好。不料，先生停止了蹒跚的脚步，做了一个将近90度的鞠躬礼，我不知所措，直至先生走远，才回过神来，有醍醐灌顶之感。"不学礼，何以立？"孔夫子的话开始在我的耳边回绕。

但是，在这里需要提到的是，人每天讲的"礼"都应该发自内心，不诚恳的客套、虚伪、做作只能让人感到厌恶，这样的礼节还不如没有的好，因为这样的"礼"给别人一个最基本的信息：只是在做做样子而已。于是，对方也回应你客套。这样，无形中竟做了很多没有意义的事情，这其实很不礼貌。

学会宽容别人

【原文】 其直如矢，其平如砥，不足以覆万物。是故谿陕者速涸，逝浅者速竭，硗埆者其地不育。（《墨子·亲士》）

【大意】 像箭一样直，像磨刀石一样平，那就不能覆盖万物了。所以狭隘的溪流干得快，平浅的川泽枯得早，瘠薄的土地不长五谷。

屠格涅夫说过："不会宽容别人的人，不配受到别人宽容。"

宽容意味着理解和通融，是融洽人际关系的催化剂，是友谊之桥的紧固剂，是书写精彩人生的画笔，是化解敌意的阳光。

宽容是做人处世的要点。一个以敌视的眼光看人、对周围的人戒备森严、心胸窄小、处处提防、不能宽大为怀的人，必然会因孤独而陷于忧郁和痛苦之中；而宽宏大量、与人为善、宽容待人、能主动为他人着想、肯关心和帮助别人的人，则讨人喜欢，被人接纳，受人尊重，具有魅力，因而能赢得更多人的喜欢。

宽以待人，就是在人际交往中有较强的相容度。人们往往把宽广的胸怀比作大海，能广纳百川之细流，也不惧暴雨和冰雹；也有人把忍耐性比作弹簧，能屈能伸。谁若想在困难时得到援助，就应在平时宽以待人。这就是说，相容接纳、团结更多的人，在顺利的时候共奋斗，在困难的时候共患难，进而增加成功的力量，创造更多的成功的机会。反之，斤斤计较，则会使人疏远，减少合作力量，人为地增加阻力。

古希腊神话中有一位大英雄叫海格里斯。一天，他走在坎坷不平的山路上，发现脚边有个袋子似的东西很碍脚，海格里斯踩了那东西一脚，谁知那东西不但没有被踩破，反而膨胀起来，并且在加倍地扩大着。海格里斯恼羞成怒，操起一条碗口粗的木棒砸它，那东西竟然长大到把路堵死了。

正在这时，山中走出一位圣人，对海格里斯说："朋友，快别动它，忘了它，离它远去吧！它叫仇恨袋，你不犯它，它便小如当初，你侵犯它，它就会膨胀起来，挡住你的路，与你敌对到底！"

我们在茫茫人世间，难免与别人产生误会、摩擦。如果不注意，在我们轻动仇恨之心时，仇恨袋便会悄悄成长，最终会堵塞了人与人之间的交往之路。所以我们一定要记着宽容待人，这样我们就会少一分烦恼，多一分机遇。宽容别人也就是宽容自己。

学会宽容，对于化解矛盾，赢得友谊，保持家庭和睦、婚姻美满，乃至事业的成功，都是必要的。因此，在日常生活中，无论对子女、对配偶、对同事、对顾客等都要有一颗宽容的爱心。

法国19世纪的文学大师雨果曾说过这样的一句话："世界上最宽阔的是海洋，比海洋更宽阔的是天空，比天空更宽阔的是人的胸怀。"此话虽然很浪漫，但具有现实意义。

拿破仑在长期的军旅生涯中养成宽容他人的美德。作为全军统帅，批评士兵的事经常发生，但每次他都不是盛气凌人的，他能很好地照顾士兵的情绪。士兵往往对他的批评欣然接受，而且充满了对他的热爱与感激之情，这大大增强了他的军队的战斗力和凝聚力，使之成为欧洲大陆一支劲旅。

在征服意大利的一次战斗中，士兵们都很辛苦。拿破仑夜间巡岗查哨。在巡岗过程中，他发现一名站岗士兵倚着大树睡着了。他没有喊醒士兵，而是拿起枪替他站起了岗，大约过了半小时，哨兵从沉睡中醒来，他认出了自己的最高统帅，十分惶恐。

拿破仑却不恼怒，他和蔼地对这位开小差的哨兵说："朋友，这是你的枪，你们艰苦作战，又走了那么长的路，你打瞌睡是可以谅解的，但是目前是关键时刻，一时的疏忽就可能断送全军。我正好不困，就替你站了一会儿，下次一定小心。"

拿破仑没有破口大骂，没有大声训斥士兵，没有摆出元帅的架子，而是语重心长、和风细雨地指出士兵的错误。有这样大度的元帅，士兵怎能不英勇作战呢？如果拿破仑不宽容士兵，那后果可能是让士兵产生仇恨，削弱军队的战斗力。

宽容是一种艺术，宽容别人，不是懦弱，更不是无奈的举措。在短暂的生命中学会宽容别人，能使生活中平添许多快乐，使人生更有意义。

人应当有广阔的胸怀，宏大的气度。大河里生活的鱼，不会因遇到一点风浪就惊慌失措；而小溪里的鱼就不同了，一感觉到有点异常动静，立刻四处逃窜。人也是这样的。胸襟坦荡宽广的人不会因为犹如芝麻般的小事而忙得团团转，他们把目光投向生活的更深处，他们是做事稳重、态度从容不迫的人。

正因为有了宽容，我们的胸怀才能比天空还宽阔，才能尽容天下难容之事。

第三章　「战」还是「不战」——墨子做人的启示

害人之心不可有,防人之心不可无

【原文】 杀伤人之孩(刻),无存之心。(《墨子·修身》)
【大意】 伤害人的念头不存于心。

虽然伤害人的念头不能存在于心,但防人之心却不可没有。

常言道:"害人之心不可有,防人之心不可无。"这世界阴险恶毒的小人有之,小人得志的事也时有发生,被小人算计而惨遭毒手的不乏其人,因而在现实生活中得多注意一点,以免大祸临头了还分不清东南西北。

唐德宗时杨炎与卢杞一度同任宰相。杨炎善于理财,文采也好,至于卢杞,除了巧言善辩,别无所长,但他嫉贤妒能,使坏主意害人是拿手好戏。两个人在外表上也有很大不同,杨炎是个美髯公,仪表堂堂,卢杞脸上却有大片蓝色痣斑,相貌奇丑。两人同处一朝,杨炎有点看不起卢杞。按当时制度,宰相们一同在政事堂办公,一同吃饭,杨炎不愿与他同桌而食,经常找个借口在别处单独吃饭。有人趁机挑拨,对卢杞说:"杨大人看不起你,不愿跟你在一起吃饭。"卢杞自然怀恨在心,便先找杨炎下属官员过错,并上奏皇帝。杨炎因而愤愤不平,说道:"我的手下人有什么过错,自有我来处理,如果我不处理,可以一起商量,他为什么瞒过我暗中向皇帝打小报告?"两个人的隔阂越来越深,常常是你提出一条什么建议,我偏偏反对;你要推荐一些人,我就推荐另一些人,总是对着干。

当时有一个藩镇割据势力梁崇义发动叛乱,德宗皇帝命令另一个藩镇的李希烈去讨伐,杨炎不同意,说:"李希烈这个人,杀害了对他十分信任的养父而夺其职位,为人凶狠无情,他没有功劳却傲视朝廷,不守法度,若是在平定梁崇义时立了功,以后更不可控制了。"

德宗已经下定了决心,对杨炎说:"这件事你就不要管了!"杨炎一再表示反对,这使对他早就不满的皇帝更加生气。

不巧赶上天下大雨,李希烈一直没有出兵,卢杞看到这是扳倒杨炎的好时机，便对德宗皇帝说："李希烈之所以拖延不肯出兵，正是因为听说杨炎反对他的缘故，陛下何必为了保全杨炎的面子而影响平定叛军的大事呢？不如暂时免去杨炎宰相的职位，让李希烈放心，等到叛军平定以后，再重新起用，也没有什么大关系！"

这番话看上去完全是为朝廷考虑，也没有一句伤害杨炎的话，卢杞排挤人的手段就是这么高明。德宗皇帝果然信以为真，于是免去了杨炎宰相的职务。

从此卢杞独掌大权，杨炎就在他的掌握之中了，他自然不会让杨炎东山再起，便找碴儿整治杨炎。杨炎在长安曲江池边为祖先建了座祠庙，卢杞便诬奏说："那块地方有帝王之气，早在玄宗时代，宰相萧嵩在那里建立过家庙，玄宗皇帝不同意，令他迁走；现在杨炎又在那里建家庙，必定是怀有篡夺的野心！"

早就想除掉杨炎的德宗皇帝便以卢杞这番话为借口，将杨炎贬至崖州，随即将他杀死。

杨炎身中小人之暗算，最终命丧黄泉，着实让人叹息。他倒在了卢杞为他挖好的陷阱里面，没能逃出小人伸出的魔爪。

第三章 "战"还是"不战"——墨子做人的启示

除恶就是扬善

【原文】今天下无大小国，皆天之邑也。(《墨子·法仪》)

【大意】现在的天下，无论大国还是小国，都是天的城邦。

墨子认为当今天下没有什么大小国的区分，都是天的城邑。这反映出墨子的民主思想，是"非攻"思想的基础。虽然"非攻"是墨子的主要思想，但"非攻"并不是不攻，并不是一味地守弱、防御。一方面，墨子认为大国攻小国，强国攻弱国的战争是非正义的战争，对此强烈反对。另一方面，墨子赞同民众、讨伐暴虐害民之专制君主的战争。墨子对"战"与"不战"做了非常明确的阐述。在生活中，我们也经常会碰到一些为恶之小人。

"子系中山狼，得志便猖狂。"恶人一旦得志将会祸患无穷。为了根除后患，最好在他尚未得势时便讨之诛之，绝不手软。一位伟人曾经这样说过：对敌人心慈手软就等于对人民犯罪。

世上之人，形形色色；世界之大，无奇不有。在你的周围，有好人也有坏人，有君子也有小人。俗话说："害人之心不可有，防人之心不可无。"在人际交往中，多长几个心眼没坏处。

恶人和小人如果没有过人的才干，就不足以危害国家。关键在于这些人心术不正，不愿意接受君子的驾驭，而且往往巧言善辩蛊惑人心。正人君子与之共事迟早会受其害。

自从孔子做了鲁国的大司寇以后，就同季孙氏、孟孙氏、叔孙氏三家大夫商议铲除家臣的势力。孔子说："家臣的势力一大，大夫反倒受他们的压制。必须把他们的城墙改矮，家臣才不敢随便背叛大夫。"

三家大夫都表示赞成，于是便通知三位家臣，让他们将城墙矮下三尺。三位家臣闷闷不乐。正在这时，他们想起了鲁国名人少正卯，请他出出主意。

少正卯极力反对孔子的主张，说道："为了保卫国家才把城墙砌得又高又结实，不应当改矮。孔先生的这种办法不太合适吧。"

由于少正卯在背后教唆，三个家臣就壮大了胆子，对主人的命令不再理会。

三家大夫见状，便发兵围城迫使家臣就范。由于三家大夫联合行动，讨伐叛臣，季孙氏和叔孙氏的家臣被打败，狼狈逃走。

孟孙氏的家臣公敛阳见势不妙，急忙找少正卯出主意。少正卯趁机煽风点火，说道："你把守的城墙是鲁国北面的要塞，千万不要把城墙改矮，要是城墙不结实，万一齐国打过来那就守不住了。"

公敛阳受了少正卯指使，态度立刻强硬起来，扬言："为鲁国的安全我宁可丢掉自己的性命，也不会听别人的话拆去城墙一块砖。"

孔子听了这话，便让孟孙氏将这件事告诉鲁定公，鲁定公召集群臣商量此事。

会上，意见不一。有的主张拆，有的反对拆，各有各的理由。

一向反对孔子的少正卯这时不仅故意顺着孔子的心意，声言赞成孔司寇的主张，应该把城墙矮下三尺去，还乘机挑拨说三家大夫是培植私人势力。

孔子及时识破了少正卯的奸计，立即反驳说："这太不像话了，三家大夫都是鲁国的左右手，难道他们是培养私人势力的吗？少正卯明明是在挑拨是非，让君臣上下互相猜疑怨恨。这种挑拨是非、扰乱国家大事的人应判死罪。"

大臣们觉得孔子的话有些偏激，都纷纷为少正卯说情。

孔子说："你们怎么知道少正卯的奸诈？他的话听起来好像很有道理，其实都是些坏主意。他的一举一动，看着令人佩服，其实都是假装的。像他这种心术不正的虚伪小人，最能够颠倒是非蛊惑人，非把他杀了不可。"

鲁定公最终杀了少正卯。

孔子的弟子子贡事后曾问孔子："少正卯是鲁国的知名人士，先生却要诛杀他，恐怕得不偿失吧？"孔子说："人有五种恶行，而盗窃还不包括在内：一是通达古今之变却铤而走险；二是不走正道而坚持走邪路；三是把荒谬的道理说得头头是道；四是知道很多丑恶的事情不揭露；五是依附邪恶并得到恩泽。这五种恶行沾染了一种，就不能避免被君子诛杀，而少正卯是五种恶行都兼而有之,他是小人中的雄杰,岂有不杀之理!"

其实"小人"是没有明显标志的,少正卯在鲁定公面前还说孔子的好话,赞同他的主张。所以,如果仅想短时间内辨别"小人"是不容易的,但随着时间的推移,"小人"终究会露出蛛丝马迹的。从孔子讲的五恶与少正卯的所作所为看,"恶人"和"小人"的表现大多有以下几个特点:

(1) 喜欢造谣生事。

他们把造谣生事当成家常便饭一样,乐此不疲。为了达到自己的目的,不惜诽谤别人,诋毁别人的名誉。

(2) 喜欢挑拨离间。

他们为了达到谋取个人利益的目的,通常会使用离间法挑拨同事之间的感情,好从中坐收渔利。

(3) 擅长拍马奉承。

这种人嘴甜如蜜,善于恭维别人,拍马屁,巴结上司,打小报告,无中生有说别人的坏话,容易得到上司的宠爱。

(4) 具有势利眼。

他们对有权有势的人关怀备至,善于见风使舵,一旦有一天他们发现自己所依附的靠山失去势力陷入困境,他们就会落井下石,迅速抛弃对方,另寻高枝。

古今中外都是小人最难防。这并不是说小人在实力上有什么超过正人君子的地方,而是小人多是在阴暗角落里干一些见不得人的事情。小人表面上做得比"君子"还"君子",道貌岸然,风度翩翩,暗地里却做着伤害别人的勾当。

面对小人和恶人,我们绝对不能手下留情。千万不能以为得饶人处且饶人,养虎为患,因为除恶就是扬善。倘若孔子姑息迁就,让少正卯等奸诈小人得势,恐怕他自己也难保不为其所害。

以其人之道还治其人之身

【原文】 厚攻则厚吾，薄攻则薄吾。(《墨子·公孟》)

【大意】 对方严肃相辩，我也一定严肃应对，对方缓言相让，我也一定缓言相让。

墨子虽然论"非攻"不对他人进行侵伐，但如果对方仍是恶言以对的话，那就要以其人之道还治其人之身了。

对于蛮不讲理者，我们同样要据理力争。楚王存心想侮辱晏子，令人在城门旁边挖了一个小洞，让管礼宾的小官带晏子从此洞进城。晏子不进，他面对周围等着看笑话的人群，装作十分惊讶的样子说："啊呀！今天我恐怕来到狗国了吧？怎么要从狗门进去呢？"楚人讨了一脸没趣，只好引他从大门进了城。

罗蒙诺索夫出生在一个贫苦的渔民家庭，童年时代生活非常艰苦。成名以后，罗蒙诺索夫依旧保持着简朴的生活习惯，毫不讲究衣着，埋头于研究学问。一个专爱讲究衣着但又不学无术自作聪明的家伙，看到他衣袖的肘部有个破洞，就指着窟窿挖苦般地嘲笑他："从这儿可以看到你的博学吗，先生？"罗蒙诺索夫毫不迟疑地回答："不，一点也不！先生，从这里可以看到愚蠢。"

以上两人所使用的策略，叫作"以其人之道还治其人之身"。既然让我从狗洞进城，那进的自然就是狗国了；既然你要借题发挥，讽刺挖苦，我当然要针锋相对，以牙还牙！

或许有人要说，对人要讲真诚，为什么还提倡以牙还牙，不是让人以恶抗恶吗？真诚是需要条件的。真诚者与真诚者肝胆相照，就像是两块打火石相撞，迸闪出的是心灵的火花。人敬你一尺，你敬人一丈；人对你刁滑，你也必须"刁滑"。

有这样一则寓言：一匹狼跑到牧羊人的农场，想弄一只小羊来打打牙祭，牧羊人的猎犬追了过来，这只猎犬高大凶猛，狼见打不过也跑不掉，便趴在地上流着眼泪哀求，发誓它再也不会来打这些羊的主意了。猎狗听了它的话，看了它的眼泪，非常感动，便放了这匹狼。想不到这匹狼在猎犬转身的时候，纵身咬住了猎犬的脖子，幸好牧羊人及时赶来，才救了猎犬一命。对于那些奸佞小人，万不可有"妇人之仁"。若是对坏人动了菩萨心肠，心慈手软，可能深受其害。

对待坏人，以其人之道还治其人之身之法：

（1）顺其言，反其意。

这种方法的效果在于使人感到那个无理的人是引火烧身，搬起石头砸了自己的脚。

德国大诗人海涅是个犹太人，常遭到一些无耻之徒的攻击。在一个晚会上，有人对他说："我发现了一个小岛，这个小岛上竟然没有犹太人和驴子！"海涅白了他一眼，不动声色地说："看来，只有你我一起去那个岛上，才会弥补这个缺陷。""驴子"在美国南方语言中，是"傻瓜、笨蛋"的代名词。面对是犹太人的海涅，将"犹太人与驴"并称，无疑是侮辱人，可海涅没有对他大骂，甚至对这种说法也没有提出异议，相反，他把这种并称换上"你我"，这样就一下子把"你"与"驴"对上了。

（2）结构相仿，意义相对。

这种方法是在双方语言的相仿与相对中，表现出极其鲜明的对抗性。

丹麦著名童话作家安徒生一生简朴，常常戴顶破旧帽子在街道上行走。有个不怀好意的人嘲笑道："你脑袋上面的那个玩意是个什么东西，能算是顶帽子吗？"安徒生回敬道："你帽子下面的那个玩意是个什么东西，能算是脑袋吗？"安徒生的话语和对方的话语结构、语气都相仿，只是几个关键词的位置颠倒了一下，显得对立色彩格外鲜明。

（3）佯装进入，大智若愚。

这种方法就是假装没识破对方的圈套，照直钻进去。它的效果是显出自己完全不在乎对方的那种小伎俩。

一个嫉妒的人写了一封讽刺信给海明威，信上说："我知道你现在是一字千金，现在附上一美元，请你寄个样品来看看。"海明威收下钱，回复一个字——"谢"！海明威完全识破对方刁难、侮辱人的行为，但他根本不将此放在眼里，他就照对方的刁难要求办，结果也真搞得那人难下台。

总之，面对小人的圈套和诡计，你必须保持冷静。当对方想用毒计整治你、侮辱你时，最好用对方讲的道理、方法、要求，依样画葫芦，返还给对方，使其搬起石头砸自己的脚，使其"哑巴吃黄连，有苦说不出"。

对于恶者，我们不能一味地退让与退却。我们忍让与退却有时助长了恶的嚣张。我们必须扬起惩罚的武器，去遏制恶的增长。

这就是墨子智慧的可爱之处，它给予了现代人诸多启发，小至生活琐事，大至做人原则，颇值得我们掩卷沉思。

第三章 「战」还是「不战」——墨子做人的启示

第四章 机智与愚钝
——墨子人际交往的智慧

墨子说:"运用大智慧的人,一般人很难知道他的功劳,爱耍小聪明的,反倒为世人所知。"

真正聪明者,是个大智若愚的人,而那些自以为聪明的人,都爱耍些小把戏,哗众取宠,成了世人的笑料。

"聪明人"的"聪明"

【原文】今天下之士君子知小而不知大。(《墨子·天志上》)

【大意】现在天下的君子只知小道理而不知大道理。

墨子处于一个战乱纷飞的年代,人人急功近利,为了追求利益而丧失了道义,所以墨子指出,知小而不知大。别只要小聪明,而忽视大的道义所在。

有一则讲愚人与聪明人的故事:

城之南,有愚泉,饮之则愚。

聪明人想:假如将愚泉引入城,全城的人喝了愚水都变成了傻子,我岂不就可以独霸这座城了吗?

于是,他偷偷地将愚泉引入城河,自己却凿井而饮。

果不其然,几天后城里人都变得傻里傻气了。愚人们争相将自己的田产屋舍送给他人,其他人也都是愚人,故推辞不受。只有聪明人来者不拒,城里的土地房屋尽归于聪明人的门下。这些愚人又将自己的珠宝首饰等珍贵物品随便乱丢,聪明人全都拾回来,不多久,他就成了一个大富翁。

城里人觉得奇怪:田产、珠宝,都是粪土不如的脏东西,我们都弃之不要,这人却宝贝似的捡回来,可见这人真是愚蠢之极。城里有如此愚人,是大家共同的耻辱,应把他赶走。

于是,城里人携带棍棒,围着聪明人的住宅,身高力大的冲进屋里去,将他绑了出来,城里人历数聪明人愚蠢的事例,欲将他赶出城外。

聪明人叹道:我本想使众人愚蠢,没想到众人反将我看成愚蠢之人,真是搬起石头砸自己的脚,天下没有比我更愚蠢的人了,还有何脸面待在这个世界上呢?聪明人投河而亡。

有些自以为聪明的人,专以算计别人为能事。结果总是会算计到自己头上。一个事事精明的人,不会有几个朋友。这就是聪明反被聪明误。

无论做什么事,都不能耍小聪明。所以过分地玩弄心计、过分卖弄自己聪明的人,反而被聪明误,引火烧身,招灾引祸。

"赔了夫人又折兵"的典故,出自《三国演义》,讽喻那些设计整人整不到,反而贴了老本的人。

周瑜是安徽庐江人,与孙权的哥哥孙策同年,交情甚密,结为昆仲。周瑜仪表堂堂,资质风流,仪容秀丽,才学也无人可比。在曹操屯兵百万虎视长江沿岸的形势下,东吴议降者甚众,军心涣散,如非力排众议主张抗敌的周公瑾,东吴早归属曹操了。但他耍小聪明想用美人计囚禁刘备来换取荆州,却成了千古笑料。

刘备没了甘夫人,周瑜知道了这个消息,心生一计,要孙权的妹妹嫁与刘备,让刘备来入赘,然后把刘备囚禁,却使人去讨荆州换刘备,等讨得荆州,再放刘备。不想诸葛亮听到消息,猜定是周瑜的计谋,遂让刘备应允,并让赵子龙保护刘备,临行前授予三个锦囊,内藏三条妙计。东吴那边,孙权之母听得消息,见了刘备一表人才,却真心实意要把女儿许配与他。周瑜和孙权不想此事弄假成真,又不敢公开囚禁和杀害刘备。刘备劝说娘子去荆州,娘子应允,于是,商定去江边祭祖,乘机逃离东吴。周瑜派兵追赶,却被娘子挡了回去。正当周瑜准备孤注一掷时,却见诸葛亮早在岸边等候,刘备等已登了船,往荆州而去。岸上乱箭射来,却是去得远了。刘备的兵望着急急追来的吴兵,大叫:"周郎妙计安天下,赔了夫人又折兵!"

周瑜自恃胜券在握,不想遇到了诸葛亮。这"赔了夫人又折兵",实际上正是周瑜聪明反被聪明误的结果。俗语说"偷鸡不成反蚀把米",也正是说明耍小聪明不但得不到预期结果,还要做赔本生意,落人耻笑。

其实,聪明是一笔财富,关键在于怎么使用。财富可以使人过得很好,也可能毁掉人。真正聪明的人会使用自己的聪明,他们平时深藏不露,不到火候不轻易使用,貌似浑厚,不让别人眼红。耍小聪明往往是招灾引祸的根源。

喜欢算计人的小人,无不以为自己聪明、妙算,但因为用心险恶,都维持不了长久。既要整人,又不便明言,这就注定了败局。设的计见不得人，是奸计；奸计不得人心，天人共愤，自己虽精心谋划，却未免心虚。有一丝透露，就心惊肉跳。且再秘密的事，也没有不透风的墙，别人一旦知道了，也就"夫人"赔了，"兵"也折了。一个时时处处事事显露精明的人，不会取得别人的信任、同情、爱护、栽培，因此不会取得真正的成功。

智者与愚者

【原文】愚之知有以贤于人，而愚岂可谓知矣哉？（《墨子·公孟》）

【大意】愚者的所知，有胜过他人的地方，然而难道能说愚者是聪明的人吗？

俗话说：智者千虑，必有一失；愚者千虑，必有一得。

反过来说，在一两件事情上的闪失，并不失去其智慧本色；偶然一两件事上表现出的聪明，未必就意味着才智出众。

马谡失守街亭，则是诸葛亮用人不当之过，但诸葛孔明仍然是诸葛孔明，瑕不掩瑜，美名千古传。

守株待兔的宋人尽管碰巧抓住了一只兔子，但却只能作为愚笨的典型为后人传笑。

智者也是人，不是神，人无完人，错误总是难免的。所以说，智者不必为一两次的失败而垂头丧气，失去信心。"天生我材必有用，千金散尽还复来。"这才是大家气魄，英雄本色。愚者更不必为一两次的成功而沾沾自喜，尾巴翘到天上去，若如此，更显出其荒唐可笑。

在生活中经常看到昏庸无能之辈飞扬跋扈，才识卓越之人备受欺凌，此等事情，历朝历代还少见吗？

愚者好像有着两个天生的特长，令智者望尘莫及，恐怕这是其生存的理由。一是嫉贤妒能，二是自以为是。在自然社会面前，智者优势明显，但智者与愚者对决时，愚者却时常能战而胜之。

智者的心思全在人生的大问题上，想的是天下兴亡，建功立业，探索的是宇宙的变化、自然的道理；而愚者的心思全在鸡毛蒜皮的小事上，斤斤计较，自己做不了大事，见到别人做大事却心里痒痒，抓住智者的一点小辫子就大做文章，以此来证明自己的高明。

愚者最大的毛病在于不愿承认自己的愚笨，打肿脸充胖子，除了贬低智者以抬高自己外,便是自吹自擂,自己做了稍微有点成就的事情,逢人就讲,遇人就说,一可以说成十,十可以说成百。愚者之愚在这种自作聪明之中就更加暴露无遗了。

智者不与愚者计较,更显其智慧超众。

愚者与智者纠缠不休,更显其愚笨之极。

所以说,大智者并不刻意炫耀自己的才干,并不计较一时一事的得失,而是全身心地投入自己追求的境地中,淡泊自乐。

为人处世中过于精明并不是什么大智慧,说到底,那不过是一种小聪明、小智术,这种人很容易聪明反被聪明误,搬起石头砸自己的脚。

《孟子·尽心下》中说:只有点小聪明而不知道君子之道,那就足以伤害自身。

盆成括做了官,孟子断言他的死期到了。盆成括果然被杀了。孟子的学生问孟子如何知道盆成括必死无疑。孟子说:"盆成括这个人有点小聪明,但却不懂得君子的大道。这样,小聪明也就足以伤害他自身了。"

小聪明不能称为智,充其量只是一些小道小技。小道小技可以让人逞一时之能,但最终会祸及自身。只有大智才能使人伸展自如,只有大智才是人生的依托。

明代吕坤以他丰富的阅历和对人生的深刻洞察,写出了《呻吟语》这一千古处世奇书。书中说了一段十分精辟的话:"精明也要十分,只须藏在浑厚里作用。古今得祸,精明者十居其九,未有浑厚而得祸者。今之人惟恐精明不至,乃所以为愚也。"

提起《红楼梦》,说到王熙凤,人们一面惊叹于她无与伦比的治家才能、应付各色人等的技巧,但人们更为熟悉的是她的结局。她算是文学作品中"聪明反被聪明误"的典型了。王熙凤的判词是这样的:"机关算尽太聪明,反送了卿卿性命。"

王熙凤在贾府算是一个"巾帼英雄"了,她想尽各种办法,用种种计谋,想使贾府振兴起来,或者至少维持着大家族的局面,同时也积攒些家私。然而她的努力、她的鞠躬尽瘁,却招来贾府上下的一片不满,最终也没有使贾家有什么起色,死后甚至连女儿也保不住。

王熙凤比一般人更多地体验了痛苦的折磨,且不说她在背后遭骂挨咒,就是死时的凄凉和死后的寂寞也让人感慨。倒是李纨并不轰轰烈烈,并不劳心竭力，却落得干净自在，人缘好，中年时儿子功成名就。的确，王熙凤只知耍小聪明，不知道厚道待人，只知损人利己，不知深藏于密。甚至连自己的丈夫也数落她，背叛她，她实在是活得很苦很累，而这一切的根源，却在于她的聪明和爱耍小聪明。

西方有这样一种说法，法兰西人的聪明藏在内，西班牙人的聪明露在外。前者是真聪明，后者则是假聪明。培根认为，不论这两国人是否真的如此，但这两种情况是值得深思的。

第四章 机智与愚钝——墨子人际交往的智慧

谄媚奉承可以覆灭一个国家，
也可以毁灭一个人

【原文】 谄谀在侧，善议障塞，则国危矣。(《墨子·亲士》)

【大意】 如果在国君身边的都是一些阿谀奉承谄媚之徒，正确的意见就会被阻塞于外，那么国家就要面临危险了。

墨子是在强调国君重视贤士、人才的必要性时提出这一看法的。墨子认为，君主一定要有"弗弗之臣""咢咢之下"的辅佐，才能治理好国家，使人民安居乐业。"分议者延延，而交苟者诺诺，焉可以长生保国"，"臣下重其爵位而不言，近臣则喑，远臣则唫，怨结于民心"。意思是说：如果为人臣子的只注重保全自己的爵位，而不敢直言进谏，在君主身边的臣子都沉默不语，远离君主的臣子沉吟不言，那么怨恨不满的情绪就会在人民百姓的心中聚结起来。如果充盈在君主身旁的全部都是那些善于阿谀奉承、谄媚拍马之徒，以致好的正确的意见不能传达给君主，君主所能听到的尽是虚假、好听的谎言，那么国家就要出现危机了。为了将道理说明得更充分可信，墨子以夏桀、商纣为例，指出夏桀、商纣就是因为任用了谄媚奉承之徒，而拒天下贤士于千里之外，只听信那些无益的虚言假语，而残害敢于诤谏廷争的忠臣，才最终落得个身死国灭的下场。兼听则明，偏信则暗，治国之君应当多任用一些直言进谏之臣，而不要轻信阿谀谄媚的小人；否则的话，言路被阻，国家哪有不危险的道理？

大到一个国家，小到我们个人，道理都是相通的。在我们身边是什么样的朋友呢？

一样米养百样人。人有很多种，在对待朋友的态度上也有很多种类型，有每天说好话给你听的，有看到你不对就批评、指责你的；有热情如火、喜欢奉献的，也有冷漠如冰，只考虑个人利益的；有憨厚的，也有狡诈使坏的……

言行傲慢伤人，言行谦逊获福

【原文】名不可简而成也，誉不可巧而立也。(《墨子·修身》)

【大意】名声不会通过傲慢怠惰获得，荣誉也不会通过机巧的办法建立。

墨子非常强调做人谦虚的重要性，在其他地方他也同样强调过。

每一个人都有强烈的自我表现欲，适当地表现一下也无可厚非，但绝不能让这种自吹成为一种习惯。为逞一时之快，盲目地进行吹嘘必会遭人所厌。吹嘘的心态每个人都有一些。在取得成绩时希望让人知道，最好能得到赞美，这种心理很正常。但是你要知道每个人都讨厌别人的吹嘘。有涵养的人会顾着你面子，假装微笑，假装欣赏，而你可千万别认为自己很了不得。很多人会在你吹嘘自己的时候很冷静地刺你一下，把你自我吹嘘时不小心露出的漏洞给捅出来。

自吹自擂、善于吹嘘的人很容易给人不踏实的感觉，让别人觉得华而不实。如果你去面试，想得到一个好的工作，在短时间内不能把你的优点和成绩全告诉对方。如果拼命地显示自己的好，把自己大大吹嘘一下，那么经理会认为你这个人好大喜功，做事不踏实。如果有这样的印象，那你肯定没戏了。

当罗斯福在白宫的时候，他曾这样承认——如果他每天有75%的时候是对的，那是达到他最高的水平了。

如果你要纠正某人的错误，就不应该直率地告诉他；而要运用一种非常巧妙的方法，才不会把对方得罪了。

就像吉士爵士向他儿子说的："我们是比人家聪明，可是你却不能告诉他，你比他聪明。"

人们的观念，是随时在改变的，20年前我们认为对的事，现在看来却似乎不对了。甚至当我们研读爱因斯坦的理论时，我们也开始存怀疑的态这么多类型的朋友，好坏很难分辨，而当你发现他坏时，常常是来不及了，因此平时的交往经验极为重要。

不过有一种类型的朋友肯定是值得交往的，那就是会批评、指责你的朋友。

和只会说好话的朋友比起来，那些只知道批评、指责你的朋友可能是令人讨厌的，因为他说的都是你不喜欢听的话，你把自认为得意的事向他说，他偏偏泼你冷水，你把满腹的理想、计划对他说，他却毫不留情地指出其中的问题，有时甚至不分青红皂白地就把你做人做事的缺点数说一顿……反正，从他嘴里很少听到好话，这种人要不让人讨厌也真难。

但是这种朋友，如果你放弃，那就太可惜了。

基本上，在社会上做过事的人都会尽量不得罪人，因此多半是宁可说好听的话让人高兴，也不说难听的话让人讨厌。说好听的话的人不一定都是"坏人"，但如果站在朋友的立场，只说好听的话，就不是一个真正的朋友；明明知道你有缺点而不去说，这算是什么朋友呢？如果还进一步"赞扬"你的缺点，则更是别有用心了。这种朋友就算不害你，对你也没有任何好处，大可不必浪费时间和这样的人交往。

但实际上的情形又是如何呢？很多人碰到光说好话的朋友便乐陶陶，不知是非了。其实他们顺着你的意思说话，让你高兴，为的就是你的资源——你可以利用的价值，很多人被朋友拖累就是这个原因。

比较起来，那些让你讨厌，光说难听的话的朋友就真实得多了。这种人通常无求于你（不挨你骂，不失去你这个朋友就很不错了），他的出发点是为你好，这种朋友是你真正的朋友。

想想父母对待子女好了。

一般父母碰到子女有什么不对，总是责之、骂之，子女有什么"雄心壮志"，他们也总是想办法替他踩踩刹车，不让他脱缰而去，为的是什么？是为子女好，怕子女受到伤害，遭到失败。这是为人父母的至情，只有父母才会这么做。

朋友的心情也是如此，否则他为何要惹你讨厌？说些好听的话，你说不定还会给他许多好处呢。

只有经常批评、指责你的人才是你人生的导师、真正的朋友。

虚怀若谷，方能海纳百川

【原文】 江河不恶小谷之满己也，故能大。(《墨子·亲士》)

【大意】 长江、黄河不嫌弃小溪、小流的水来注满自己，所以才能使水量增加，汇成滔滔巨流。

墨子以长江和黄河为喻，指出为人不要骄傲自满，而要谦虚，要善于听取别人对自己的批评，努力加以改正，并虚怀若谷地吸收别人的优点和长处，取人之长，以补己之短，使自己各方面的才能都有所提高。这些话说起来十分容易，一旦做起来，其实是非常困难的。因为人生活在世界上，都往往或多或少有那么一些自尊心和虚荣心，很容易过分看重自己的优点和长处，取得一点成绩就会沾沾自喜，爱听别人对自己赞美的话，哪怕是过誉之辞，也会觉得十分受用；而一旦听到指责和批评，就难以正确对待和接受，对别人的优点长处，更难以虚心借鉴吸收。因而墨子在战国时期所提倡的"江河不恶小谷之满己也，故能大"的名言确实对我们有警示作用。

人生处世要有长远眼光，大智若愚，这一道理是中国大儒们努力所做的。

美国南北战争时，北军格兰特将军和南军李将军率部交锋，经过一番空前激烈的血战后，南军一败涂地，溃不成军，李将军还被送到爱浦麦特城去受审，签订降约。

格兰特将军立了大功后，他很谦恭地说："李将军是一位值得我们敬佩的人物。他虽然战败被擒，但态度仍旧镇定异常。像我这种矮个子，和他那六尺高的身材比较起来，真有些相形见绌。他仍是穿着全新的、完整的军服，腰间佩着政府奖赐他的名贵宝剑，而我却只穿了一套普通士兵穿的服装，只是衣服上比士兵多了一条代表中将官衔的条纹罢了。"

这一番谦虚的话听在人家耳里，远比自吹自擂好得多。唯有对自己的智商产生疑问的人，才爱在人家面前吹牛，以掩饰那些令人怀疑的地方。真正的智者，是不必自我吹嘘、自我炫耀的，因为你的成绩、你的成功，别人会比你看得更清楚，而且会记在心上。

格兰特将军的自谦固然值得赞美，而李将军以败将的身份，居然也昂首挺胸、衣冠整齐，是否有些骄傲呢？其实不然，李将军虽然战败，但能坦然接受，这正是他勇敢坚毅的地方。他这样做，是表示他把失败当作一种经验，而非一种耻辱，如果能再给他一次机会的话，他仍能挺身奋战、争取胜利。所以，他也可以说是不失为一位伟大军人的风度。他之所以与格兰特持相反的态度，并非不肯谦虚，实在是由于两人所处的环境不同。

格兰特将军不但赞美了李将军的态度，而且也没有轻视他的战绩。他认为，自己的成功和李将军的失败，都是偶然的机会造成的。他说："这次胜负是由极凑巧的环境决定的，当时敌方军队在弗吉尼亚，几乎天天遇到阴雨天气，害得他们不得不陷在泥沼中作战。相反，我们军队所到之处，几乎每天都是好天气，行军异常方便，而且有许多地方往往是在我军离开一两天后便下起雨来，这不是幸运又是什么呢！"

格兰特将军把一场决定最后命运的大胜利，归功于天气和命运，这正表明他有充分的自知之明，始终没有让理智被名利的欲念冲昏。曾经有人说："愈是不喜欢接受别人赞誉的人，愈是表明他知道自己的成功是微不足道的。"

假使你常常为芝麻小事而得意忘形，接受别人的称赞，自己拍自己的肩膀，把它当作一桩了不得的事情，那你无疑是在欺骗自己，就像那些被魔术欺骗了的观众一样。

人生处在顺境和得意时，最容易得意忘形，终致滋生败象，乐极生悲。

看过特洛伊战争"木马屠城记"故事的人，都会记得特洛伊是怎样被毁灭的。

特洛伊人与入侵的希腊联军作战，双方互有胜负，后来联军中有人献计，假装全部撤退，留下一匹大木马，并将勇士藏在马腹内，其他的主力部队亦躲在附近。特洛伊人望见远去的舰队，以为敌人真的撤退了，于是在毫无防备下，将木马拖入城内，歌舞狂欢，饮酒作乐。就在他们睡梦时，木马中的敌人纷纷跳出，打开城门，里应外合，于是特洛伊灭亡了。

墨子公开课

墨子曰:"江河之水,非一源之水也;千镒之裘,非一狐之白也。"

墨子以江河、皮大衣来比喻,做人要谦逊。

自傲是人生一大误区。做人自谦,从个人来说这是最老实的态度,世界之大,无奇不有,个人无论如何神通广大,也不过宇宙间一个尘埃而已。更何况人外有人,天外有天,水平高的人多的是,只是你未看见而已。从外人来说,自谦也是最实际的。朱熹在给其长子的家信中说:"凡事谦恭,不得盛气凌人,自取耻辱。"这就是说自谦招福,自傲招害。《三国演义》中的马谡,纸上谈兵,盛气凌人,结果兵败人亡。所以《颜氏家训》中说:"满招损,谦受益。"真是为人之真言。

聪明与愚笨之间

【原文】慧者心辩而不繁说,多力而不伐功,此以名誉扬天下。(《墨子·修身》)

【大意】聪明人心里明白而不多说,努力做事而不夸耀自己的功劳,因此名誉扬于天下。

人人都渴望聪明,但聪明过了头,则适得其反。假如你能把握好糊涂与聪明的界限,则可能大不一样了。超凡的才华加上非凡的承担责任的勇气换来的不一定就是成功!人生如戏,演绎着变幻无穷的各种偶然情况,稍有懈怠就会有闪失,因此必须学会在愚笨与聪明之间划清楚只有自己知晓的界限。

纪晓岚是个智者,而且他是个"愚笨"的智者。他的智慧帮助他渡过了许多劫难,直到晚年,机智仍与他相伴,他不敢有丝毫的懈怠。

嘉庆七年(1802年),纪晓岚这位79岁高龄的老臣,再次出任会试考官。在此之前,他已两次充任会试正考官,两次乡试主考官,还曾被任命为武科会试正考官。每次主考,他都谨慎从事,严防出错。在这次主考阅卷中,他还感慨地写下诗句,好像是表示自己要慎重取人。可总是天不遂人愿,偏偏在他最后一次主考的时候,却出了一点不大不小的麻烦。

原来,会试后不久,按照规定的程序,经过斟酌,确定了前几名的名单和次序,并对试卷加有详细评语。当时尚未发榜,属绝密信息。谁知这些情况都被一一透露了出去。举子之中,连纪晓岚的评语也一清二楚。这下可捅了大娄子。

举子们免不了议论纷纷:"试卷尚未题榜,怎么就泄露了出来?"

"前几名莫非有考官的亲戚?"有人推测说。

"说不定啊,钱能通神,营私舞弊者多矣!"又有人附和道。这些话传到纪晓岚耳朵里,他觉得此事非同小可。按照当时科举纪律,泄密之人不仅会丢官、蹲监狱,甚至还要杀头。有关人员也要牵连进去,正考官和副考官负全责,自然脱不了干系。历史上这样的例子着实不少,牵连之广,处罚之严厉,可是触目惊心。此次科场风波如不妥善处理,势必将引发一场灾难。

考虑到此,纪晓岚把另一名正考官左都御史熊枚和副考官内阁学士王玉麟、戴均元找来,商讨此事。

熊枚说道:"被取之人与诸考官并无任何关联,系秉公取录。即使有私情,也只有保密,绝不会泄密的。"

"泄露此事看不出目的,可能事出偶然。"戴均元感到有些迷惑不解。

纪晓岚也觉得此事奇怪,泄露此事无非把水搅浑而已,对大家都没有好处。可能是无意中出错。他反复权衡,最后决定把事情揽在自己头上。于是他坦然地对他们说道:"此事待我去面见圣上。"

嘉庆帝这时早已得到禀报,虽然很恼火,但也不明白为何会出现这样的事。他下令追查,又把纪晓岚招来问话:"老爱卿,此事系何人所为?"

"启禀圣上,臣即是泄露之人。"纪晓岚慢条斯理地说。

"你——"嘉庆皇帝听后很吃惊。他知道纪晓岚向来办事谨慎,这种事决不会出在他身上,可能另有隐情,于是接着问道:"卿又何故泄露呢?"

只见纪晓岚非常平静地说道:"为臣书生意气,每有佳作,反复吟咏,难免在朋友谈论中露出几句。此事实出无意,如圣上动怒,纪晓岚甘愿领罪。唯求圣上开恩,不要株连他人。"

嘉庆皇帝自然明白纪晓岚的用意,无非是要消解此事。而事情也仅仅是偶然出错,也就怒气消了一半,于是下令撤回追查此案的大臣。一场将要掀起的大风波,就在纪晓岚巧妙周旋下而平息下去。那些参与此科会试的大小官员个个感谢纪晓岚,至于那真正泄密的人,虽不敢明言,他的感激更是至诚至深的。

此事并不见于正史,只见于野史的零星记载,但嘉庆七年的会试确有一些波折,纪晓岚也曾对此情况做过解释:"臣等竭二十余昼夜之力,往来商榷,务核其真,虽识见祷昧,不敢自保其无讹,然黜伪崇真之念,则协力矢之,均未尝逾越尺寸也。"但不管什么原因,嘉庆皇帝并没有怎么追查此事，纪晓岚也没有受到什么处分，这其中或有纪晓岚与嘉庆关系密切的因素，但与纪晓岚的做事态度也关系甚大。此事确实反映了纪晓岚承担责任的勇气和魄力，恐怕这是纪晓岚之所以被他人尊重的重要原因之一吧。

做人必须在愚笨与聪明之间划清界限，不能盲目越出，既要让对方明白己意，还要让对方能接受。这就是一门学问。

第四章 机智与愚钝——墨子人际交往的智慧

避免与人争论不休

【原文】国家发政,夺民之用,废民之利,若此甚众。然而何为为之?(《墨子·非攻中》)

【大意】国家发动战争,剥夺百姓的财用,荒废百姓的利益,像这样的事很多,然而又为什么还去做这种事呢?

墨子在《非攻》篇大篇幅地阐述了战争给人们带来的危害,农民不耕作,士人不当官,物质资料减少,人口下降对双方都是不利的。这就如我们在生活中,无谓地与他人争论一样,与人无休止地争论,这样谁都得不到好处。林肯说得好:"与其为争路而被狗咬,毋宁让路于狗。因为即使将狗杀死,也不能治好被咬的伤口。"

20世纪初的美国总统威尔逊,他有一名得力助手,就是财政部长威廉·麦克阿杜,他也曾以多年的从政经验告诉我们一个重要的道理:"你不可能用辩论击败无知的人。"

有一次唐斌参加朋友的婚礼,席间有一位年轻人在说明新郎与新娘的关系时,用了"青梅竹马"这个成语。他为了显示自己的博学,还念出了这句诗:"郎骑竹马来,绕床弄青梅。"不过,这位年轻人却搞错了,他所念的这首诗是唐代诗人李白所写的《长干行》,而他却误以为是宋代女词人李清照所写的诗,可能因为这首诗蕴含的感情深厚,害得他误以为是出自女性作家之手。

当时唐斌年轻气盛,又认为中国文学是自己的特长。为了显示这点,他毫不客气地当着众人的面,纠正那人的错误;可是不说还好,这样一说,那人反倒更加坚持自己的意见了。

就在他们争论不休时,恰巧唐斌的大学老师坐在隔桌,这位老师是专攻唐代文学的博士,现在任教的课程也都和诗有关,于是他们就找这位老师评判,各自陈述观点,老师却只是静静地听着。然后他在盖着桌布的桌下，用脚轻踢了唐斌一下，态度庄重地对他说着："你错了，那位先生说的才对。"

对此唐斌非常疑惑，回家就查到了那首诗，准备找老师问个明白。

第二天，他在教授研究室里找到老师，还没等他开口，老师就先说了："你昨天说的那首诗是李白的《长干行》，一点也没错。但我们都是客人，何必在那种场合给人难堪？他并未征求你的意见，只是发表自己的看法，对错根本与你无关，你与他争辩有何益处呢？在社会上工作要牢记这点，永远不和人做无谓的争辩。"

"永远不和人做无谓的争辩。"这句话应该成为我们每个人的座右铭。

在辩论结束之后，争论的双方十有八九比原来更坚持自己的论调。

其实，争辩是毫无意义的。因为假如我们辩论输了，那便是无话可说；假如我们赢了对方，把他的说法攻击得体无完肤，那又能怎样呢？我们如果得到一时的胜利，那种快感也维持不了多久。

相反，你的胜利必然会对别人的自尊心造成极大伤害，使他面子上下不来，对方可能因此而忌恨你，伺机报复你也不是没有可能的。

因此，当你要与人争辩时，不妨想想两个方面的结果：一是毫无意义的"表面胜利"，一是对方的好感。这两件事就如孟子所说的"鱼"与"熊掌"不可兼得，你需要的是什么呢？

度。苏格拉底屡次跟他的门徒这样说："我所知道的只有一件事，那就是我什么也不知道。"

如果有人说了一句你认为错误的话，你知道他是说错了，若是用下面的口气来说，似乎比较好一些："好吧，让我们来探讨一下！"或者是，"让我们看看究竟是怎么一回事。"

如果你想要知道，人与人之间如何相处，如何管理你自己，又如何改善你的人性、品格，你可以看一部《富兰克林自传》。这是一部有趣味的传记，也是一部美国文学名著。在这部自传中，富兰克林讲述了他是如何改造自己好辩的恶习，从而成为一个能干、和蔼、善于交际的人物的。

当富兰克林还是一个经常犯错的年轻人时，一天，一位教友会里的老教友把他叫到一边，结结实实地把他训了一顿。

"本杰明，"这位老教友叫富兰克林的名字，"你太不应该了。你打击跟你意见不合的人，现在已没有任何人理会你的意见。你的朋友发觉你不在场时，他们会获得更多的快乐。你知道得太多了，以致再也不会有人告诉你任何事情……其实，你除了现在极有限度的知识外不会再知道其他更多的了。"

富兰克林之所以能成功，要归功于那位教友尖锐有力的教训。那时富兰克林的年纪已不小，有足够的聪明来领悟其中的真理。他已深深知道，如果不痛改前非，将会遭到社会的唾弃。所以，他把自己所有不切合实际的人生观完全改了过来。

富兰克林这样说："我替自己定了一项规则，我不让自己在意念上，跟任何人有不相符的地方，我不固执肯定自己的见解……凡有肯定含义的字句，就像'当然的''无疑的'等话，我都改用'我推断''我揣测'，或者是'我想象'等话来替代。当别人肯定地指出我的错误时，我放弃立刻就向对方反驳的意念，而是作婉转的回答……在某一种情形下，他所指的情形是对的，但是现在可能有点不同。"

"不久，我就感觉到，由于我态度改变所获得的益处……我参与任何一处谈话的时候，都感到更融洽、更愉快了。我谦虚地提出自己的见解，他们会快速地接受，很少有反对的。当我给人们指出错误时，我并不感到懊恼。在我'对'的时候，我更容易劝说他们放弃自己的错误，接受我的见解。"

"起先我尝试这种做法时,'自我'很激烈地趋向敌对和反抗,后来很自然地形成习惯了。在过去50年,可能已没有人听我说出一句武断的话来。在我看来,那是由于这种习惯的养成,使我每次提出一项建议时,都得到人们热烈的支持。我不善于演讲,没有口才,用字艰涩,说出来的话也不得体,可是大部分有关我的见解,都能获得人们的赞同。"

所以,即使你知识渊博,也应谦虚些,尊重别人的意见,而不能总是说"你错了"。时间会证明一切的。

有一分矜持,便有一分挫折;有一分谦逊,便有一分受益。骄傲往往使我们看不到自身的缺点,因而也就常常把别人的意见当作耳旁风。骄傲就像笼罩在人身上的一团臭气,赶走了给你良言的朋友。

面对一个使人难堪的批评时,你会不会静下心来,反思自己,虚心接受别人的批评?中国有句老话:"满招损,谦受益。"因此,当你对别人的意见不以为然、自以为是时,你最好静下心来,反省自身。这样,你会变得虚心,变得更加成熟。

有一个成语叫"虚怀若谷",意思是说,胸怀要像山谷一样宽阔,这是形容谦虚的一种很恰当的说法。只有空,才能容得下东西;而自满,除了你自己之外,容不下任何东西。

生活之中,我们常常不自觉地变作一个注满水的杯子,容不下其他的东西。因而,学会把自己的自满先放下来,以虚心的态度去倾听和学习,你会发现还有很多东西是你所不知道的。

俗话说:"天外有天,人外有人。"保持一颗谦逊的心,你更能时刻前进。

谦逊有两种:当你地位低微、能力不足时,你对人谦逊,但这并不是一件很了不起的事情。当你事业有成、受人赞扬时,仍能保持谦逊,这就是一种可敬的品德。

谨慎处世

【原文】 今士之用身，不若商人之用一布之慎也。(《墨子·贵义》)

【大意】 现在士人以身处世，不如商人使用一钱慎重。

墨子指出为人处世的重要性，但怎样做好，却是一大难题。在生活中有各种各样的人，有小人有君子，君子坦荡荡。但是小人却是琢磨人的专家，与小人相处，我们就要谨慎了，惹不起，躲还是可以的。

生活在我们身边的人无非两种：君子和小人。小人的眼睛牢牢地盯着周围的大小利益，随时准备占点便宜，为此甚至不惜一切代价准备用各种手段来算计别人，真是让人防不胜防。因此，对付小人没有一套办法是不行的。

唐朝时，有个李林甫，他是唐玄宗手下常伴随其身边的一个奸臣，心胸极端狭窄，容不得别人得到唐玄宗的宠爱。唐玄宗有个喜好，他比较喜欢外表漂亮、一表人才、气宇轩昂的武将。有一天，唐玄宗在李林甫的陪同下正在花园里散步，远远看见一个相貌堂堂、身材魁梧的武将走过去，便感叹了一句："这位将军真漂亮！"并随口问身边的李林甫那位将军是谁，李林甫怕这个人会危害自己，就支吾着说不知道。此时他心里很慌张，生怕唐玄宗喜欢上那位将军。事后，李林甫暗地里指使人把那位被唐玄宗赞扬了一句的将军调到了一个非常偏远的地方，使他再也没有机会接触到唐玄宗，当然也就永远丧失了升迁的机会。从这里也可以看出，小人的行为真是让人莫名其妙，其心眼极小，为一点小荣辱都会不惜一切，干出损人利己的事来。所以，防小人是我们必须学会的本领，即使我们不屑于与小人为伍，我们也不得不防，以减少不必要的麻烦。

唐朝天宝年间，爆发安史之乱。郭子仪率兵平定天下，立了大功，但他并不居功自傲，为防小人嫉妒，他格外小心。一次，朝中有一个地位比自己低的官吏要来拜访郭子仪，郭子仪事先做了周密安排，他让随行的侍女到时候都避开，不要露面。郭子仪的夫人对此举感到不理解，问丈夫为什么这么做？郭子仪告诉夫人说，这个官吏是个十足的小人，身高不足五尺，相貌奇丑，很忌讳别人说他丑。郭子仪担心家人见了这个人会发笑，因而让所有家人都躲起来。郭子仪对这个官僚太了解了，在与他打交道时尽力做到小心谨慎。后来，这个小人当了宰相，极尽报复之能事，把所有以前得罪过他的人统统陷害掉，唯独对郭子仪比较尊重，没有动他一根毫毛。这件事充分反映了郭子仪对待小人的办法既周密又老练。

小人之刁钻，几乎无孔不入。有些小人竟也勇敢得很，不惜牺牲自己的生命、亲人的生命，或"第二生命"，而与你周旋到底。这时候，就算你有理，也最好避一避此等不要命的小人。小人固然厉害，但我们并不怕他，避开小人是因为我们不值得把太多的精力浪费在一些没有价值的争斗上。一旦把握不好自己的行为界限，得罪小人，他就会想方设法来琢磨你，破坏你的正事，分散你的精力，使你不能安心于工作、学习和生活。

小人不遗余力地陷害别人，就是避免别人胜过自己，以谋求心理上的平衡。掌握了小人的这种心理需求，我们不妨投其所好，让小人的心里舒服一些，这样他们就会把眼光从我们身上收回，转向别处了。

老祖宗告诉我们，为人处世，宁可得罪君子，也别得罪小人，小人的一个手段，足以打乱我们一生的生活。因此，万不可小看小人。君子之流，不肯与小人为伍，而"防""躲"却不失为一种选择。

韬光养晦，示弱以人巧避祸

【原文】今有五锥，此其铦，铦者必先挫；有五刀，此其错，错者必先靡。是以甘井近竭，招木近伐，灵龟近灼，神蛇近暴。是故比干之殪，其抗也；孟贲之杀，其勇也；西施之沉，其美也；吴起之裂，其事也。故彼人者，寡不死其所长，故曰：太盛难守也。(《墨子·亲士》)

【大意】现在有五把锥子，一把最锋利，那么这一把必先被用钝。有五块石头，有一块是磨刀石，那么它最先被磨损。所以甜的水井最易用干，高的树木最易被伐，灵验的宝龟最先被火灼占卦，神异的蛇最先被暴晒求雨。所以，比干之死，是因为他正直；孟贲被杀，是因为他勇武；西施被沉江，是因为长得美丽；吴起被车裂，是因为他有大功。这些人死于他们的所长。所以说：太盛了就难以持久。

夸耀刀剑之锐利，别人必惧其锐利而远避；显示自己的聪明，别人必恐你的聪明来害人。

高明的人待人处世，特别会注意藏锋露拙，匿锐示弱。

这里所说的藏锋露拙，匿锐示弱，并非是要人埋没自己的才智，而是为了保护自己，不导致祸端，从而更好地发挥自己的才能和专长。追求卓越和超凡出众，本身是一种积极的人生态度。但一味孤芳自赏，无视周围环境，就会与人格格不入，招人厌恶，别人也会千方百计让你过不去。

战国末期韩非（约公元前280—前233年）与吴起、商鞅的政治思想一致，著书立说，鼓吹社会变革。他的著作流传到秦国，秦王嬴政看到后，极为赞赏，设法邀请他到秦国。但韩非才高招忌，入秦后，还未受到重用，就被李斯等人诬陷，屈死狱中。

宏图未展身先死，这样纵使有满腹经纶又有何用。其实韩非是为名所累，如果他不招摇才华，而是谦卑，等待时机，或另待明主，或婉转上奏，使自己的政治抱负得以施展，相信他并非仅仅就是一个思想家，还会成为一代名臣良相,而不是一个悲剧人物。

有成语曰"锋芒毕露"。锋芒本是刀剑的尖端,比喻显露出来的才干。一个人若无锋芒,那就是提不起来,所以有锋芒是好事,是事业成功的基础,在适当的场合显露一下既有必要,也是应当。

然而,锋芒可以刺伤别人,也会刺伤自己,运用起来应小心翼翼,平时应插在剑鞘中。所谓物极必反,过分外露自己的才华只会导致自己的失败。尤其是做大事业的人,锋芒毕露不仅可能达不到事业成功的目的,而且可能失去身家性命。

所以,真正聪明的人会隐而不露,该装糊涂时就装糊涂,待机而行动。

杜祁公有一个学生做县官,祁公告诫他说:"你的才华和学问,当一个县官是不够你施展作为的。但你一定要积存隐蔽,不能露出锋芒,要以中庸之道治理县政,求得和谐安定。不这样的话,对做事没有好处,只会招惹祸端。"杜祁公说:"我为官多年,做了许多职位,感触很深。这就是我要告诉你不方不圆,在中庸之道中求得和谐的这些话的原因啊!"

洪应明的《菜根谭》中说:"矜名不若逃名趣,练事何如省事闲。"

这句话的意思是说:一个喜欢夸耀自己名声的人,倒不如避讳自己的名声显得更高明;一个潜心研究事物的人,倒不如什么也不做来得更安闲。这正是"隐者高明,省事平安"之谓。

自古就有"良贾深藏若虚,君子盛德若愚",意思就是人的才华不可外露,深明韬光养晦之道,才不会招致世俗小人的嫉恨,才能使事业一帆风顺地发展下去。

第五章　俭节则昌，淫佚则亡
——清谈墨子的生活智慧

"强本节用"是墨子思想的主题，墨子提出"俭节则昌，淫佚则亡"。节用只求实用不求华丽，但是现在有些人却忘记了这个道理，不仅讲究华丽还讲究奢侈。人，在不知足中绝对地追求，在自得其乐中相对地满足。"人心不足蛇吞象"用作欲望无限膨胀的比喻符号，是节俭生命的一种反向修辞设计。

强本节用,去除铺张浪费恶俗

【原文】欲天下之富而恶其贫。(《墨子·非命上》)

【大意】喜欢人类富有而讨厌他们贫穷。

墨子认为富足能解放人性,而贫穷饥馑会使人性异化。《七患》言:"时年岁善,则民仁且良;时年岁凶,则民吝且恶。"在墨子看来,所谓的行"义政",就是要使国民富足。

孔子被围困在陈国、蔡国之时,有一段时间只有野菜汤喝,非常狼狈。后来,孔子的徒弟子路不知从哪弄来了一头小猪,杀了给孔子打牙祭,孔子便大嚼起来。子路又拿了别人的衣服,用来换酒,孔子也不问酒从何来张口就饮。

后来孔子到了鲁国,鲁哀公久闻其大名,待为座上宾。在鲁哀公的欢迎宴上,筵席摆得不端正孔子不坐,割下的肉不方正孔子不吃。

子路颇为惊诧,上前问道:

"先生为什么跟在陈、蔡时的态度相反呀?"

孔子说:

"过来,让我告诉你。从前我们是苟且偷生,现在我们则是要获取道义。"

饥饿困顿之时,则不惜妄取以求活命,礼义就被抛到九霄云外了;到了饱食有余之际,礼节规矩就来了。如果礼义只在不饥不寒、生活富足的情况下才适用,那么,这种礼义就该打个问号了。要么是礼义本身是虚伪的,要么鼓吹礼义的人是虚伪的。

所以,墨子反对儒家的礼乐。墨子要求执政者"兴天下之利",这里所说的"利",主要指使民"富庶"。如何做到这一点呢?墨子提出,要增产节约"强本节用",建设节约型社会。"因其国家,去其无用之费",指的是开发本国资源,再加上节俭。

节俭为何？墨子是一个实用主义者，而且还是一个以民众言论与利益判断是非利害的实用主义者。墨子"言必三表"的另外"两表"说得很明白。《墨子·非命上》中的"有原之者"："下原察百姓耳目之实"，指的是倚重民声。"有用之者"："废以为刑政，观其中国家百姓人民之利"，指的是可否为民众带来实际利益。

重要的是，墨子认为国俭才能民富，"强本节用"首要在于反对国家官员的铺张浪费。他的《节用》《节葬》《非乐》都把矛头直接对准当时的天子国君，《辞过》篇中也激烈批评"当今之主""暴夺民衣食之财"造成"富贵者奢侈，孤寡者冻馁"。可以说，墨子是中国历史上第一个提出这一观点的思想家。

当时受儒家的厚葬观念影响，贫困的百姓往往因离世家人的一个葬礼被弄得倾家荡产，节葬可使百姓节省财力物力。王官贵族的隆重葬礼，其背后是更变本加厉地剥削百姓，节葬更是反对王公贵族死后以活人殉葬，使百姓家破人亡。

节用对象只求实用不求华丽，吃饭只求吃饱和达到营养目的就够，不必吃得高档。街上许多辛勤的拾荒者要吃顿好饭多么不容易，而一些人却能一餐吃上万块，饭菜非要剩一大半才叫有面子，才叫派头，买衣服一定要买最时尚、最流行的名牌。要是他们能把节省下来的钱能去帮助有困难的人，那多有意义啊。据说世界上最贵的数码产品、最名牌的服装，在我国的销量是最高的，许多追求时尚的人一年就换两三次手机。世界上石油消耗非常大，也造成很大的浪费，又没做好环境保护，形势很不乐观，而且据绿色和平组织调查，按现在世界上这样开采的速度，地球的石油也只能开采 40 年就完了。节用对世界上每个人来说都是要学习的。

我们不一定要做到像墨家弟子那样以苦为极乐，但起码要学习墨家那种勤奋好学积极进取的人生观，学习墨家那种"兴天下之利，除天下之害"的精神，就如后来陈仲和许行提出的"贤者与民同耕，反对不劳而食"。

知足就是富有

【原文】是故用财不费，民德不劳，其兴利多矣。(《墨子·节用上》)

【大意】所以财物不浪费，民众不劳乏，兴起的利益就多了。

能用就可以，知足才是富有。如果有知足的心态，节俭就自然行之，知道满足就是富有。

远古时期，物资贫乏，强本节用便成为利民兴国的重要手段。因而，古时候贤明的君主，为倡导节约，常制定出一些具体的规定。墨子在《节用中》里是这样写的。

技艺：凡天下百工，如制车轮的、造车子的、制皮革的、烧陶器的、冶炼金属的、当木匠的等，使各人从事自己擅长的技艺，以满足民众的需要就可以了。

饮食：足以充饥增气，强壮手脚身体，耳聪目明，就可以了。不极尽五味的调匀和香气的调和，不招致远方珍贵奇异的食物。

衣服：冬天穿天青色的衣服，又轻又暖和；夏天穿细葛布或粗麻布，又轻又清凉，就可以了。

房屋：房屋四面可以抵御风寒，上面可以防御雪霜雨露，房屋里面光明洁净，可以祭祀，墙壁足以使男女分别居住，就可以了。

丧葬：衣三件，足以使死者肉体朽烂在里面；棺木三寸厚，足以使死者骨头朽烂在里面；掘墓穴，要深但不通泉水，尸体的气味不发泄出来，死者既已埋葬，生者就不要长久因丧致哀。

请不要在这些近乎苛刻的规范面前闭上眼睛。正因为有这种尚勤节俭精神的传扬，人们才不至于被铺张浪费、花天酒地的腐朽意识淹没，才一点一滴地积累起为我们生存所需的物质文明。

正如墨子所说的："衣食是人活着时利益之所在，犹且崇尚节制；葬埋是人死后的利益之所在，为何独不对此加以节制呢？"

节用就是反对铺张浪费，反对穷奢极欲，崇尚节俭。凡事以够用即可，而不要追逐奢侈。节葬就是提倡安葬从简。众所周知，儒家提倡的葬礼也是有很多讲究的。父母逝世，均要服丧礼三年，并且在服丧期间要简居少食，人饿得脸发青眼发黑身子不能走路才算孝道。墨子认为这完全没有必要，因为这三年不仅浪费时间，荒废耕作，而且因此妨碍人丁增长，造成生产落后，国力削弱。他认为，人死后往土里一埋就可以了，恢复正常的生产劳作，这样才有利于人民本身和国家。儒家是讲究厚葬的，对于各个等级的人制定了不同的厚葬标准。墨子反对厚葬，认为人死后有三件衣服三寸棺木埋在土里不让尸臭飘出来就可以了，所有的陪葬殉葬奢侈陵墓都是浪费人民的财产。毫无疑问，墨子的这些观点即使放到现在也是正确的。两千多年过去了，繁文缛节，铺张浪费，还在像蛀虫一样危害着我们。

因为知足就不觉得还缺什么，而什么也不觉得缺少就是富裕。俗语有云："知足者常乐。"老子也云："知足不辱，知止不殆，可以长久。"大意是说，一个人如果知道满足就会感到永远快乐。

如果把"知足常乐"转换为弗洛伊德笔下被压抑的本能和欲望升华——那不也是一个伴随着个体生命始终的、在"知足"与"常乐"之间重建平衡支点的过程吗？阿Q得意的时候，想着"要什么就是什么，喜欢谁就是谁"，但在无收敛的欲望和满足欲望的有限机会之间，只能达到暂时的、相对的和谐，主体也只能得到暂时的满足。而人生在世，却有做不完的玫瑰色的梦。学者王国维的《〈红楼梦〉评论》，其中有一段话大意是：一欲既终，他欲随之，终竟慰藉不可得。这就是涌动不息的欲望之潮。个体自有生命开始，就意味着需要的产生。随着人体的发育，以及与社会接触面的扩大，需要也随之不断升华，如果需要得不到满足，人体的自身生长发育便会受到阻碍。这种生理上的、物质上的需要是正常的，但是如果对这些需要要求得过分，便又会陷入欲望膨胀的泥潭。人都有欲望。人的欲望与生俱来，挥之难去，但同时人又是具有理性的高级动物，应该而且能够把握好欲望的"度"。人活在世上，有些东西应该得到，也能够得到；有些东西不该享有，也不能攫取。老子曾说过："祸莫大于不知足，咎莫大于欲得。"纵观今日一些落马之人，探其缘由，"祸咎"概莫能出其"不知足"和"欲得"之外。贪婪的欲望使得一个又一个春风得意的"能人",从马上倏然坠地,沦为"阶下囚",甚至走上"断头台"。

一位古人说过,"善行乐者必先知足",即:"穷人行乐之方,无他秘巧,亦止有退一步法。我以为贫,更有贫于我者;我以为贱,更有贱于我者;我以妻子为累,尚有鳏寡孤独之民,求为妻子之累而不能者;我以胼胝为劳,尚有身系狱廷,荒芜田地,求安耕凿之生而不可得者。以此居心,则苦海尽成乐地。"换成现在的话说,那就是"比上不足,比下有余",该知足了。从物质享受角度考虑,我们每个人确实应当有个知足的心态,因为"人心难满,欲壑难填",人的欲望是永无止境的。

知足者常乐,知足便不作非分之想;知足便不好高骛远;知足便安若止水、气静心平;知足便不贪婪、不奢求、不豪夺巧取。知足者温饱不虑便是幸事;知足者无病无灾便是福泽。所谓养性修身,参禅悟道,在常人理解,无非就是个散淡随缘,乐天知命。"知份心自足,委顺常自安",这其中的玄机,就靠自己去参悟了。过分的贪取、无理的要求,只是徒然带给自己烦恼而已,在日日夜夜的焦虑企盼中,还没有尝到快乐之前,已饱受痛苦煎熬了。因此古人说:"养心莫善于寡欲。"我们如果能够把握住自己的心,驾驭好自己的欲望,不贪得、不觊觎,做到寡欲无求,役物而不为物役,生活上自然就能够知足常乐,随遇而安了。

人,在不知足中绝对地追求,在自得其乐中相对地满足。知足,使得人在自我释放和自我克制之间,砌筑了一个生命安顿的心理平台。在"见好就收"的意义上,提前规避了未知的风险。知足常乐,在相对满足和绝对追求之间,重建了一种平衡。一方面,知足常乐少了些焦躁,少了些由色而空的虚无。另一方面,比起"无欲"的禁锢,"知足"多了一层人情味;比起"一无所有"的自得与佯狂,"知足常乐"返回了世俗理性。"人心不足蛇吞象"用作欲望无限膨胀的喻象符号,是"知足常乐"的反向修辞设计。

死者与生者

【原文】死者既葬,生者毋久丧用哀。(《墨子·节用中》)

【大意】死者既葬,生者不要久久因丧而哀。

死是人生的一部分,是必然经历的一个过程。人都难免一死。

对每一个生命来说,生是短暂的,死才是永恒的。

死者死了,活着的人该怎么办?

一种是更加健康、积极地生活,以绚烂多彩和丰富的人生来祭奠死者的亡灵。这样,死者的生命便在生者身上得到了延续,代代相承,所谓历史和民族,就是这样形成的。

祭奠死者,不仅是缅怀,而且是使生者更有生的勇气。

前面的战士倒下了,只会激起后面的战士更勇猛地冲上前去。所以说,死不仅是肉体的消亡,而且是为生者铺平前进的道路。

即使是非正常的死亡,如意外灾祸、自杀等,也能够带给生者以提醒和反思。知道什么是该做的,什么是要防患和警惕的。

另一种是不管情不情愿,乐不乐意,整日为死者哭哭啼啼、悲悲切切,人生道路便从此蒙上阴影,从此失去许多选择的自由。死者死了,生者也因此而进入半死不活的状态。

为失去亲人、朋友而悲痛,这是人之常情,但因此而成为对人的一种要求和规范,并由此而制定出一整套礼节和仪式,则是一种罪恶。

古时,最极端的就是王公贵族的葬礼,用活生生的生命去殉葬,这是为公开杀人找了一个最无耻的借口。

丈夫死了,要号召女人守寡,最好是跟着去死,这样就被称为烈女,树碑立传以留后世。杀人不用自己动手,其手段更为卑劣狡猾。

再次是久丧,国君或长辈死了,三年五载,大臣不理政务,农人不事农活,学子不读书修业,生命就在不知不觉中被死人夺去了一大部分。

儒家学说在中国盛行几千年,有利有弊,鼓吹礼教则为弊端之首。

墨子反儒,意在反这些戕害人性的僵死的教条。

害人不浅的历史厚葬陋俗

【原文】 计厚葬为多埋赋财者也；计久丧为久禁从事者也。财以成者，扶而埋之；后得生者，而久禁之。以此求富，此譬犹禁耕而求获也，富之说无可得焉。(《墨子·节葬下》)

【大意】 仔细想想厚葬之事，实在是大量浪费钱财；长久服丧之事，实在是长久禁止人们去做事。财产已形成了的，掩在棺材里埋掉了；丧后应当生产的，又被长时间禁止。用这种做法去追求财富，就好像禁止耕田而想求收获一样，这样的做法是不可能达到富裕的。

墨子认为，实行厚葬，居丧时间长，做几层的套棺，做很多衣服、被子，送殡像搬家一样；三年服丧期内哭哭啼啼，别人扶着才能站起来，拄了拐杖才能行走，耳朵听不见声音，眼睛看不见东西。这足以丧亡天下。

按照丧礼，国君、父母、妻子、长子死了，要服丧三年；伯父、叔父、兄弟死了，要服丧一年；族人死了，要服丧五个月；姑、姊、舅、甥死了，都有几个月的丧期。这些都是应该废止的。

人难免有一死，或重于泰山，或轻于鸿毛。但无论是泰山或是鸿毛，死后都一样，都是化作一股轻烟，一堆白骨。人来自自然，又回归自然，这是自然的法则。

但有些人却不信这个，偏偏要与自然规律较劲儿，总想弄个长生不老、不死之类的，所以中国古代炼丹术特别发达，寻求长生不老的人也特别多。实在躲不过死，怎么办？那就搞厚葬，活着用不尽了，死了也要带着走。

仔细想来，这些人在世时并没好好地生活过，一心想的是死后怎么办，该住什么样的房子，穿什么样的衣服，睡什么样的棺材，如何使那一堆臭肉十年、百年不烂，等等。于是，年纪轻轻就为自己修墓穴，把金银财宝大批大批地往土里面埋，把自己的家奴、仆人杀掉陪葬。

这些人活着总在想死，死后还害人。

这些人能是吃不饱、穿不暖，上无片瓦、下无寸土的贫苦百姓吗？

厚葬之风，一害自己，二害他人，实不该有。

鼓吹厚葬的人，要么是权势熏天，要么是财迷心窍、腐化堕落，要么是为讨王公大人的欢心，捞几个赏钱，反正没一个是心理正常的人。

这最后一类比前两类更为可恶。自己并不富有，却鼓吹厚葬，很有些在富人面前摇尾巴的味道。对广大贫苦百姓来说，则又是一种麻痹和腐蚀，让穷人放松警惕，以为富人的荒唐有理，以为富人的举动值得羡慕，跟着眼馋跟着心热。厚葬居然能成为一种风俗和潮流，可见流毒之深。

早在两千多年前，圣者墨子就对此痛加指责：厚葬在王公大人家中，棺木必定要多层，葬埋必定要深厚，随葬的刺绣必定要繁复，坟墓必定要造得高大。这种情况在匹夫贱民家里也存在，他们竭尽全力不惜倾家荡产。在诸侯豪族家中，死人身上装饰着金玉珠宝，裹束着丝绸绶带，并把车子、马匹埋葬在墓穴里，还要多多制造帷幕帐幔、钟鼎、几筵、酒壶镜鉴、戈矛宝剑、羽旄旗帜、象牙皮革，将这些东西放到死者墓穴一起埋掉，内心才满足。至于生者陪死者而葬，天子、诸侯死了杀掉的殉葬者，多的几百，少的几十；将军、大夫死了杀掉的殉葬者，多的几十，少的也有好几人。若此风盛行，国家必定贫穷，人民必定减少，刑法政事必定紊乱，生命将在这样血腥的习俗中变得灰暗无光。

丧葬与人道

【原文】哭泣不秩声,翁缕绖垂涕,处倚庐,寝苫枕块;又相率强不食而为饥,薄衣而为寒。使面目陷隰,颜色黧黑,耳目不聪明,手足不劲强,不可用也。(《墨子·节葬下》)

【大意】哭泣不用平常的声音,披麻戴孝涕泪交加,住在(守丧期所住的)倚庐中,睡在草垫上,枕着土块。又竞相强忍着不吃而任自己饥饿,衣服穿得单薄而任自己寒冷。使自己面目干瘦,脸色黝黑,耳朵不聪敏,眼睛不明亮,手足不强劲,(因之)不能做事情。

人死了,哀婉痛惜,人之常情。祭奠以作永远的告别,居丧以告慰逝者的英魂,活着的人能从这些仪式中感受到人世的温暖和亲情。

丧葬的本意是人道,但具体的丧葬行为,却与人道相悖甚远。

古时,王公大人办理丧葬,必定是大棺套中棺,皮革裹三层,随葬的璧玉准备好,加上戈剑鼎鼓壶大盆,刺绣衣服和白练,车马的璎珞上万件,车马女乐也都准备齐全,还必定要除清墓道,修建的陵墓比山陵还要高。

如此巨额的财富从何而来?自然是用百姓的血汗换来的,但这些财富就这样轻易地被埋到地下,从而加剧了百姓生活的贫困。

古时候居丧的方式,更无人道可言。

无论是否真的哀痛,也无论是否心甘情愿,都必须按既定的方式行事:哭泣不分昼夜以致声咽,披麻戴孝痛哭流涕,守在墓旁边的茅屋里,睡在茅草上,枕着土块,还要相互强制着不进食而挨饿,少穿衣服而受冻,弄得脸色又黑又黄,消瘦不堪,耳朵听不清,眼睛看不明,手脚无力,不听使唤。

可见,凡属与人道相悖的丧葬,都该废止。

现今已没有古时候的丧葬仪式了,但实质上相仿的东西,是否还在束缚着我们呢?

活得简单，才能活得自在

【原文】言无务为多而务为智，无务为文而务为察。(《墨子·修身》)

【大意】说话不图多而讲究富有智慧，不图文采而讲究明白。

墨子认为，说话不需要太复杂，只要含有智慧，别人听得明白就行；文章不需要太华丽，只要能看得明白就行。墨子简单的几句话给了我们深刻的道理——简单。做人就是要有简单的心态。追求功名利禄的人，整天考虑的是他人对自己如何如何评论，必然活得累；自觉追求淡然恬静的人，自然是荣辱毁誉不上心，按照自己的原则做人，做个古人所说的"没事汉，清闲人。"

人要生存，要生活，就要有一定的物质保证，以满足起码的生存需求。适当的物质追求也是天经地义、无可厚非的。即使功名利禄，只要是付出所得，似乎也应受之无愧。但若对于这些东西的需求变成无止境的追求，并以此作为人格追求、价值追求，必然会贪心不足蛇吞象。

与人相处得理时，别咬住不放，得饶人处且饶人，尤其对那些非原则的小事不要太认真，闹得不欢而散。如此日久天长，就成为"有人缘"的好人。但是生活是复杂的，处处有矛盾，事事有原则。

经验告诉我们，心愿与现实常常阴差阳错，或歪打正着。你想当演员，各种因素却同时把你放在工人的位置上，成不了"星"还得钻地沟。但只要肯努力，抱定希望，不断充实自己，"是金子早晚会发光"，"天生我材必有用"。"哀莫大于心死"，只要"不死心"，精诚所至，金石为开，最起码也落个精神充实自由，在精神世界里汪洋恣肆、自由腾飞。

生活就是如此简单，只要你愿意做个"精神漫步者"。

有人说："人的自由并不仅仅是在于做他愿意做的事，而在于能够做他不愿做的事。"把做事、做人分开，才会有更广阔的天地。

红尘滚滚，步履匆匆。为名来，为利往，为一日三餐奔波。浮躁的心难得被什么打动。

不经意间，却听到一个震撼心灵的故事。

一对年已耄耋的夫妇，女的因偏瘫长年卧床，男的亦患上轻度的老年性痴呆症。每天，做丈夫的总是坐在妻子的床旁，默默地陪伴着老妻，偶尔说上几句话。做妻子的则总是抓住丈夫的一只手，无言地摩挲着。到了吃饭的时间，丈夫就会搀扶起妻子，走到饭桌边，和儿子一家共同进餐。老妇人如果不慎呛一下，就会有一只布满老人斑的大手轻轻拍拍她的背……

吃过饭，两位老人就手拉手地在沙发上小坐，看着儿孙们收拾饭桌。一日又一日，老人就这样和儿子一家过着简单的生活。

呵，黄金万两又怎样？黄金年华又怎样？从这对老夫妇平凡而又简单的生活中，我们读出了他们在几十年沧桑岁月中相濡以沫的幸福。最重要的是人间至情啊，他们拥有了。

作家刘心武说过："在五光十色的现代世界中，让我们记住一个古老的真理：活得简单才能活得自由。"

简单是一种美，是一种朴实且散发着灵魂香味的美。简单不是粗陋，不是做作，而是一种真正的大彻大悟之后的升华。

现代人的生活过得太复杂了，社会上充斥着金钱、功名、利欲的角逐，充斥着新奇和时髦的事物。被这样复杂的生活牵扯，我们能不疲惫吗？

梭罗有一句名言感人至深："简单点儿，再简单点儿！奢侈与舒适的生活，实际上妨碍了人类的进步。"他发现，当他生活上的需要简化到最低限度时，生活反而更加充实，因为他已经无须为了满足那些不必要的欲望而使心神分散。

简单地做人，简单地生活，想想也没什么不好。金钱、功名、出人头地、飞黄腾达，当然是一种人生。但能在灯红酒绿、推杯换盏、斤斤计较、欲望和诱惑之外，不依附权势，不贪求金钱，心静如水，无怨无争，拥有一份简单的生活，不也是一种很惬意的人生吗？毕竟，你用不着挖空心思去追逐名利，用不着留意别人看你的眼神，没有锁链的心灵，快乐而自由，随心所欲，该哭就哭，想笑就笑，虽不能活得出人头地、风风光光，但这又有什么关系呢？！

生活未必都要轰轰烈烈。"云霞青松作我伴,一壶浊酒清淡心",这种意境不是也很清静自然,像清澈的溪流一样富有诗意吗?生活在简单中自有简单的美好,这是生活在喧嚣中的人所渴求不到的。晋代的陶渊明似乎早已明白了其中的真意,所以有诗云:"结庐在人境,而无车马喧。问君何能尔?心远地自偏。采菊东篱下,悠然见南山。山气日夕佳,飞鸟相与还。此中有真意,欲辩已忘言。"简单地生活其实是很迷人的:窗外云淡风轻,屋内香茶萦绕,一束插在牛奶瓶里的漂亮水仙,穿透洁净的耀眼阳光,美丽地开放着;在阳光灿烂的午后,你终于又来到年轻时的山坡,放飞着童年时的风筝;落日的余晖之中,你静静地享受着夕阳下清心寡欲的快乐……

　　简单是美,是一种高品位的美。

第五章　俭节则昌,淫佚则亡——清谈墨子的生活智慧

高石子背禄向义给现代人的启示

【原文】 夫倍义而乡禄者，我常闻之矣。倍禄而乡义者，于高石子焉见之也。（《墨子·耕柱》）

【大意】 违背义而向往俸禄，我常常听到。拒绝俸禄而向往义，从高石子这里我见到了。

高石子，墨子弟子之一，墨子曾叫人向卫国君王推荐他，卫君给他的俸禄优厚，位于卿大夫之列。但高石子三次朝见卫君，竭尽其言，卫君却不采纳实行，于是高石子毅然辞去了卫国的高官厚禄。这种"背禄向义"的高尚品质得到了墨子的高度赞赏。

在这里，"禄"与"义"代表了"个人索取"与"奉献社会"两种不同的价值取向。墨家所提倡的"义"是以"兴天下之利，除天下之害"为主要内容的。在墨子眼中，万事莫贵于"义"，甚至珍贵于生命，更别说高官厚禄这些身外之物了。所以，当他的另一个学生胜绰为了厚禄，竟然违背道义，纵容齐国大将项子牛三侵鲁国时，墨子严厉批评了他这种"向禄而背义"的行为，并派另一个学生高孙子前去请求项子牛辞退胜绰。墨子这种"背禄向义"的精神，深深地影响了此后几千年的国人。

托尔斯泰说过："欲望越小，人生就越幸福。"

人人都有欲望，都想过美满幸福的生活，都希望丰衣足食，这是人之常情。但是，如果把这种欲望变成不正当的欲求，变成无止境的贪婪，那我们就无形中成了欲望的奴隶了。在欲望的支配下，我们不得不为了权力，为了地位，为了金钱而削尖了脑袋向里钻。我们常常感到自己非常累，但是仍觉得不满足，因为在我们看来，很多人比自己的生活更富足，很多人的权力比自己更大。所以，我们别无出路，只能硬着头皮往前冲，在无奈中透支着体力、精力与生命。

扪心自问，这样的生活，能不累吗？被欲望沉沉地压着，能不精疲力竭吗？静下心来想一想：有什么目标真的非让我们实现不可，又有什么东西值得我们用宝贵的生命去换取？朋友，让我们去除过多的欲望吧，将欲望减少再减少，从而让真实的欲求浮现。

古人云："达亦不足贵，穷亦不足悲。"当年陶渊明荷锄自种，虽为贫寒之士，但他于利不趋，于失不馁，于得不骄。这样的生活，也不失为人生的一种极高境界！

人生好像一条河，有其源头，有其流程，有其终点。不管生命的河流有多长，最终都要到达终点，流入海洋，人生终有尽头。活着的时候，少一点欲望，多一点快乐，有什么不好！

一个人的快乐，不是因为他拥有得多，而是因为他计较得少。

第五章 俭节则昌，淫佚则亡——清谈墨子的生活智慧

生命之舟载不动太多的沉重

【原文】 吾闻之曰：非无安居也，我无安心也；非无足财也，我无足心也。(《墨子·亲士》)

【大意】 我曾听说：不是没有安定的住处，而是自己没有安定之心；不是没有丰足的财产，而是我怀着无法满足的心。

墨子指出，没有知足则会产生恶，我们每个人都有欲望，但欲望太多了，人生就会变得疲惫不堪。每个人都应学会轻载，学会知足常乐，因为生命之舟载不动太多的沉重。

有一位禁欲苦行的修道者，准备离开他所住的村庄，到无人居住的山中去隐居修行，他只带了一块布当作衣服，就一个人到山中居住了。

后来他要洗衣服的时候，需要另外一块布来替换，于是他就下山到村庄中，向村民们乞讨一块布当作衣服，村民们都知道他是虔诚的修道者，于是毫不考虑地就给了他一块布，当作换洗穿的衣服。

当这位修道者回到山中之后，他发觉在他居住的茅屋里面有一只老鼠，常常会在他专心打坐的时候来咬他那件准备换洗的衣服，他早就发誓一生遵守不杀生的戒律，因此他不愿意去伤害那只老鼠，但是他又没有办法赶走那只老鼠，所以他回到村庄中，向村民要一只猫来饲养。

得到了一只猫之后，他又想了——"猫要吃什么呢？我并不想让猫去吃老鼠，但总不能跟我一样只吃一些水果与野菜吧！"于是他又向村民要了一头乳牛，这样那只猫就可以靠牛奶为生。

但是，在山中居住了一段时间以后，他发觉每天都要花很多的时间来照顾那头母牛，于是他又回到村庄中，他找到了一个可怜流浪汉，带着这无家可归的流浪汉到山中居住，帮他照顾乳牛。

那个流浪汉在山中居住了一段时间之后，他跟修道者抱怨说："我跟你不一样，我需要一个太太，我要过正常的家庭生活。"

修道者想一想也是有道理，他不能强迫别人一定要跟他一样，过着禁欲苦行的生活……

这个故事就这样继续演变下去，你可能也猜到了，到了后来，也许是半年以后，整个村庄都搬到山上。欲望就像是一条锁链，一个牵着一个，永远都不能满足。

《伊索寓言》中有这样一句话："有些人因为贪婪，想得到更多的东西，却把现在所有的也丢掉了。"

上帝在创造蜈蚣时，并没有为它造脚，但是它们可以爬得和蛇一样快速。有一天，它看到羚羊、梅花鹿和其他有脚的动物都跑得比它还快，心里很不高兴，便嫉妒地说：

"哼！脚多，当然跑得愈快！"

于是，它向上帝祷告说："上帝啊！我希望拥有比其他动物更多的脚。"

上帝答应了它的请求。他把好多好多脚放在蜈蚣面前，任凭它自由取用。

蜈蚣迫不及待地拿起这些脚，一只一只地往身上贴去，从头一直贴到尾，直到再也没有地方可贴了，它才依依不舍地停止。

它心满意足地看着满身是脚的自己，心中窃喜："现在，我可以像箭一样地飞出去了！"但是，等它一开始要跑步时，才发觉自己完全无法控制这些脚。它得全神贯注，才能使一大堆脚不至于互相绊跌而顺利地往前走。这样一来，它走得比以前更慢了。

任何事物都不是多多益善，蜈蚣因为贪婪，想拥有更多的脚，结果却适得其反，脚成了束缚它行动的绳索，代价可谓惨重。

故事很简单，却耐人寻味。

贪婪的人，被欲望牵引，欲望无边，贪婪无边。

贪婪的人，是欲望的奴隶，他们在欲望的驱使下忙忙碌碌、不知所终。

贪婪的人，常怀有私心，一心算计，斤斤计较，却最终一无所获。

古语说："人为财死，鸟为食亡。"人不能没有欲望，不然就会失去前进的动力，但人却不能有贪婪，因为贪欲是个无底洞，你永远也填不满。苏联教育家马卡连柯曾经说过："人类欲望本身并没有贪欲，如果一个人从烟雾弥漫的城市里来到一个松林里,吸到清新的空气,非常高兴,谁也不会说他消耗氧气是过于贪婪。贪婪是从一个人的需要和另一个人的需要发生冲突开始的,是由于必须用武力、狡诈、盗窃,从邻人手中把快乐和满足夺过来而产生的。"

一个穷人会缺很多东西,但是,一个贪婪者却什么都会缺!

贫穷的人只要一点东西就可以感到满足,富有的人需要多一些东西也可满足,但是贪婪的人却永远也满足了。所以,贪婪的人总是不知足,他们天天生活在不满足的痛苦中,贪婪者想得到一切,但最终两手空空。

《圣经》上说,如果你得到的是整个世界,却丧失了自我的生命,那么,你也得不偿失。因贪婪得来的东西,永远是人生的累赘。贪婪,轻则让人丧失生活的乐趣,重则误了身家性命。生活的压力越来越大,脸上的笑容越来越少,这或许便是贪婪的代价。

朋友,为了让生活充满快乐,丢掉贪婪的包袱吧!

身外物，不奢恋

【原文】 去无用之圣王之道，天下之大利也。(《墨子·节用上》)

【大意】 除去无用的东西，实行圣王之道，天下的大利呀。

墨子在《节用》中一再强调，要强本节用，有用就可以，不要浪费。我们引申一下，人若活得简单点，知足，无贪欲，那么也会更轻松，更快乐。

即使拥有整个世界，但一天也只能吃三餐，这是人生思悟后的一种清醒，谁真正懂得它的含义，谁就能活得轻松，过得自在，白天知足常乐，夜里睡得安宁，走路感觉踏实，蓦然回首时没有遗憾！

以前民间流传着一首《十不足诗》：
终日奔忙为了饥，才得饱食又思衣。
冬穿绫罗夏穿衫，堂前缺少笑貌妻。
娶下三妻并四妾，又怕无官受人欺。
四品三品嫌官小，又想面南做皇帝。
一朝登了金銮殿，却慕神仙下象棋。
洞宾与他把棋下，又问哪有上天梯。
若非此人大限到，上到九天还嫌低。

这首打油诗将那些贪心不足者的恶性发展写得淋漓尽致。物欲太盛使灵魂变态，就是永不知足，没有家产想家产，有了家产想当官，当了小官想大官，当了大官想成仙……精神上永无宁静，永无快乐。

物质上永不知足是一种病态，其病因多是权力、地位、金钱之类引发的。这种病态如果发展下去，就是贪得无厌，其结局是自我爆炸，自我毁灭。

托尔斯泰说："欲望越小，人生就越幸福。"这话，蕴含着深邃的人生哲理。人越贪婪，越易致祸。古往今来，被难填的欲壑葬送的贪婪者，多得不可计数。

托尔斯泰还讲过一个故事：有一个人想得到一块土地，地主就对他说，清早，你从这里往外跑，跑一段就插个旗杆，只要你在太阳落山前赶回来，插上旗杆的地都归你。那人就不要命地跑，太阳偏西了还不知足。太阳落山前，他是跑回来了，但已精疲力竭，摔个跟头就再没起来。于是有人挖了个坑，就地埋了他。牧师在给这个人做祈祷的时候说："一个人要多少土地呢？就这么大。"

其实，我们每个人所拥有的财物，无论是房子、车子……无论是有形的，还是无形的，没有一样是属于你自己的。那些东西不过是暂时寄托于你，有的让你暂时使用，有的让你暂时保管而已，到了最后，物归何主，都未可知。所以，智者把这些财富统统视为身外之物。

卡耐基曾说："要是我们得不到我们希望的东西，最好不要让忧虑和悔恨来苦恼我们的生活。且让我们原谅自己，学得豁达一点。"古希腊哲学家艾皮科蒂塔认为，哲学的精华就是：一个人生活上的快乐，应该来自尽可能减少对外来事物的依赖。古罗马政治家及哲学家塞尼加也说："如果你一直觉得不满，那么即使你拥有了整个世界，也会觉得伤心。"且让我们记住，即使我们拥有整个世界，我们一天也只能吃三餐，一次也只能睡一张床，即使是一个挖水沟的工人也可如此享受，而且他们可能比洛克菲勒吃得更津津有味，睡得更安稳。

"身外物，不奢恋"，是思悟后的清醒。它不但是超越世俗的大智大慧，也是放眼未来的豁达胸怀。谁能做到这一点，谁就会活得轻松，过得自在，遇事想得开，放得下。

懂得放弃，洒脱生活

【原文】 昔上世暴王，不忍其耳目之淫，心涂之辟，不顺其亲戚，遂以亡失国家，倾覆社稷。(《墨子·非命上》)

【大意】 古时候的暴君，不能忍住耳目的贪婪，心里的邪僻，不听从内外的亲属，以至于国家灭亡，社稷绝灭。

墨子指出，贪婪是心里的邪僻，是国家灭亡的原因。在现实社会中，有太多太多的诱惑，有太多太多的欲望，而许多人却无从选择，为名利蒙住双眼，不懂得放弃。

有只狐狸被猎人用套套住了一条腿，它毫不迟疑地咬断了那条腿，然后逃命。放弃一条腿而保全一条生命，这是取小害舍大害的哲学。人生亦应如此，在生活强迫我们必须付出惨痛的代价以前，主动放弃局部利益而保全整体利益是最明智的选择。智者曰："两弊相权取其轻，两利相权取其重。"趋利避害，这也正是放弃的实质。

生活中，常有不好的境遇会不期而至，搞得我们猝不及防，这时我们更要学会放弃。放弃焦躁性急的心理，安然地等待生活的转机，让自己对生活、对人生有一种超然的态度，即使我们达不到这种境界，我们也要在学会放弃中，争取活得洒脱一些。

在人生的旅途中，需要我们放弃的东西很多，古人云，鱼和熊掌不可兼得。如果不是我们应该拥有的，我们就要学会放弃。

比如大学毕业分手的那一刻，当同窗数载的朋友紧握双手，互相轻声说保重的时候，每个人都止不住泪流满面……因为朋友，是选择自己不喜欢、却与他相同的工作，还是去远方追逐自己的梦想呢？固守着一位朋友，只会挡住我们人生旅程的视线，让我们错过一些更为美好的人生山水。学会放弃，我们就有可能拥有更为广阔的友情天空。

放弃一段恋情也是困难的，尤其是放弃一场刻骨铭心的恋情。但是既然那段岁月已悠然遁去，既然那个背景已渐行渐远，又何必要在一个地点苦苦地守望呢？不如冷静地后退一步，学会放弃，一切又会柳暗花明。

放弃也是一种明智。汉代司马相如所著《谏猎书》有云："明者远见于未萌，而智者避危于未形。"

在日常生活中，当你与人发生矛盾或冲突时，只要不是什么原则问题，你完全可以放弃争强好胜的心理，甚至甘拜下风，就可能化干戈为玉帛，避免两败俱伤；当你在家庭生活中发生摩擦时，放弃争执，保持缄默，就可以唤起对方的仁爱之心，使家庭保持和睦温馨。

生命和死亡一直是一个很沉重的话题。而放弃生命却是最不明智的选择。

小王第一次面对死亡是在14岁，爷爷过世，他第一次感到在生死之间人们真的是无能为力的，生命在那时告诉他的就是人类的渺小和卑微，没有人们能够留住的东西，几十年的生命都留不住，更不要说稍纵即逝的一种感觉。

20岁那年，无休止地生病，那整整一年的时间，病情一层一层地把他跟外面隔离。那是一个冬天的夜晚，小王打翻了药瓶，1000多粒的白色药片（维生素C）撒满了房间，它们躺在地上对他露出阴冷的笑容，小王跪在冰凉的水泥地上，边捡边哭。那时，他对生命厌倦了，他看见了天堂里的春天，于是，小王吃下了几个月才吃得下的药片后还割了手腕，这是他第二次自杀。

小王在昏迷了两天之后被救了过来，醒来的时候，他看见的是一个洁白的世界和那么多带着泪水的笑脸，很多亲人同学都在他的身边，那是他第一次看见刚毅的父亲抱着他痛哭，父亲憔悴了，母亲悲痛欲绝，奶奶也病倒了，小王在那一刹那明白了生命其实不是自己一个人的。

活着，是一种责任。对每个爱他的人来说，活着就是对他们最根本最完整的报答，生命不是我们自己的，没有权利选择生的我们也没有权利选择死，那里不仅是因为道德良知，最重要的就是要有爱，爱自己，爱别人，这才是生命的意义。

有位心理学家接到一个朋友的电话。她说，累了，真的，真的不想活了，死是一种解脱。是的，死仅仅对去了的人来说是一种解脱，而留下的人呢？你解脱了所带给他们的痛苦，要大于你生存的痛苦，这是一种极其不负责任的行为，属于你的苦你就要承受，无论是生是死，你都不能把它们加到那些爱你、关心你的人身上，因为爱毕竟没有错。活着，在你最不堪的时候，你只要做到仅仅是活着就够了。死亡只是一种诱惑，它不是牵引，什么都可以放弃，唯有生命不能。

生命是那么的脆弱，战争、疾病、车祸、事故、伤害，每天都有那么多向往阳光和空气的人在无辜地接受死亡，那是一种不得已，而我们能够平安地生活在自己的家园里，享受着家人带来的温暖，我们还有什么理由放弃生命呢？

生命原本是简单的，很多东西我们要学会放弃。能够放弃就是一种跨越，当你能够放弃一切，做到简单从容地活着的时候，你生命里的低谷就过去了。

几十年的人生旅途，会有山山水水、风风雨雨，有所得也必然有所失，只有我们学会了放弃，我们才拥有一份成熟，才会活得更加充实、坦然和轻松。

第五章 俭节则昌，淫佚则亡——清谈墨子的生活智慧

名利会使人相互残害

【原文】大国之攻小国也,是交相贼也,过必反于国。(《墨子·鲁问》)

【大意】大国进攻小国,是相互残害,其结果必然祸及本国。

齐国打算攻打鲁国,墨子对齐将项子牛说:"攻打鲁国,是齐国的大错。从前是吴王夫差向东攻打越国,把越王勾践围困在会稽;向西攻伐楚国,楚人被迫保护楚昭王逃往随国;向北讨伐齐国,俘虏齐将国书,并把他押回吴国。结果诸侯们来报仇,百姓因疲惫不堪而不肯效力,因而国家灭亡了,吴王自己也被杀死了。从前,晋国的智伯攻打范氏、中行氏,兼并了他们两家的土地,结果引来诸侯报仇,百姓也因过于劳苦而不肯听命,因而国破家亡,自己也遭杀身之祸。所以大国攻打小国,是相互残害,灾祸必反过来殃及本国。"

墨子"非攻"的主题就是反对大国对小国的侵略,谴责大欺小、强凌弱的暴行。为了制止这种非正义的战争,墨子站在大国的角度上,从两个方面讲述了侵略他人、灾祸必将反及于己的道理。首先,大国攻打小国,不仅耗尽了本国的资财,民众也因不停的征战而疲惫不堪,怨言四起,这样就将失掉民心,虽然兼并了大批土地,也不能保有。其次,不停地攻伐他国来扩张自己的势力,必将引起天下诸侯的恐惧与愤恨。"唇亡齿寒"的道理是人所共知的,所以天下诸侯一定会群起而攻之,这样国破身亡的结局就自然不可避免了。

可惜在名与利的诱惑下,能清楚地认识这个道理的人并不多见。

有的人为了名和利铤而走险,为了名和利什么事情都敢做,最终身败名裂。

人生就是一个名利场,时时处处充斥着各种诱惑。但它又不只是一个名利场,每个人都应该想到在世上留下些什么,而不仅是得到了什么。做人不应"享一时之寂寞，取万古之凄凉"，追名逐利时，奉劝诸君少些贪欲，多些知足，莫为名利遮望眼。

唐朝诗人宋之问，有一外甥叫刘希夷，很有才华，是一个年轻有为的诗人。一日，刘希夷写了一首诗《代白头吟》，到宋之问家中请舅舅指点。当刘希夷诵到"古人无复洛阳东，今人还对落花风。年年岁岁花相似，岁岁年年人不同"时，宋之问情不自禁连连称好，忙问此诗可曾给他人看过，刘希夷告诉他刚刚写完，还不曾给人看。宋遂道："你这诗中'年年岁岁花相似，岁岁年年人不同'二句，着实令人喜爱，若他人不曾看过，让与我吧。"刘希夷道："此二句乃我诗中之眼，若去之，全诗无味，万万不可。"

晚上，宋之问睡不着觉，翻来覆去只是念这两句诗，心中暗想，此诗一面世，便是千古绝唱，名扬天下，一定要想法据为己有。于是起了歹意，命手下人将刘希夷害死。后来，宋之问获罪，先被流放到钦州，又被皇上勒令自杀，天下文人闻之，无不称快！刘禹锡说："宋之问该死，这是天之报应。"

在中世纪的意大利，有一个叫塔尔达利亚的数学家，在国内的数学擂台赛上享有"不可战胜者"的盛誉，他经过自己的苦心钻研，找到了三次方程式的新解法。这时，有个叫卡尔丹诺的人找到了他，声称自己有千万项发明，只有三次方程式对他是不解之谜，并为此而痛苦不堪。善良的塔尔达利亚顿生同情之心，把自己的新解法毫无保留地告诉了他。谁知，几天后，卡尔丹诺以自己的名义发表了一篇论文，阐述了三次方程的新解法，将成果据为己有，他的做法虽然在相当一个时期里欺瞒了人们，但真相终究还是大白于天下。现在，卡尔丹诺的名字在数学史上已经成了科学骗子的代名词。

宋之问、卡尔丹诺等也并非无能之辈，他们在各自的领域里是很有建树的人。就宋之问来说，纵不夺刘希夷之诗，也已名扬天下。糟糕的是，人心不足，欲无止境！俗话说，钱迷心窍，岂不知出名之事也能迷住心窍，一旦被迷，就会使原来还有一些才华的"聪明人"变得糊里糊涂，使原来还很清高的文化人变得既不"清"也不"高"，做起连咱们老百姓都不齿的肮脏事情，美名变成恶名。

客观地说，求名并非坏事。一个人有名誉感就有了进取的动力；有名誉感的人同时也有羞耻感，不想玷污自己的名声。但是，什么事都不能过分追求，若过分追求，又不能一时获取，求名心太切，有时就容易生邪念，走歪门。结果名誉没求来，反倒遗臭万年。君子求善名，走善道，行善事。小人求虚名，弃君子之道，做小人勾当。古今中外，为求虚名不择手段，最终身败名裂的例子很多，确实发人深省；有的人已小有名气，还想声名大振，于是邪念膨胀，连原有的名气也遭人怀疑，何其可悲。

勤俭节约则昌

【原文】 俭节则昌，淫佚则亡。(《墨子·辞过》)

【大意】 节俭的就会昌盛，淫佚的就会灭亡。

这一点宋儒司马光有过很精彩的论述。他说："众人皆以奢靡为荣，吾心独以俭素为美。人皆嗤吾固陋，吾不以为病，……古人以俭为美德，今人乃以俭相诟病。嘻，异哉！"

当时就有人讥笑司马光糊涂，不开通，但他坚持自己的看法，认为有道德的人都是由节俭而来的。人生活上俭，需求上就少，欲望少，就可直道而行；而多欲，则必贪富贵，想富贵，但钱不够用，这样在官则必贪，在民则必盗。

司马光的要义在崇俭鄙奢，以为俭乃古往今来中华民族的美德，弃俭而尚奢，无异于本末倒置，对年轻人来说是十分有害的。

从老年人的角度视之，年轻一代不知世事艰难，更不明"粱肉不企骄奢，而骄奢自来"的道理。且年轻人正在长知识、求进取之时，在物质享受上投入太多的精力，过于追求美食、鲜服，就会徒耗许多宝贵时间。其实这不仅仅是家庭和个人经济条件如何的问题，而且是一个关于风气和修养的问题。司马光反对当时风俗侈靡，请客送礼，大肆铺张，坚持淳厚风俗、以俭为美。这使我们很自然地就联想起今天的情况来。市场经济日益发展，随着改革开放的不断深入，人们的生活水平也逐渐提高了。年轻人讲享受，谈消费，与他们的父辈和祖辈在观念上完全不同了。司马光若能看到今天的情况，真不知该发何议论！或有人会说，时代不同了，观念自然要变，对物质享受的要求也是会随之变化的，这有何可非议的呢？其实，这里边有个作风的问题。过于吝啬自然可笑，肆意铺张浪费则更可恶。凡俗细事之中，礼尚往来之际，确有个修养问题。将物质文明孤立起来，抽掉了精神文明，无论如何总是一种缺憾。司马光"会数而礼勤，物薄而情厚"的说法就非常可取,无论朋友亲戚,常聚常会,年节假日以纪念性或象征性的礼品相酬,彼此其乐融融,情厚不在礼重。

司马光还列举了大量正反两面的例子,说明了"由俭入奢易,由奢入俭难"的道理。"以俭立名,以侈自败",也是显而易见的。在我们今天的现实生活中,恐怕亦不乏实例,差不多人人都可以举出一些。说到底,俭是一种克制,奢是一种放纵,作为万物之灵的人,没有克制和自持,是不可想象的。明代姚舜牧说得好:"惟清修可胜富贵,虽富贵不可不清修。"德国思想家歌德说得亦好:"低等动物受它的器官的指导;人类则指导他的器官并且还控制着它们。""毫无节制的活动,无论属于什么性质,最后必将一败涂地。"司马光文中历数了不少一败涂地者,这是很值得那些在物质欲望方面恶性膨胀之辈深思的。

分出事情的轻重缓急

【原文】 择务而从事焉。(《墨子·鲁问》)

【大意】 选择最重要的事情进行。

人生有很多事情要等你去完成,然而生命有限,时间不等人,你不可能每件事都能完成,所以要分出轻重缓急。

哲学上讲究"两点论"和"重点论",既要抓重点又要顾及全面,主张在保证大局无碍之时先做些重点紧急之事,而后再做其他的事,目标的实现就容易多了。人生的事情也应如此。

根据你的人生目标,你可以把所要做的事情理出一个顺序。有助于你实现目标的,你就把它放在前面,依次为之,把所有的事情都排一个顺序,并把它记在一张纸上,就成了事情表。养成这样一个良好习惯,会使你每做一件事,就向你的目标靠近一步。

我们可以每天早上制订一个先后表,然后再加上一个进度表,就会更有利于我们向自己的目标前进了。

美国的卡耐基在教授别人期间,有一位公司的老板去拜访他,看到卡耐基干净整洁的办公桌感到很惊讶。他问卡耐基说:"卡耐基先生,你没处理的信件放在哪儿呢?"

卡耐基说:"我所有的信件都处理完了。"

"那你今天没干的事情又推给谁了呢?"老板紧迫着问。

"我所有的事情都处理完了。"卡耐基微笑着回答。看到这位公司老板困惑的神态,卡耐基解释说:"原因很简单,我知道我所需要处理的事情很多,但我的精力有限,一次只能处理一件事情,于是我就按照所要处理的事情的重要性,列一个顺序表,然后就一件一件地处理。结果,完了。"说到这儿,卡耐基双手一摊,耸了耸肩。

"噢,我明白了,谢谢你,卡耐基先生。"几周以后,这位公司的老板请卡耐基参观其宽敞的办公室,对卡耐基说:"卡耐基先生,感谢你教给了我处理事务的方法。过去,在我这宽大的办公室里,我要处理的文件、信件等,都是堆得和小山一样,一张桌子不够,就用三张桌子。自从用了你说的法子以后,情况好多了,瞧,再也没有没处理完的事情了。"

这位公司的老板,就这样找到了处事的办法,几年以后,成为美国社会成功人士中的佼佼者。我们为了个人事业的发展,也要根据事情的轻重缓急,制订出一个事情表来。人的时间和精力是有限的,不制订一个顺序表,你会对突然涌来的大量事务手足无措。

第六章 做自己命运的主人
——墨子的非命观

墨子有言曰:"强必治,不强必乱;强必宁,不强必危。""强必贵,不强必贱;强必荣,不强必辱。""强必富,不强必贫;强必饱,不强必饥。"

墨子在《非命》篇中强调了人在自然社会中的作用,强调一切都必须靠自己,自己才是命运的主宰,才是灵魂的领导。

哲学上有句格言:外因是变化的条件,内因是变化的基础。成功者相信命运掌握在自己的手中,所以他勤奋不辍;失败者相信命运天注定,所以他等待幸运的光临。

自信才能成功

【原文】君子进不败其志，内究其情，虽杂庸民，终无怨心，彼有自信者也。(《墨子·亲士》)

【大意】君子对于进取的士人，能够不挫败他的志向，而对于退隐的士人，也要体察他的苦衷，即使贤士中杂有平庸的人，也并无怨悔之心，这是因为他有自信心的缘故。

信心是一种最坚强的内在力量，它能够帮助你度过最艰难困苦的时期，直到曙光出现。信心从未令人失望，它会使人发现自身的价值和潜能，取得成功。卡耐基说："自信才能成功。"

我们可以通过各种方式得到这样的结论。一个有魅力的人，都是绝对自信的；而那些碌碌无为的人，只要偶尔遇到一点挫折，就会心灰意冷，一蹶不振。失败的人之所以失败，就是因为他们自己不相信自己。

没有自信的人是很难成功的，就像没有脊梁骨的人很难挺直腰杆。

犹太物理学家埃伦费斯特具有非凡的评价和批判能力，因此一些伟大的物理学家常常乐意征求他的意见，他还常常应邀出席科学会议，但是他也把这种严厉的批判用在自己身上。

这种过分的自我批判倾向扼杀了这位科学家的才华，使其丧失了创造才能。结果，他的思想成果还没有问世，这种过分挑剔的批判就夺走了他对它们的爱，埃伦费斯特最后竟厌世自杀了。

著名物理学家杨振宁曾经谈到科学家的胆魄问题："当你老了，你就会变得越来越胆小……因为你一旦有了新思想，会马上想到一堆永无止境的争论，害怕前进。当你年轻力壮时，可以到处寻求新的观念，大胆面对挑战，而年纪大了的人疲于奔波，疲于争论。我常常问自己，是否已经丢掉了自己的胆魄？"

这些事例证明，没有自信就没有胆量，没有胆量就会磨灭想象力和独创精神。所以，缺乏自信是创造力和智慧的最危险的敌人。

金无足赤，人无完人。这句话是说，每个人都有某方面的不足，没有人是十全十美的，无论是在生理上还是心理上都有着或多或少的缺陷和不足。但是能否正视自己的缺陷和不足，而且不被它削弱自信，却是强者和弱者的区别。强者敢于正视自己的不足和缺陷，不为此自卑，相信自己一定能成功，而弱者恰恰相反。

弗洛伊德认为：人，生来就有"做伟人"的欲望。"做伟人"其实就是"成功"的集中表现。在这一理论提出之后，一些心理学家经过认真研究，也得出了一个相似的结论：不论民族、文化、历史、家庭、性别、年龄，人天生就有爱受赞美、爱受尊重的强烈愿望和倾向。

大家都知道，美国第32任总统富兰克林·德拉诺·罗斯福是个残疾人，那他是个强者还是弱者呢？1962年，美国历史学会组织美国历史学家投票，选出了五位最伟大的总统，罗斯福排名第三，仅居于亚伯拉罕·林肯和乔治·华盛顿之后。他是美国历史上唯一一位连任四届、主持白宫时间最长的总统。

罗斯福被公认为世界历史上能够扭转乾坤的巨人之一。关于他的国内政绩，关于他在世界历史上曾经发挥的作用，另一位伟人温斯顿·丘吉尔说："罗斯福是对世界历史影响最大的一位美国人。"

最近几十年间，由于美国国力的强盛和在国际事务中扮演的重要角色，数任美国总统或多或少地要以"世界总统"自居，可以说，如果没有罗斯福，他们就不可能获得这样的自信。而罗斯福的这种自信却具有不同寻常的意义。

如果没有这种自信，很难想象他会在39岁患上脊髓灰质炎（俗称小儿麻痹症）之后，凭着顽强的毅力积极配合治疗，终得幸免于全身瘫痪；更难想象他后来敢于拄着双拐或坐着轮椅出现在1932年总统竞选的讲坛上，并成为美国历史上唯一一位身罹残疾的总统。

自信在罗斯福一生的成长和事业中起到了重要作用。在第一次总统就职演说中，他针对当时美国社会的经济"大萧条"情景说："首先让我们表明自己的坚定信念：唯一值得恐惧的东西就是不可名状的、未经思考的、毫无根据的恐惧，使得转退为进所需的努力陷于瘫痪的恐惧。"

纵观罗斯福一生，我们可以肯定地说，他虽然身罹残疾，但在迄今为止所有的美国总统中,不是每位都像他那样具有一颗如此健康的心态。

人们无论从事什么职业,做什么事情,都应该做到"进不败其志"和"内究其情"。在身处顺境时,还要积极进取,勇于开拓,不改夙志;而身陷逆境之时,则要躬身自省,探究失败之由。此外,还应做到无论何时都要对自己充满自信心。因为只有这样,才能把事情做到成功,才能使自己的学习和事业一帆风顺。

任何人的人生都不可能一帆风顺,有许多事情并不是人所能控制的。如公司经营不景气,你也许就成了被裁减的对象;或许家人生病,另一半舍你而去;还有难以预料到的天灾人祸,比如地震、水灾、火灾等,这些事情都可能使你多年的努力付之东流。也许会由于这些原因,你将陷入困境,整天被烦恼困扰。

或许你所经历的只是你人生的第一次不幸的遭遇,你应用积极的心态将之一一化解。从哪里跌倒,就从哪里爬起。另找一份工作,使家人康复;再结识一位伴侣,让快乐的时光重现。经过稍稍的整理,又一身轻松地奔向成功。你要坚强,要相信自己能够与命运抗争,做命运的主人。

为所难者必得所欲

【原文】为其所难者，必得其所欲焉。(《墨子·亲士》)

【大意】即使做很困难的事，也一定能达到目的。

墨子是在谈论国君重视贤士的重要性时说到此句名言的。他认为，人只有经历了艰难困苦的考验，才能成为君子，成为辅佐国君治理好国家的贤才。墨子还强调说："未闻为其所欲，而免其所恶者也。"就是说，没有听说过只做自己所想的事情，而回避困难的。他从正反两个方面论证了艰难困苦的考验对于成就人才的必要。

在这里，墨子所讨论的还只是从他所处的时代中，国君治理国家必须有贤士辅佐的角度出发的，而墨子在两千多年前所说的这句话，在今天仍有其现实意义。因为不论是在墨子所处的古代，还是在 21 世纪的今天，不论是做什么事情，要达到何种目标，都需要经历了磨难之后，才能得到好的结果，这是一条颠扑不破的真理。不经历风雨，难得见到彩虹。只有那些能够直面困难、从困难事情做起的人，才终究会实现自己的愿望，得到自己想要的结果。如果在遭遇艰难困苦的时候，临阵退缩，毫无进取之心，甘心被困难打败，那么这样的人是什么事情都做不成功的。人生存于世间，就需要具备一些与磨难斗争、抗衡的勇气和意志，毕竟经历了与困难而战的人生才会更加充实和美丽。

有位哲人说过："世界荣誉的桂冠，都是荆棘编织而成的。"

俄国作家列夫·托尔斯泰说："人生不是一种享乐，而是一桩十分沉重的工作。"月有阴晴圆缺，人有旦夕祸福。人生不可能永远一帆风顺，人生旅程中，如同穿越崇山峻岭，时而风吹雨打，困顿难行，时而雨过天晴，鸟语花香。当苦难当道时，有的人自怨自艾，意志消沉，从此一蹶不振；而有的人则不屈不挠，与苦难作斗争，他们才是生活的强者。

苦难是人生的必修课，强者视它为垫脚石、一笔财富，弱者视苦难为绊脚石、万丈深渊,被它压垮。"天将降大任于是人也,必先苦其心志。"苦难是人生的沃土,是磨炼意志的试金石。不经三九苦寒,哪来傲雪梅香?曹雪芹没有经历贫困潦倒的磨难,哪里会有《红楼梦》?司马迁不忍受宫刑,就不会有举世不朽的《史记》。没有苦难,就没有激励几代人的《钢铁是怎样炼成的》。苦难从古至今都是人生的一笔宝贵财富。勇者在苦难面前永远都不会低下高贵的头。

"经营之神"松下幸之助从不向命运低头。9岁时,因为家境贫困,他不得不外出赚取生活费。他远赴大阪谋职,母亲为他准备好行囊,并送他到车站。临行前,母亲哭泣地向同行的人诚恳地拜托:"这个孩子要单独去大阪,请各位在旅途中多多关照。"母亲悲凄的背影给了他深刻的印象。

松下幸之助来到大阪后,在船场火盆店当学徒,从此开始了艰苦的谋生。小小年纪,远离亲人,在那个陌生的世界里他感到孤单无助,似乎丧失了生活的信心。

有一天,店主叫住他,递给他一个五钱的白铜货币,说是薪水。他吃惊极了,他从来没有见过五钱的白铜货币,这对穷人家的孩子来说,是一个相当可观的数目。报酬激起了他工作的狂热,也扬起了他奋斗的风帆。

靠着不可思议的欲望的支持,他变得更坚强。他不辞辛苦地打杂,磨火盆,有时,一双手被磨得皮破血流,连提水打扫的活儿都干不了,但他咬牙挺了下来。渐渐地,松下幸之助掌握了自己的命运。

上帝是公平的,他在把苦难撒向人间的时候,往往准备好了厚重的回报等着勇士去拿。当苦难不期而至时,我们要视苦难为财富、为机遇,向它宣战。当你成功地征服它之后,就能拿到上帝的回报,捧起金灿灿的奖杯,真切地感受到生活的甘甜、人生的价值。

朋友,为了美好的明天,让我们向苦难宣战吧!

言必信行必果的立身处世之道

【原文】言必信，行必果，使言行之合，犹合符节也，无言而不行也。（《墨子·兼爱下》）

【大意】说话一定要讲信用，做事一定要果断，要使讲话和做事一致，就如同使符节相合一样毫无间隙，不要只说不做。

墨子针对当时社会纷乱、国家之间互相攻伐的局面，提出了"兼相爱、交相利"的主张，反对"交相恶"，并一再强调应"以兼易别"，兼，就是相爱，别，就是相恶。墨子倡导人们以相爱来取代相恶，认为厌恶别人的人，别人也会厌恶他，给别人带来伤害的人，别人也会反过来伤害他。

在《兼爱下》篇，墨子反复论证了"以兼易别"的重要性和可行性。他在列举了许多种情况后指出，有些人虽然口口声声反对"兼"（相爱），认为"兼"是不可能实现的，但如果让他来选择是把亲人托付给主张"兼"（相爱）的人，还是托付给主张"别"（相恶）的人，那么他肯定会选择前者。在这里，墨子严厉批判了这些言行不合的人，因为在他看来，人们无论做什么事，都应该"言必信，行必果"、"无言而不行也"，而这些嘴上主张"别"（相恶）的人，实际上心里也是希望别人能"兼相爱"的。通过这种对比揭露，墨子进一步提出"兼相爱"是可以行得通的。"言必信，行必果，使言行之合，犹合符节也，无言而不行也"这句名言在《墨子·兼爱下》篇中主要是用来证明其"兼爱"理论的可行性，用的是这句话的本来意义。在今天，这句名言的意义没有什么变化，仍是指人们为人处世要言行合一，这是对人们最基本的要求，人们都应该把"言必信，行必果""言行合一"作为一条人生准则来要求自己，完善自己。

守信，是中华民族的优秀文化传统之一。自古以来，中国人都十分注重讲信用，守信义。清代顾炎武曾赋诗言志："生来一诺比黄金，哪肯风尘负此心。"这表达了自己坚守信用的处世态度和内在品格。中国人历来把守信作为为人处世、齐家治国的基本品质,言必行,行必果。中国古人有言:"君子以诚信为本,小人以趋利为务。"可见,处世之本,在于诚信。为人处世决不能见利忘义,不讲信用。

做人最根本的一条是诚信。一个人如果时时、处处、事事讲信用,那么他的事业将会走向成功,人生将会亮丽多姿。

诚信乃做人之本,这是多少成功人士恪守的人生准则。人生向上的基础是诚、敬、信、行。诚是构成中国人文精神的特质,也是中国伦理哲学的标志。诚是率真心、真情感,诚是择善固执,诚是用理智抉择真理、以达到不疑之地。不疑才能断惑,所谓"不诚无物"就是这个道理。而"信"则是指智信,不是迷信、轻信,这种信依赖智慧的抉择,达到不疑,并且坚定地践行。

为人处世,信守诺言是非常重要的。那些受欢迎的人,常用各种不同的方式把他们的特点展现在人们面前,其中最显著的特点便是任何时候都有守信、遵约的美德。

东汉时,汝南郡的张劭和山阳郡的范式同在京城洛阳读书。学业结束,他们分别的时候,张劭站在路口,望着天空的大雁说:"今日一别,不知何年才能见面……"说着,流下泪来。范式拉着张劭的手,劝解道:"兄弟,不要伤悲。两年后的秋天,我一定去你家拜望你的家人,同你聚会。"

落叶萧萧,篱菊怒放,这正是两年后的秋天。张劭突然听见天空一声雁叫,牵动了情思,不由自言自语地说:"他快来了。"说完赶紧回到屋里,对母亲说:"母亲,刚才我听见天空雁叫,范式快来了,我们准备准备吧!""傻孩子,山阳郡离这里一千多里路,范式怎会来呢?"母亲不相信,摇头叹息:"一千多里路啊!"张劭说:"范式为人正直、诚恳、极守信用,不会不来。"母亲只好说:"好好,他会来,我去备点酒。"其实,老人并不相信,只是怕儿子伤心,宽慰宽慰儿子而已。

约定的日期到了,范式果然风尘仆仆地赶来了。旧友重逢,亲热异常。母亲激动地站在一旁直抹眼泪,感叹地说:"天下真有这么讲信用的朋友!"范式重信守诺的故事一直被后人传为佳话。

在现实生活中讲信用、守信义,是立身处世之道,是一种高尚的品质和情操，它既体现了对人的尊敬，也表现了对己的尊重。但是，我们反对那种"言过其实"的许诺，也反对使人容易"寡信"的"轻诺"；我们更反对"言而无信""背信弃义"的丑行！

天下没有一种广告能比诚实不欺、言行可靠的美誉更能获得他人的信任和好感。诚信之人一时可能会丢掉芝麻，但最终他会拾得西瓜。

"无言而不行也"，不要只说不做。在社会交往中，如果真能主动帮助朋友办点事，这种精神当然是可贵的。但是，办事要量力而行，说话要注意掌握分寸。因为，诺言能否兑现不仅有个自己努力程度的问题，还有一个客观条件的因素。有些在正常情况下是可以办到的事，后来由于客观条件起了变化，一时办不到，这种情况是有的，这就要求我们在朋友面前，不要轻率地许诺。有的事，明知办不到，就应向朋友说清楚，要相信朋友是通情达理的，是会原谅的，千万不要打肿脸充胖子，在朋友面前逞能，轻率许诺。否则，不但得不到友谊和信任，而且反而会失去朋友。

第六章　做自己命运的主人——墨子的非命观

胜败的关键在于条件是否适宜

【原文】 五行毋常胜,说在宜。(《墨子·经下》)

【大意】 五行之间相互克制的关系并不是永恒不变的,胜败的关键在于条件是否适宜。

五行是我国古代哲学的一个重要范畴,指水、火、木、金、土五种物质(此处的"金"指铜锡合金,非今日的黄金)。古代朴素唯物主义的"五行说"认为"五行"是构成万物的五样基本元素,用以说明世界万物的起源和多样性的统一。

春秋战国之际,阴阳家倡导"五行相生相胜"的学说。"相生"指相互促进,即木生火,火生土,土生金,金生水,水生木。"相胜"即"相克",指相互排斥。即水克火,火克金,金克木,木克土,土克水。同时阴阳家还认为"五行常胜",即五行间互相克制的关系是固定不变的。墨子则指出,构成物质的"水、火、木、金、土"五种元素是相互分离、各自独立的,但是能经常发生某些关系。火能熔金,是因为火大;金能耗尽炭灰,是因为金太多。金能克木,火也能烧毁木,因此"五行毋常胜"。墨子认为,"五行"之间的相克关系并无定制,任何一方的胜与负都要看环境等条件是否适宜,这就如同我们知道麋鹿生长于山中、鱼长潜于水的道理,只是因为条件适宜罢了。墨子认为,一切事物都不可能永远占据有利地位,获取胜利,优劣是随着时间的推移、环境的变化而相互转化的。

所以任何事情都是可能发生的。有句广告词说得好:一切皆有可能。

2001年5月20日,美国一位名叫乔治·赫伯特的推销员成功地把一把斧子推销给小布什总统。布鲁金斯学会得知这一消息,把刻有"最伟大推销员"的一只金靴子赠予他。这是自1975年以来,该学会的一名学员成功地把一台微型录音机卖给美国时任总统尼克松后,又一学员登顶。

布鲁金斯学会以培养世界上最杰出的推销员著称于世。它有一个传统，在每期学员毕业时，设计一道最能体现推销员能力的实习题，让学生去完成。克林顿当政期间，他们出了这么一个题目：请把一条内裤推销给现任总统。八年间，有无数个学员为此费尽脑细胞，可是，最后都无功而返。克林顿卸任后，布鲁金斯学会把题目换成：请把一把斧子推销给小布什总统。

鉴于前八年的失败与教训，许多学员放弃了争夺金靴子奖，个别学员甚至认为，这道毕业实习题会和克林顿当政期间一样毫无结果，因为现在的总统什么都不缺少，即使缺少，也用不着他们亲自购买。

然而，乔治·赫伯特却做到了，并且没有花多少工夫。一位记者在采访他的时候，他是这样说的："我认为，把一把斧子推销给小布什总统是完全可能的，因为布什总统在得克萨斯州有一农场，里面长着许多树。于是我给他写了一封信，说：'有一次，我有幸参观您的农场，发现里面长着许多大树，有些已经死掉，木质已变得松软。我想，您一定需要一把小斧头，但是从您现在的体质来看，这种小斧头显然太轻，因此您仍然需要一把不甚锋利的老斧头。现在我这儿正好有一把这样的斧头，很适合砍伐枯树。假若你有兴趣的话，请按这封信所留的信箱，给予回复……'最后他就给我汇来了 15 美元。"

乔治·赫伯特成功后，布鲁金斯学会在表彰他的时候说，金靴子奖已空置了 26 年，26 年间，布鲁金斯学会培养了数以万计非常优秀的推销员，造就了数以百计的富翁，这只金靴子之所以没有授予他们，是因为我们一直想寻找这么一个人，这个人不因有人说某一目标不能实现而放弃，不因某件事情难以办到而失去自信。

染苍则苍,染黄则黄

【原文】染于苍则苍,染于黄则黄。(《墨子·所染》)

【大意】染了青颜料就变成青色,染了黄颜料就变成黄色。

墨子在这里以染丝为喻,说明国君必须正确选择自己的亲信,因为国君能否治理好一个国家,同他周围人的影响有密切关系,而要得到良好的影响就必须善于选择贤良之才,亲近、信任他们;一般的士人如果要有所成就,也要谨慎选择好自己周围的朋友,以便使自己得到良好的感染熏陶及积极正面的影响。在《所染》篇中,墨子用了大量事例证明"所染"的重要性,"其友皆好仁义,淳谨畏令,则家日益,身日安,名日荣,处官得其理矣,则段干木、禽子、傅说之徒是也。其友皆好矜奋,创作比周,则家日损,身日危,名日辱,处官失其理矣,则子西、易牙、竖刁之徒是也。《诗》曰:'必择所堪,必谨所堪'者,此之谓也。"认为一个人所交的朋友都爱好仁义,都淳朴谨慎,憷于法纪,那么他的家道就日益兴盛,身体日益平安,名声日益光耀,居官治政也合于正道了,如段干木、禽子、傅说等人即属此类(朋友)。一个人所交的朋友若都不安分守己,结党营私,那么他的家道就日益衰落,身体日益危险,名声日益降低,居官治政也不得其道,如子西、易牙、竖刁等人即属此类(朋友)。《诗》上说:"选好染料。"所谓选好染料,正是这个意思。

在他看来,所染的影响有时候可以关系事业的成败和国家的兴亡:"舜染于许由、伯阳,禹染于皋陶、伯益,汤染于伊尹、仲虺,武王染于太公、周公。此四王者,所染当,故王天下,立为天子,功名蔽天地。"而"夏桀染于干辛、推哆,殷纣染于崇侯、恶来,厉王染于厉公长父、荣夷终,幽王染于傅公夷、祭公敦。此四王者,所染不当,故国残身死,为天下僇。"除了以上这些事例以外,墨子还举了齐桓公、晋文公等"所染"的事例,反复说明了这样一个道理:有贤才辅佐,"所染当",国君就能治理好国家，成为贤君；而亲信、任用唯利是图的小人，"所染不当"，就会导致亡国。因而墨子一再强调："故染不可不慎也！""必择所堪，必谨所堪"，呼吁人们一定要正确选择"染料"，谨慎对待"所染"。

墨子用染丝作比喻，说明了感染和影响的力量之大，其主要意图是奉劝统治者慎用人才，切忌任用不当之人。在今天，"染于苍则苍，染于黄则黄"这句名言多用来指人们在社会环境中所受到的感染和影响：社会环境及周围的人如果是高尚、贤良的，那么人处在其中耳濡目染，也会变得优秀；相反，如果周围的人品德低下、学识浅薄，与他们交往不会受到什么好的影响。故而，人们一定要格外重视周围的环境，尽量结交一些正直、善良的朋友，远离不良因素的干扰，使自己得到更好的陶冶和教育。朋友是我们生活中不可少的一部分，也是我们的生活中心之一，所以我们一定要能交友，但交友并不是没有标准、不分对象的乱交，在选择朋友进行交往时一定要谨慎，要有一定的"心机"，选那些志同道合、谈得来、说得开、信得过的朋友。

人不怕交不到益友，而是怕交到损友。一个人要交朋友，交友之道必须明确。"益友"，是第二个自己；"损友"，会一失足成千古恨。如果交的朋友都是在德行和品质、学问方面超过我们的人，那么我们在耳濡目染和熏陶之中，一定会有所收获的。

一个人一生的成功，与自己所交的朋友密切相关：有些人因朋友相助而获得成功，也有人因受"朋友"之害而招致失败，甚至倾家荡产，妻离子散！也许你会说，既然如此，那不交朋友不就行了吗？

朋友有两种：一种是所谓的酒肉朋友，一种确是志同道合，同生死、共患难的朋友。前者以利害关系而结合。在你得志地位显赫时，他就和你处得很好；反之，在你一旦发生穷困祸患而有利害关系时，他便充耳不闻，这就是"小人之交甘如醴"了。然而，后者是敬诚相待，忧乐相共，平时互相尊重，遇到逆境时，更能挺身而出，相互帮助，这就是"君子之交淡如水"了。这并不是说君子之交平淡如水，而是人与人之间，应该保持一定限度的距离，太亲密了，可能还会导致友谊的破裂。

尽管交友不易，但我们每个人还是要面对这一问题。一个人能交上一些好朋友，即使不一定成就大业，但也不至于需要帮忙时无处可求。如果你交到了一些坏的朋友，那就更糟了，还不如不交朋友。因为你交到了一些坏的朋友，要么被人暗害，要么被人引入歧途！

人性丛林中的人可谓形形色色，每个人都有自己的品性，对待朋友的态度和原则也各不相同，有的人每天在你耳边说好听之言，有的人经常给你提个醒，或者提出批评，看到你不对就指出来；有的人热情如火，也有的人冷漠如冰；有的人与你交友是因为你对他有利，有的人交友则完全是出于一片真心……

交友的情形如此复杂，朋友好坏又很难分辨，有时当你发现自己交上了一个坏"朋友"时，也许已经来不及了。因此为了避免交友中出现一些不良因素，多多参考一些他人的交往经验是很重要的。有一点也许对我们每个人都很有价值——在交朋友时，那些经常批评你的人是值得交往的。

"损友"，是一个多么糟的名词。它是一种破坏，一种不属于人世间的废物。它非但没像友谊那样对我们有益，还将时时刻刻地利用着我们。它就像黑暗中的恶魔，想尽方法使我们坠落于他的陷阱；"益友"，却是一个人人想要的名词。它是友谊的含义，它是我们对友谊的渴望，它能带给我们终生的幸福与快乐。

记住托尔斯泰说的："财富并非是永远的朋友，但朋友是永远的财富"。

交朋友，必须越过虚伪、机巧与疑虑的藩篱，去找友谊的真谛，明白友情的好处！

命运掌握在自己手中，做人就要做自己

【原文】今用执有命者之言，是覆天下之义。(《墨子·非命上》)

【大意】现在要听主张"有命"的人的话，这是颠覆天下的道义。

墨子在整个《非命》篇中论述了听从命运给人带来的危害。墨子主张命运要靠自己去把握，福祸都由自己决定。这种积极的生活态度对我们来说是非常可取的。命运不是天注定的，而是你自己能决定的，对一个奋进的人来说，命运永远掌握在自己手中。

歌德说："我知道的东西谁都可以知道，而我的心却为我所独有。"

一个衙门的差役，奉命解送一个犯了罪的和尚。临行前，他怕自己忘带东西，就编了个顺口溜："包袱雨伞枷，文书和尚我。"在路上，他一边走，一边念叨这两句话，总是怕在哪儿不小心把东西丢一件，回去交不了差。和尚看他有些发呆，就在停下来吃饭时，用酒把他灌醉了，然后给他剃了个光头，又把自己脖子上的枷锁拿过来套在他的身上，自己溜之大吉了。差役酒醒后，总感到少了点什么，可包袱、雨伞、文书都在，摸摸自己脖子，枷锁也在，又摸摸自己的头，是个光头，说明和尚也没丢，可他还是觉得少了点啥，念着顺口溜一对，他大惊失色："我哪里去了，怎么没有我了？"

这虽然是一则笑话，可笑过之后，却让人深思。大哲学家亨利曾经说过："我是命运的主人，我主宰我的心灵。"做人应该做自己的主人，应该主宰自己的命运，不能把自己交付给别人。生活中有的人却不能主宰自己：有的人把自己交付给了金钱，成了金钱的奴隶；有的人为了权力，成了权力的俘虏；有的人经不住生活中各种挫折与困难的考验，把自己交给了上帝。

做自己的主人，就不能成为金钱的奴隶，不能成为权力的俘虏，要不失去自我，在各种诱惑面前保持自己的本色。一个人如果过于热衷追求外物,最终可能会如愿以偿,但却会像差役一样把最重要的一样给丢了,那就是自己。

我们不能预知生活的各种情况,但我们能够适应它。这个世界上没有任何人能够改变你,只有你自己才能真正地改变自己;也没有人能够打败你,也只有你自己才能击败你自己。

我们必须面对这样一个奇怪的事实:在这个世界上,成功卓越者少,失败平庸者多。成功卓越者活得充实、自在、潇洒;失败平庸者过得空虚、艰难、猥琐。成功者相信命运掌握在自己的手中,所以他勤奋不辍;失败者相信命运天注定,所以他等待幸运的光临。

我们有权决定生活中该做什么,不能由别人来代作决定,更不能让别人来左右我们的意志,而自己却成了傀儡。其实,只有自己最了解自己,别人并不见得比自己高明多少,只有自己的决定才是最适合自己的。

我们应该做命运的主人,不能任由命运摆布自己。像莫扎特、凡·高等,都是我们的榜样。他们生前都没有受到命运的公平待遇,但他们没有屈服于命运,没有向命运低头,他们向命运发起了挑战,最终战胜了它,成了自己的主人,成了命运的主宰。

挪威大剧作家易卜生说:"人的第一天职是什么?答案很简单:做自己。"是的,做人首先要做自己,首先要认清自己,把握自己的命运,实现自己的人生价值。只有这样,才真正算是自己的主人。

除了努力工作，没有任何捷径

【原文】 强必贵，不强必贱；强必荣，不强必辱。故不敢怠倦。(《墨子·非命下》)

【大意】 努力必能高贵，不努力就会低贱；努力必能荣耀，不努力就会屈辱，所以不敢倦怠。

曾经有一个衣衫褴褛、满身补丁的男孩，跑到摩天大楼的工地向一位衣着华丽、口叼烟斗的建筑承包商请教："我该怎么做，长大后会跟你一样有钱？"

这位高大强壮的建筑承包商看了小家伙一眼，回答说："我先给你讲一个三个掘沟人的故事。第一个拿着铲子说，他将来一定要做老板。第二个抱怨工作时间长，报酬低。第三个只是低头挖沟。过了若干年，第一个仍在拿着铲子；第二个虚报工伤，找个借口退休；第三个呢？他成了那家公司的老板。你明白这个故事的寓意吗？小伙子，去买件红衬衫，然后埋头苦干。"

小男孩满脸困惑，百思不解其中的道理，只好再请他说明。承包商指着那些正在脚手架上工作的建筑工人，对男孩说："看到那些人了吗？他们全都是我的工人。我无法记得他们每个人的名字，甚至有些人，根本连面孔都没印象。但是，你仔细瞧他们之中，只有那边那个晒得红红的家伙，穿一件红色衣服。我很快就注意到，他似乎比别人更卖力，做得更起劲。他每天总是比其他的人早一点上工。工作时也很卖力。而下工的时候，他总是最后一个下班。就因为他那件红衬衫，他在这群工人中间特别突出。我现在就要过去找他，派他当我的监工。从今天开始，我相信他会更努力，说不定很快就会成为我的副手。"

"小伙子，我也是这样走上来的。我非常卖力工作，表现得比所有人更好。如果当初我跟大家一样穿上蓝色的工人服，那么就很可能没有人会注意到我的表现了。所以,我天天穿条纹衬衫,同时加倍努力。不久,我就出头了。老板注意到我,升我当工头。后来我存够了钱,终于自己当了老板。"

成功只能在行动中产生。付诸行动,这是成功者的共同经验,也是开发人生的必然要求,你越多地开发人生的宝藏,你就会越明显地感到行动的重要性,开发人生必须落实到实践行动。瞄准你的人生目标,从现在起就开始行动吧。

"要想出人头地,除了努力工作之外,没有任何捷径,更没有任何替代品。"

坚持就是胜利

【原文】事无终始，无务多业。(《墨子·修身》)

【大意】做一件事情有始无终，就不必谈起从事多种事业。

墨子给我们指出一个普遍的道理，就是做任何事情都要坚持到底，累了就歇在路边的人是不会得到胜利的，因为耐心和持久胜过激烈和狂热。

成功不在于力量的大小，而在于能坚持多久。只要你锲而不舍地坚持到底，那么，你就能取得成功。

美国一家著名的管理研究机构进行了一次大规模的调查，通过对10万从业者的调查研究发现，那些专心于自己的工作和事业的人更容易取得成功，而那些经常转换工作或者人生目标的人，则大部分发展得并不尽如人意。

尤其是企业的高层管理人员，专注于自己行业而取得成功的占98%以上，而那些靠转换工作或者所谓的寻找机会做上管理者的几乎无所作为。

那些没有恒心和毅力的人，对任何事情往往缺乏专注的态度，也就不可能有敬业的精神，这样的人任何一位老板或者客户都不会喜欢。

对工作和事业的专注是一个成功人才应具有的起码要求，因为只有毅力和专注才可以改变一个人的现状，使他一步步到达辉煌的顶峰。相反，这山望着那山高的人，功亏一篑便是他们最终的归宿。

1823年，瑞典化学家柏济力阿斯收到了维勒的一封信，这位23岁的德国化学博士诚恳地要求拜师学习，柏济力阿斯接受了这位弟子。

维勒聪明敏捷，领悟新事物的能力很强，也能提出一些创造性的新点子，但他做实验很快，比较粗心，柏济力阿斯经常告诫他做实验要专注于实验目的，把实验的准确性放在第一位。可是维勒依然我行我素。

一年以后，维勒告别严师，回到德国从事化学教学与研究。1830年维勒在分析墨西哥出产的一种铅矿石时，发现一种特殊的沉淀物，他断定，这种铅矿中有一种还没有被人发现的新元素。

虽然有了这样的想法,可是令人遗憾的是,他并没有继续研究,找出这种新元素。他轻易地把它放到了一边。

第二年,柏济力阿斯的另一个学生、瑞典化学家塞夫斯德朗发现了这一新元素——钒。钒的原意是希腊神话中一位女神凡娜神丝的名字。

维勒非常懊悔,这一唾手可得的新发现从他手边溜走了。他把事情的经过写信告诉老师柏济力阿斯,不久便收到了老师一封风趣而意味深远的回信:

"在北方极远的地方,有一位叫作凡娜第丝——'钒'的女神。有一天,来了一个人敲这女神的门。

女神没有马上去开门,想让那个人再敲一下,结果那敲门的人转身就回去了。这个人对于是否被请进去,显得满不在乎。

女神觉得奇怪,就奔到窗口去瞧瞧那位掉头而去的人:'原来是维勒这家伙!他空跑一趟是应该的,如果他不那么急躁,能专注一点,他就会被请进来的。'

不久,又有一个敲门的人来了,因为这次他很热心地、执着地敲了很久,女神只好把门开了。

这个人就是塞夫斯德朗,他终于发现了'钒'。"

维勒缺乏深入钻研精神,所以他失去了一次重大发现。从此,他记取这一教训,专心致志地深入进行化学研究,终于用辛勤的劳动和汗水,敲开了一座座女神之门,成为德国著名的化学家。

在工作或者开创事业的过程中,人们总会遇到许多困难和棘手的事情。要想取得成功,更离不开像大象一样脚踏实地、专注向前的精神。一个管理者要想在公司里干一番大事业,获得同事的支持、下属的敬重、上司的重用,更是离不开专注的精神。

只有在工作中全神贯注,你才能够越过重重障碍,也才能发挥出你所具有的一切长处,并且最大限度地调动起自己的潜能,向着成功的目标迈进。否则的话,即使成功来到了你的面前,你也会与它擦肩而过。

一句话,只有锲而不舍,你才能敲开成功的大门,步入胜利者的殿堂。

我们可以把自己比作一个烧水工,现在有太多的人不能够把一壶水烧开,很多人都是烧到60℃就撒手了。还有不少的人是这壶水没有烧开,又跑去烧别的壶。这些人本来是很有才华、可以有些作为的,可是到了最后却一事无成,究其原因就是因为缺少把一壶水烧到底的专注精神!

苏格兰有句谚语,"再好的猎犬也不可能同时追两只兔子",说的就是一个人需要专注地来做每件事情。我们要想烧一壶开水,首先要定位,看看自己到底有什么过人之处,看自己到底有什么潜能,至少应该看看自己的兴趣何在。常常有这样的情况,一个太过优秀的人,总是认为壶壶水都值得烧,壶壶水都可能烧得开。这样什么事都一把抓,终究一事无成。

如果你能做到专一地烧开一壶水,用恒心和毅力将工作做到善始善终,那么,你不就成功了吗?

一个人想干成任何大事,都要能够坚持下去,坚持下去才能取得成功。说起来,一个人克服一点儿困难也许并不难,难的是能够持之以恒地做下去,直到最后成功。

一位希腊大政治家曾给予我们一个关于坚持不懈这一优良品质的很好的例子。

德摩西尼斯天生就是一个声音微弱、吐字不清而又气喘的人,尤其是"R"这个字母他怎么也说不清楚,而且他的发音也很糟糕。

传说他为了克服这些唇齿上的缺憾,便把石子含在嘴里练习。他站在海滨,想把滔滔波浪喊得平静下来。他向山上跑时便开始背诵,练习一口气念好几行字;他站在镜子面前演讲,以矫正自己的姿势。当他站起来面对大众演讲时,他已经经历了无数次的失败。当他第一次尝试当众演讲时,他的语句全混乱了,听众们都放声大笑。为了培养自己的演讲才能,他特意建了一个地洞,每天在里面练习声音和演说的姿势,每次练习总是持续两三个月。他还将自己的头发剃去半边,以此来抗拒自己想上街的欲念。

他的坚持终于取得了结果,德摩西尼斯成了最伟大的演说家之一。

这样的例子太多了,成功者都是为了自己的目标,坚持不懈,都有一股不达目的不罢休的良好心态,林肯是这样,德摩西尼斯是这样,爱迪生也是这样,莱特兄弟更是这样。但凡有所成就的人,都具备这样一种良好的品质。

相信自己，因为"我"很重要

【原文】不视人犹强为之。(《墨子·公孟》)

【大意】不用看他人行事，仍然努力去做。

墨子指出，既然你喜欢学习，就不应该因为别人不喜欢，而就不去做。正所谓"走自己的路，让别人去说吧！"现在有许多人受他人的影响而摇摆不定，不能坚持自己正确的想法，这对成功人生是非常致命的。所以在做任何事之前，你不能受他人影响，要相信自己，相信"我"很重要。

也许有人这样认为，作为一名普通士兵，与辉煌的胜利相比，并不重要。

作为一个单薄的个体，与浑厚的集体相比，并不重要。

作为一位奉献型的女性，与整个家庭相比，并不重要。

作为随处可见的人的一分子，与宝贵的物质相比，并不重要。

那么，让我们来看看，每一个单独的"我"——到底重要还是不重要？

我们是由无数星辰日月草木山川的精华汇聚而成的。只要计算一下我们一生吃进去多少谷物，饮下了多少清水，才凝聚成一具美轮美奂的躯体，我们一定会为那数字的庞大而惊讶。平日里，我们尚要珍惜一粒米、一叶菜，难道可以对亿万粒黍粟，亿万滴甘露濡养出的万物之灵，掉以轻心吗？

当我们在博物馆里看到北京猿人窄小的额和前凸的唇时，我们为人类原始时期的粗糙而黯然。他们精心打制出的石器，用今天的目光看来不过是极简单的玩具。如今很幼小的孩童，都能熟练地操纵语言，我们才意识到人类已经在进化之路上前进了好远。我们的头颅就是一部历史，无数祖先进步的痕迹储存于脑海深处。我们是一株亿万年苍老树干上最新萌发的绿叶，不单属于自身，更属于土地。人类的精神之火，是连绵不断的链条，作为精致的一环，若是我们否认了自身的重要，就是推卸了一种神圣的承诺。

对于我们的父母，我们永远是不可重复的孤本。无论他们有多少儿女，我们都是独特的一个。

假如我们不存在了，他们就空留一份慈爱，在风中如蛛丝般飘荡。

假如我们生了病，他们的心就会皱缩成石块，他们无数次向上苍祈祷，愿我们康复，甚至愿意灾痛以十倍的烈度降临于他们自身，以换取我们的平安。

我们的每一点成功，都如同经过放大镜，进入他们的瞳孔，摄入他们心底。

假如我们先他们而去，他们的白发会从日出垂到日暮，他们的泪水会使太平洋涨潮。

面对这无法承载的亲情，我们还敢说我不重要吗？

我们的记忆，同自己的伴侣紧密地缠绕在一处，像两种混淆于一碟的颜色，已无法分开。你原先是黄，我原先是蓝，我们共同的颜色是绿，绿得生机勃勃，绿得苍翠欲滴。失去了妻子的男人，胸口就缺少了生死攸关的肋骨，心房裸露着，随着每一阵轻风战栗。失去了丈夫的女人，如断弦的古琴，每一根琴弦都在雨夜长久地自鸣……

面对同甘共苦的爱人，我们忍心说我不重要吗？

面对我们的孩童，我们是至高至尊的唯一。我们是他们最初的宇宙，我们是他们深不可测的海洋。假如我们隐去，孩子就永失淳厚无双的血缘之爱，天倾东南，地陷西北，万劫不复。盘子破裂可以粘起，童年碎了，永不复原。伤口流血了，没有母亲的手为他包扎。面临抉择，没有父亲的智慧为他谋略……面对后代，我们有胆量说我不重要吗？

与朋友相处，多年的相知，使我们仅凭一个微蹙的眉尖、一次睫毛的抖动，就可以明了对方的心情。

我很重要。

重要并不是伟大的同义词，它是心灵对生命的允诺。

人们常常从成就事业的角度，断定我们是否重要。只要我们在时刻努力着，为理想在奋斗着，我们就是无比重要的。

不管我们是否开创轰轰烈烈的事业，不管我们有没有显赫的成就，不管我们是成功还是失败，我们都应该热爱自己的生命。因为生命实在来得不容易，我们不应该轻视自己。

居安思危

【原文】夫桀无待汤之备,故放;纣无待武之备,故杀。桀、纣贵为天子,富有天下,然而皆灭亡于百里之君者,何也?有富贵而不为备也。(《墨子·七患》)

【大意】桀没有防御汤的准备,因此被汤放逐;纣没有防御周武王的准备,因此被杀。桀和纣虽贵为天子,富有天下,然而都被方圆百里的小国之君所灭,这是为何呢?是因为他们虽然富贵,却不做好防备。

墨子的军事思想是一种守弱哲学,要求时时刻刻做好防备工作。虽然我们并没有处在春秋战乱时期,需要时刻准备反侵略,但在如今这竞争激烈的社会中,我们也要时刻防备着,做到居安思危。

"凡事预则立,不预则废",居安必须思危。在取得成就后,生活在安宁舒适的环境中,一定要考虑可能会出现的危险,做好防备措施。

春秋时期郑国无故伐宋,引起晋、鲁、卫、曹等11国的不满。这些国家便联合出兵讨郑,入郑境,攻都城。郑难以抗争,只好停止侵宋,并与包括宋国在内的11国订立了友好条约。

当时日益强大的楚国,已不满足于自身所拥有的领土,时刻都在窥视着中原各国。常有侵扰行动,因而与晋、鲁等国有矛盾。见郑国求和于他国,心有不甘,便向秦国借兵攻打郑国,郑不敌,只好又屈从楚国。

郑国侵宋在前,屈附强楚于后,使与郑订立盟约的各国诸侯十分气愤,于是再次联合出兵讨伐郑。郑被折腾得筋疲力尽,被逼无奈,只好请求晋国出来调停。在付出重大代价后,郑再次与诸国通好。

此后,郑国为表谢意,送给晋国许多兵车、兵器、乐师及歌女。晋君主为犒赏调停的有功人员,将财物、美女分一半给大臣魏绛。魏绛不纳,而向晋主说:

"愿君主在享受安逸快乐时,能够考虑到国家的长治久安。要居安思危。只有这种心理状态，才能对未来事态有所防备，有防备才不至于遭祸患。我愿以不受恩赐来劝谏您。"

居安思危的典故即出于此，魏绛在这里不仅不贪图国君的赏赐，并能在成功时，保持头脑的冷静，分析潜在的危机，这无疑是值得我们每一个成功者学习的。

现实中，有些人在逆境中往往能奋发向上，永远保持一颗拼搏之心，绝不轻易妥协，但在取得成功、顺风顺水时，却很容易贪逸于安乐、腐化堕落，走入绝境，这不能不让人深思。

世间之事，往往变化莫测，让人难以预料，有时让人先饱受磨难后再春风得意，有时让人先得意一番后又陷入困苦挫折之中。有的人对此看得很清楚，并有一套对付之方：逆来顺受，居安思危。他们也很清楚，祸福、得失、苦乐在人自取，人能求福，也能避祸，求福与避祸，也全在自己。他们安而不忘危，存而不忘亡，治而不忘乱。思危就可以求安，虑退方能得进，惧乱然后可以保治，戒亡然后可以求存。

纵观中国历史，真正能做到善始善终，成功后不至腐化堕落、停滞不前的皇帝应该算是唐太宗李世民了。李世民常对左右说："治国之策犹如治病。病人希望尽快痊愈，求医心切。如果病人能认真听从医生的嘱咐，配合治疗，病就痊愈得快。反之，恐怕就要使病情恶化，甚至丧命。治国也是同理，要想保持天下安定，就得事事谨慎，若在关键时候有疏忽，必招亡国之祸。"

"现在天下的安危全置于我一个肩上，我要慎重地警惕自己，即使歌功颂德，我还需检点自己的言行，加紧努力。但是，只靠我一人是难有作为的，希望你们能做我的耳目，发现我有所失，请直言无妨，君臣之间如有疑惑而不说，对治国是极其有害的。"

唐太宗如此开明，才有了善谏的魏征，以这种态度施政，才出现了中国历史上有名的"贞观之治"。

挫折、失败并不可怕，可怕的是成功者不知道成功的背后有挫折、有失败。成功者要强大，要保持旺盛、持久的竞争力和生命力，必须居安思危。

只有自己才能拯救自己

【原文】福不可请。(《墨子·非命上》)

【大意】福不是请求来的。

墨子在《非命》篇中指出,命是自己掌握的,福祸却是自己招的。不要相信命,只有自己才能拯救自己。

当你陷入复杂的困境之中时,只有你能够使自己摆脱困境,只有你能够救自己,你是你自己的救世主。

当一个人身处复杂的困境时,自然希望能有一个救世主来解救自己,使自己从困境中摆脱出来。这自然可以理解,而且,的确有在你最困难的时候将你从困境中解救出来的贵人,但是,这建立在你必须有信心且努力获救的基础上。面对一个已彻底放弃、对自己毫无信心的人,谁也帮不了、救不了他。

这种情况也可以套用一句简单的老话:外因是变化的条件,内因是变化的基础。

道理很简单,没有内因做基础,多么强的外力也无济于事。鸡蛋之所以能孵出小鸡,就因为它是鸡蛋,有能孵出小鸡的基础;而一块石头,再伟大的母鸡也不能从那里孵出小鸡来。

有一个人,把自己多年的积蓄都投资到一种小型制造业上。由于对变化无常的市场把握不当,再加上原料价格不断上涨,他的企业垮了。这时妻子又从单位下岗,他处于绝境之中,他对自己的失败、对自己的那些损失无法忘怀,毕竟那是他们半辈子的心血。好几次,他都想跳楼自杀,一死了之。

一个偶然的机会,他在一个书摊上看到了一本名为《拯救自己》的旧书。这本书给他带来了希望和重新振作的勇气,他决定找到这本书的作者,希望作者能够帮助他重新站起来。

他找到那本书的作者,讲完了他自己的遭遇,那位作者却对他说:"我已经以极大的兴趣听完了你的故事,我也很同情你的遭遇,但事实上,我无能为力,一点忙也帮不上。"

他的脸立刻变得苍白,低下了头,嘴里喃喃自语:"这下子彻底完蛋了,一点指望都没有了。"但那位作者又说:"虽然我无能为力,但我可以让你见一个人,他能够让你东山再起。"他立刻跳起来,抓住作者的手,说:"看在老天爷的分上,请你立刻带我去见他。"

作者站起身,把他领到家里的穿衣镜面前,用手指着镜子说:"这个人就是我要介绍给你的人。在这个世界上,只有这个人能够使你东山再起。因为在你对这个人没有充分认识以前,对你自己或这个世界来说,你都将是没有任何价值的。"

他站在镜子面前,看着镜子里的那个满脸胡须的面孔,认真地看着,看着看着他哭了起来。

几个月之后,当那位作者在大街上碰见这个人时,几乎认不出来了。他的脸不再是几十天没刮的样子,脚步也异常轻快,头抬得高高的,衣着也焕然一新,完全是一个成功者的姿态。他对作者说:"那一天我离开你家时,只是一个刚刚破产的失败者。我对着镜子找到了自信。现在我又找到一份收入很不错的工作,妻子也重新上岗,薪水也很可观。我想用不了几年,我就会东山再起。"他还风趣地对作者说:"也许再过几年,我再去找你,就会给你一份报酬,你应得的报酬。因为正是你介绍我认识了我自己,使我对人生又充满了信心。"

客观一些说,那位作者并没有教给这位失意者什么复杂的东西,也没有对他讲复杂的人生道理,他只是让他意识到,无论我们陷入了哪一种困境之中,能够使我们真正振作起来、重新恢复生活勇气的,不是复杂的哲学家,也不是浪漫的艺术家,不是你的亲人,而是你自己。

所以,如果生活中遇到一些事情,使我们陷入到某种困境之中,我们要想解脱出来,没有别的办法,也没有什么救世主,只有自己能够救自己!

你也应该明白这个简单的道理,世界上从来就没有什么救世主,只有靠你自己,靠你的信心,靠你的努力。

信念改变命运

【原文】敬哉！无天命。(《墨子·非命中》)

【大意】要恭敬，不要相信天命。

墨子指出，所谓的天命都是掌握在自己的手中的，只要你相信自己，你就能改变命运。

罗杰·罗尔斯是美国纽约州历史上第一位黑人州长。他出生在纽约声名狼藉的大沙头贫民窟。这里环境肮脏，充满暴力，是偷渡者和流浪汉的聚集地。在这儿出生的孩子，耳濡目染，他们从小逃学、打架、偷窃甚至吸毒，长大后很少有人从事体面的职业。然而，罗杰·罗尔斯是个例外，他不仅考入了大学，而且成了州长。

在就职的记者招待会上，一位记者对他提问：是什么把你推向州长宝座的？面对300多名记者，罗尔斯对自己的奋斗史只字未提，只谈到了他上小学时的校长——皮尔·保罗。

1961年，皮尔·保罗被聘为诺必塔小学的董事兼校长。当时正值美国嬉皮士流行的时代，他走进大沙头诺必塔小学的时候，发现这儿的穷孩子比"迷惘的一代"还要无所事事。他们不与老师合作，旷课、斗殴，甚至砸烂教室的黑板。皮尔·保罗想了很多办法来引导他们，可是没有一个是奏效的。后来他发现这些孩子都很迷信，于是在他上课的时候就多了一项内容——给学生看手相。他用这个办法来鼓励学生。

当罗尔斯从窗台上跳下，伸着小手走向讲台时，皮尔·保罗说："我一看你修长的小拇指就知道，将来你是纽约州的州长。"当时，罗尔斯大吃一惊，因为长这么大，只有他奶奶让他振奋过一次，说他可以成为五吨重小船的船长。这一次，皮尔·保罗先生竟说他可以成为纽约州的州长，着实出乎他的意料。他记下了这句话，并且相信了它。

从那天起，"纽约州州长"就像一面旗帜，罗尔斯的衣服不再沾满泥土，说话时也不再夹杂污言秽语。他开始挺直腰杆走路，在以后的40多年间，他没有一天不按州长的身份要求自己。51岁那年，他终于成了州长。

在就职演说中，罗尔斯说："信念值多少钱？信念是不值钱的，它有时甚至是一个善意的欺骗，然而你一旦坚持下去，它就会迅速升值。"

俗话说：滴水可以穿石，锯绳可以断木。如果三心二意，即使你是天才，也终有疲惫厌倦的一天。有恒心的人能笑到最后，耐跑的马才会脱颖而出。

有个法国人叫罗迪，他把一个月辛辛苦苦挣来的钱输在了赌桌上，现在他一文钱也没有，颓丧地走在大街上，家里生病的老母亲正在等着他，一想到这些，他真想去抢银行，他觉得他已经没有出路了，精神快要崩溃了。

正在这个时候，大街上一位算命的先生叫住了他，要给他算一命。"反正我也没有钱。"罗迪这样想着，然后向算命的走去。他想算一下他的将来，结果那个算命的告诉他："你知道不知道，你是拿破仑转世。你以后的路会有很多苦头吃，但你是不会怕苦头的，因为有成功在等待着你。"拿破仑在法国是公众心中的偶像，罗迪觉得如果自己真是拿破仑在世，就应该有一番大的作为。于是他买来了许多关于拿破仑的书籍，入迷地阅读起拿破仑的传记。然后，他借了一点儿钱，开始创业。创业的时候困难不期而至，但困难并没有让罗迪退缩，因为算命的说了，以后的路会有很多苦头，只要不怕苦头，就有成功在等待着他。于是罗迪乐观而积极努力地去做每件事情，他在挫折面前百折不挠。若干年后，罗迪成了法国知名的企业家，他的资产排在法国富豪榜的前几名。

当有人采访他的时候，他把这个算命的故事讲给记者们听。他讲完了这个故事以后，很平淡地说："我相信，那个算命的肯定不记得他对一个年轻人说过的这一句话，因为他只是看到我当时的颓丧而想帮助我。但他的话无意中给我勾勒了一个更为完美的形象，这么多年来，我一直是在模仿那个算命先生虚拟的另一个完美的自己，最终我取得了成功。"

信念能够在人身上产生巨大的力量和勇气，任何困难都能够克服。同时，信念会在一个人的心里展开一幅未来美丽的图画，从而心里会升起希望，正是这种希望，使人在挫折和困境面前不会屈服，能够坚持下去，取得最终的成功。

成功,是人人都渴望的,但是坚持不达到目标不罢休的信念,以及为到达成功彼岸而付出一系列的努力,却不是人人都能做到的。

　　美国西部的一个小乡村,一位家境清贫的少年在15岁那年,写下了他气势非凡的《一生的愿望》:"要到尼罗河、亚马孙河和刚果河探险;要登上珠穆朗玛峰、乞力马扎罗山和麦金利峰;驾驭大象、骆驼、鸵鸟和野马;探访马可·波罗和亚历山大一世走过的道路,主演一部《人猿泰山》那样的电影;驾驶飞行器起飞降落;读完莎士比亚、柏拉图和亚里士多德的著作;谱一部乐曲;写一本书;拥有一项发明专利;给非洲的孩子筹集100万美元捐款……"

　　他洋洋洒洒地一口气列举了127项人生的宏伟志愿。不要说实现它们,就是看一看,就足够让人望而生畏了。

　　少年的心被他那庞大的愿望鼓荡得风帆劲起,他的全部心思都已被那《一生的愿望》紧紧地牵引着,并让他从此开始了将梦想转为现实的漫漫征程。一路风霜雪雨,他硬是把一个个近乎空想的夙愿变成了一个个活生生的现实,他也因此一次次地品味到了搏击与成功的喜悦。44年后,他终于实现了一生愿望中的106个愿望……

　　他就是20世纪著名的探险家约翰·戈达德。

　　当有人惊讶地追问他是凭着怎样的力量,让他把那许多注定的"不可能"都踩在了脚下的。他微笑着如此回答:"很简单,我只是让心灵先到达那个地方,随后,周身就有了一股神奇的力量,接下来,就只需沿着心灵的召唤前进了。"

　　信念+努力=成功,这就是20世纪著名探险家约翰·戈达德给我们的启示。

要慎言敏行,将聪明用在行动上

【原文】 初之列士桀大夫,慎言知行。(《墨子·非命中》)

【大意】 古时候有功之士和杰出的大夫,说话谨慎,行动敏捷。

墨子认为:夸夸其谈而行动迟缓,即使能言善辩,人们必定不愿听;出力多而夸耀自己的功劳,即使辛苦,必定不为人所取。

聪明人心中明白,但不夸夸其谈,付出多但不自夸功劳。交谈不言多,而求精;不求华丽,而求明察。

书面文字就是写在纸上的话语,这种语言没有直接的听众,却有间接的读者,故只求自己表达舒服,不求读者愿不愿看的现象更为严重。因此,写文章、作报告,必须具体实在、言之有物;华而不实、花里胡哨的文风只能令人生厌。

事实胜于雄辩。任何事情都是干出来的,而不是空谈出来的。因此,少说大话,多做实事,必有所成。所谓桃李不言,下自成蹊。不要担心自己的功劳和成绩不为别人知晓,将自己的言语化成行动,社会必将对每个人作出公正的评价。

当遇到不利的情况或者可能对自己造成伤害的情形时,我们万万不能凭一时的冲动办事,而要用智慧去思考,再将聪明用之于行动。

刘秀是汉朝宗室后裔。虽说祖上是南阳豪族,但到他这一代已经破落了。王莽当皇帝时,刘秀还是个少年。20岁那年前后,刘秀走上社会,先是到太学学习,结交了一批朋友。直到身边的盘缠用尽,刘秀才回到家乡。他大哥刘縯手下的人打家劫舍,牵连到他,刘秀莫名其妙地吃了一场冤枉官司、坐了牢。

刘秀出狱不久,在和李氏兄弟商议之后,征得大哥刘縯的支持,便纠集了一批人分别在新野、宛县、舂陵举兵。然后,他们找到了新市、平林农民起义军的将领王凤、陈牧等人,两支队伍实现了联合。

后来,刘秀成功地指挥了一场极其漂亮的以少胜多的战役——昆阳大战。按理说,这场战役扭转了反莽势力军事斗争的被动局面,把王莽官军的主力消灭殆尽,刘氏兄弟理应受到重用。可是,刘玄和几位农民领袖竟把刘縯给杀了。

面对突如其来的噩耗,刘秀表现得极其冷静。他知道,这时他的命运还操纵在人家手里,还不是报仇的时候。所以,当他回到宛城后,在刘玄面前连称自己有罪,说是自己没有劝导哥哥,以致犯下死罪。新市、平林那班将领本来估计刘秀会来报仇,想趁机把他也杀了,没想到他前来请罪,便不再说什么。别人来劝慰刘秀时,他也口口声声只说自己有罪,丝毫不提起他在昆阳大战中立下的战功。

刘秀简单地料理了刘縯的丧事,言谈、举止和平时一样。白天对人谈笑风生,夜里却暗中饮泣,把大半个枕头都哭湿了。他手下的冯异有一次看到了这个秘密,劝他节哀,他仍说:"不许胡言。"但冯异对他确是一片真心,对他分析说,刘玄政权已完全失去人心,如果能另拉一支队伍,大业必成。

机会终于来了。刘玄想派一个有能力的大将去河北扩充势力,宗亲刘赐建议让刘秀去。本来刘玄等人对此并不放心,但经刘赐的鼎力说服,刘秀被同意派往河北。

果然,刘秀一到河北一带,如鱼得水。他每到一地,都以汉朝重建者的身份广揽人心,同时广泛搜罗大小官吏,任用贤士,释放囚犯,因而大得人心,从而展开了中兴汉室的宏图大业。

刘秀小心谨慎,凭着韬光养晦之术,将大部分精力用于筹办军备上,积极行动,最终成功了。

真正的聪明人,并不会去夸夸其谈,而是将注意力投放于行动上,因为只有行动,才能决定一个人的价值。

福祸由己定

【原文】 不自降天之哉得之。(《墨子·非命中》)

【大意】 吉利并不是上天降下的,而是我们自己争取的。

福祸不是天注定的,而是你自己能决定的,最关键的是你如何对待。对一个奋进的人来说,命运永远掌握在自己手中。

我们自己才是命运的主宰,才是灵魂的领导。成功的关键就是我们自己能支配自己,不被环境和他人左右。如果你想把命运掌握在自己手中,就必须做到以下几点:

1. 拥有一个良好的心态

心态是我们命运的控制塔。任何成功者都不是天生的,成功的根本原因是开发了人无穷无尽的潜能,只要你抱着积极心态去开发你的潜能,你就会有用不完的能量,你的能力就会越用越强;相反,如果你抱着消极心态,不去开发自己的潜能,那你只会叹息命运不公,并且越消极越无能!

积极的心态之所以会使人心想事成,走向成功,是因为每个人都有巨大的潜能等待开发;消极的心态之所以会使人怯弱无能,走向失败,也正是因为它使人放弃了伟大潜能的开发,让潜能在那里沉睡、白白浪费。

如果你愿意付出代价,使用积极的心态的话,你就能成为你想要成为的那种人。不管你过去的经历、才智、智商或环境如何,这种因果关系都是真实的。记住:你有选择的权利。

2. 拒绝恐惧

你若不是逼自己走向贫穷、悲哀与失败,就是正引导着自己攀向成功的最高峰,这完全取决于你是采取哪一种想法。

恐惧是积极心态的敌人。恐惧给我们造成很大的压力,促使身体过度劳累,可怕的恐惧感对人压迫得如此厉害,以至于使人变得盲目并迷失在各种冲突与欲望的纠缠中。

在恐惧所控制的地方，是不可能获得任何有价值的成就的。

3. 拒绝自卑

你自己就是你自己，不必"像"别人，也无法"像"别人。要想不被周围的环境俘虏，就需要走出自卑，敢于面对挑战，迎接它，战胜它，超越它。

你是与生俱来的冠军，无论妨碍你的是何等的困难和不幸，但与生命形成时所克服的困难比较起来，前者还不及后者的十分之一。对活着的人来说，胜利乃是内敛的。

4. 挑战挫折

不管是暂时性的挫折还是逆境，都不应当在一个人的意识中成为失败的理由，只要这个人把挫折当作是一种教训。事实上，在每一种逆境及每个挫折中都存在着一个持久性的教训，而且通常来说，这种教训是难以用挫折以外的其他方式获得的。

对一个不断进取的人来说，一次次的挫折就像是一只看不见的慈祥之手，阻挡你的错误路线，并以伟大的智慧强迫你改变方向，向着你特定的有利方向前进。

只有把挫折当作失败来加以接受时，挫折才成为一股破坏性的力量；如果把它当作教导我们的老师，那么，它将成为一种祝福。

志不强者智不达

【原文】志不强者智不达。(《墨子·修身》)

【大意】意志不坚强的人智慧也不会通达。

墨子说：意志不坚强的人，智慧也不会高到哪里去。他把意志放到了非常重要的位置。挫折和困难犹如拦在我们成功路上的两只老虎，唯有战胜它们，你才有走向胜利的希望。而战胜困难，打败挫折，你必须练就钢铁般的意志。

坚韧不拔的钢铁意志是你成功的根本保障，面对人生的无常和命运的捉弄，只有调整心态，把握好自己的命运，方为上策。

每个人的一生就像一把牌，牌有好有坏，不可能人人都有好牌，也没有重新洗牌的机会，你一生的责任就是打好你手里的每一张牌。

如果一个人在 40 岁的时候，在一次悲惨的车祸火灾中烧得不成人形，50 岁的时候又在一次飞机失事中腰部以下完全瘫痪，你是不是觉得命运在人生这场牌局里，给了他一手太坏的牌？你还能想象他会变成百万富翁、成功的企业家和受人爱戴的公共演说家吗？你能想象他去泛舟、去跳伞，并在政坛进行角逐吗？

米切尔全都做到了，以上就是他手里抓到的那一把坏牌：一次车祸的意外事故，把他身上 65% 以上的皮肤全部烧坏，在经过 16 次手术之后，他仍然无法拿起叉子，无法拨电话，也没法上厕所。经过艰苦的恢复期，恢复了自己的正常生活之后，他为自己买了一幢房子，并和几个朋友合资开了一家生产以木材为燃料的炉子的公司，这家公司后来变成美国佛蒙特州第二大私人公司。

四年后，厄运又一次降临，米切尔驾驶飞机出行时失事，把他的 12 块脊椎骨压得粉碎，腰部以下永远瘫痪。

米切尔仍不屈不挠，后来他被选为科罗拉多州孤峰顶镇的镇长。他也曾竞选国会议员,他用一句"不只是另一张小白脸"的口号,把自己难看的脸转化成一个有利的条件。

尽管容貌丑陋、行动困难,米切尔却拿到了公共行政硕士学位,并继续他的飞行活动、环保运动及公共演说。

米切尔说:"我瘫痪之前可以做一万种事,现在我只能做9000种事,我可以把注意力放在我无法再做的1000件事上,或是把目光放在我还能做到的9000件事上。"

很少的人能天生得到一把好牌,得到好牌的人固然值得高兴,但拿到坏牌并不意味着就一定会输。如果我们手中拿到了一把不算太差的牌,我们就一定要争取去赢;如果我们不幸摊上了一把不能再糟的牌,我们也要尽可能地找出一两张还不算坏的牌作为强项,使结局变得相对好一些。而且如果我们会利用环境机遇,巧妙地把一张没用的牌打出去,或许我们就会有赢。只要你有毅力,有钢铁般的意志,那么,坏牌也会变成好牌的。

博迪是法国的一名记者。1995年,他突然心脏病发作,导致四肢瘫痪,丧失了说话的能力。被病魔袭击后的博迪躺在医院的病床上,头脑清醒,但是全身的器官中,只有左眼还可以活动。可是他并没有被病魔打倒,虽然口不能言,手不能写,他还是决心要把自己在病倒前就开始构思的作品完成。出版商便派了一个叫门迪宝的笔录员来做他的助手,每天工作六小时,给他的著述做笔录。

博迪只会眨眼,所以就只有通过眨动左眼与门迪宝来沟通,逐个字母地向门迪宝背出他的腹稿,然后由门迪宝每一次都要按顺序把法语的常用字母读出来,让博迪来选择,如果博迪眨一次眼,就说明字母是正确的。如果是眨眼两次,则表示字母不对。

由于博迪是靠记忆来判断词语的,因此有时就可能出现错误,有时他又要滤去记忆中多余的词语。开始时他和门迪宝并不习惯这样的沟通方式,所以中间也产生不少障碍和问题。刚开始合作时,他们两个每天用六小时默录词语,每天只能录一页,后来慢慢增加到三页。几个月之后,他们历经艰辛终于完成了这部著作,据粗略估计,为了写这本书,博迪共眨了左眼20多万次。这本不平凡的书有150页,已经出版,它的名字叫《瞄水衣与蝴蝶》。

在这个世界上,聪明的人并不是很少,而成功的,却总是不多。很多聪明人之所以不能成功，就是因为他在已经具备了不少可以帮助他走向成功的条件时，还在期待能有更多一点成功的捷径展现在他面前。而能成功的人，首先就在于他从不苛求条件，而是竭力创造条件——就算他只剩了一只眼睛可以眨。

霍金和张海迪都是身残志不残的典型，他们都像博迪一样，创造了各种条件，为实现自己的目标而艰苦奋斗。但很多人却是身不残志残，他们拥有健康的身躯，却没有人生目标，过着做一天和尚撞一天钟的无所作为的生活，漫无目的地生活在这个世上，与博迪相比，这种人是不是应该反省一下自己呢？

第六章 做自己命运的主人——墨子的非命观

不放弃，小甲虫也能撼大树

【原文】今有人于此，有子十人，一人耕而九人处，则耕者不可以不益急矣。何故？则食者众而耕者寡也。今天莫为义，则子如劝我者也，何故止我？（《墨子·贵义》）

【大意】有一个人，他有十个儿子，只有一个儿子耕种，九个闲着，那么从事耕种的那一个儿子不能不加紧干活了。什么缘故呢？就是吃饭的人多而耕种的人少。现在天下没有谁行义，那么你应该鼓励我呀，为什么阻止我呢？

墨子从鲁国去齐国，探望老朋友，老朋友对墨子说："现在天下没有谁在行义，你偏偏自己受苦去行义，何苦呢？"

墨子想了想，做了上述回答。

墨子的话很值得我们深思，在一个浮躁媚俗的时代，人们的思想倾向常常被时代卷起的浪潮左右，失掉对高尚的目标和健全人格的追求。

时代总是有缺陷的，总是将某一点推向极端的同时而将其他的方面抛到脑后。为此，我们该怎么办？

墨子认为，不能随波逐流，愈是社会所忽略、所疏漏、所轻视的正义的事情，愈是该努力去做。彼弃我取，这才是真正的聪明人明智的选择。

然而，要真正做到这一点确实很不容易。人的思维能力毕竟有限，难保不受到社会环境的影响和引诱。

墨子的朋友公孟子就很不理解墨子，他说：

"比如美女，住在家里不出去，人们争着追求她；但如果她边走边自我兜售，那就没有谁娶她了。你现在到处向别人游说，多么劳苦呀！"

墨子自有主见，他的看法是："现在社会混乱，追求美女的人很多，美女不出门，也有很多求爱者。现在追求善的人少，如果不尽力向人们游说，就没有人知道善了。假如这里有两个算卦的人，一个待在家里不出去，一个外出为人卜筮，那么，外出的人必定比待在家的人收获大。"

当旁人都唯利是图，你却始终将端正的品性放在首位，不为眼前利益所动。如果真想做到这样，则必须牢记如下几点：

其一，要比旁人想得更多，想得更远。

其二，要耐得住寂寞，千万不能凑热闹。

其三，愈是困难时愈要能挺得住，千万别泄气。

有这样一个故事：在美国科罗拉多州长山的山坡上，躺着一棵大树的残躯。自然学家告诉我们，它有四百多年的历史。在它漫长的生命里，曾被闪电击中过14次，无数次暴风骤雨侵袭过它，都未能让它倒下。但在最后，一小群甲虫的攻击使它永远也站不起来了。那些甲虫从根部向里咬，渐渐伤了树的元气。虽然它们很小，却是持续不断地进攻。这样一个森林中的巨木，闪电不曾将它击倒，狂风暴雨不曾将它动摇，却因一小群用大拇指和食指就能捏死的小甲虫，终于倒了下来。

这是卡耐基引述别人讲过的一个故事，他是要说明常常为小事烦恼，会损坏人的身心健康。而从这个故事中，大家还可以发现了另一个人生的哲理，这就是明人吕坤讲的：撼大摧坚，要徐徐下手，久久见功，默默留意。攘臂极力，一犯手自家先败。

你看，面对那棵科罗拉多州的大树，闪电不可谓不凶，狂风不可谓不猛，暴雨不可谓不疾，但都缺乏持久和耐心，结果大树依然不倒，闪电以及暴风骤雨都"一犯手自家先败"。再看那不起眼的小甲虫，"徐徐下手，久久见功，默默留意"，终于靠锲而不舍的韧劲创造了"撼大摧坚"的奇迹。

生活中，每个人都可能会面对"撼大摧坚"的艰巨任务，运动员要向世界纪录挑战，科学家要解开大自然的奥秘，企业家要跻身世界强者的行列，就是一般人，也会有一些困难的工作要去做。如何做？

莎士比亚说："斧头虽小，但多次砍劈，终能将一棵坚硬的大树伐倒。"还有一位作家说过："在任何力量与耐心的比赛中，把宝押在耐心上。"

小甲虫的取胜之道，就在持之以恒的耐心上。

一位青年问著名的小提琴家格拉迪尼："你用了多长时间学琴？"格拉迪尼回答："20年，每天12小时。"

也有人问基督教长老会著名牧师利曼·比彻，他为那篇关于"神的政府"的著名布道词，准备了多长时间？牧师回答："大约40年。"

现在有一种流行病，就是浮躁。许多人总想"一夜成名"，"一夜暴富"。他们有如吕坤讲的那种"攘臂极力"的人，不去做扎扎实实的长期努力，而是想靠侥幸一举成功。比如赚钱，不是先从小生意做起，慢慢积累资金和经验，再把生意做大，而是如赌徒一般，借钱做大投资、大生意，结果往往惨败。网络经济一度充满了泡沫。有人并没有认真研究市场，也没有认真考虑它的巨大风险性，只觉得这是一个发财成名的"大馅饼"，一口吞下去，最后没撑多久，草草关门，白白"烧"掉了许多钞票。

现在，当影视明星、做电视节目主持人成为许多青年男女的梦想。每年广播学院、戏剧学院、电影学院招生，都会吸引来无数的俊男靓女。他们中不少人只看到了明星的风光无限，没有看到他们成功背后所付出的辛劳与努力，以为靠着漂亮的脸蛋就能成为第二个赵薇、章子怡。他们忘了，要成为一个真正的"明星"，需要"撼大摧坚"的功夫，所谓"台上一分钟，台下十年功"，需要"徐徐下手，久久见功，默默留意"。北影的一位老师曾评价说："很多孩子外形条件很好，可是文化素养太差。"美丽的花儿不是一夜开放的。这些年轻人应该听听大发明家爱迪生是如何说的："我从来不做投机取巧的事情。我的发明除了照相术，也没有一项是由于幸运之神的光顾。一旦我下定决心，知道我应该往哪个方向努力，我就会勇往直前，一遍一遍地试验，直到产生最终的结果。"

俗话说得好：滚石不生苔。坚持不懈的乌龟能快过灵巧敏捷的兔子。凡事不能持之以恒，正是很多人最后失败的根源。英国诗人布朗宁写道：

实事求是的人要找一件小事做，找到事情就去做。

腹空心高的人要找一件大事做，没有找到则身已故。

实事求是的人做了一件又一件，不久就做一百件。

腹空心高的人一下要做百万件，结果一件也未实现。

要想"久久见功"，就要同自己的惰性作斗争。有时要强迫自己一件一件地去做，并从最困难的事先做。有一个美国作家在编辑《西方名作》一书时，应约要撰写102篇文章。这项工作花了他两年半的时间。加上其他一些工作，他每周都要干整整七天。他没有听任自己先拣最容易阐述的文章入手，而是给自己定下一个规矩：严格地按照字母顺序进行，决不允许跳过任何一个自感费解的观点。另外，他始终坚持每天都首先完成困难较大的工作，再干其他的事。事实证明，这样做是行之有效的。

吕坤讲"撼大摧坚"，除了要"久久见功"即有耐力、有恒心外，还讲到要"徐徐下手"，就是说面对要完成的工作，不能不问三七二十一，上来就做。要在着手做之前，先周密思考，找好下手的地方，确定完成的方法。如小甲虫进攻大树，就是从根部开始下手的。再如庖丁解牛，要摸清牛的筋骨空穴、身体构造，才好下刀，游刃有余。三国时代，刘备要打天下，要想完成如此"撼大摧坚"的功业，光凭一腔热血，与关羽、张飞一道勇猛冲杀是不行的。于是便有了"三顾茅庐"，有了诸葛亮的"隆中对"，确定了"以蜀建国，三分天下"，最终再图统一的战略。战略已定，便不避挫折和失败，积小胜为大胜，虽没完成兴复汉室的统一大业，却在与强大敌手的争夺中，取得了三分天下有其一的成功。

完成艰巨的工作，需经历"久久见功"的过程。过程长，耗时也多，极容易产生疲惫和绝望。这种情况下就要"默默留意"，不是傻干，而是寻找比较聪明的办法，把艰苦的长过程"缩短"。

在田径比赛中，马拉松是最艰苦的比赛，它对运动员的速度、耐力、意志都是严峻的考验。而日本运动员山田本一却能轻松应对，在1984年的东京国际马拉松邀请赛和1986年的意大利国际马拉松邀请赛中，他均获得了冠军。他说，他是用智慧战胜对手的。他在自传中谈了他的取胜秘诀：每次比赛之前，他都要乘车把比赛的路线仔细看上一遍，并把沿途比较醒目的标志画下来。比如第一个标志是银行，第二个标志是一棵大树，第三个标志是一座红房子……这样一直画到赛程的终点。比赛开始后，他就以飞快的速度奋力向第一个目标冲去；等到达第一个目标后，又以同样的速度冲向第二个目标。40多公里的赛程，就被这样分解成几个小目标跑完了。山田本一说："起初，我并不懂这个道理，我把目标定在40多公里外终点线上的那面旗帜上，结果我跑了十几公里就疲惫不堪了。我被前面那段遥远的路程给吓倒了。"

分段完成大目标，这就是山田本一"默默留意"得到的秘诀。

辛勤实干，切忌空谈

【原文】 言足以复行者，常之；不足以举行者，勿常。不足以举行而常之，是荡口也。(《墨子·耕柱》)

【大意】 言论可付诸行动的，应推崇；不可以实行的，不应推崇。不可以实行而推崇它，就是空言妄语了。

墨子深刻地指出，做事切忌空谈，任何成功的事业都是通过辛勤劳动获得的。

勤奋是通向成功的最短路径，也是实现梦想的最好工具，无论是在富裕还是贫困的环境中，只要你肯勤奋做事，付出你的努力，你就一定会有收获，因为天道酬勤。

勤奋工作往往能使你脱胎换骨，那些出类拔萃的人物，都将勤奋当作金科玉律，再也没有什么比做起事来磨磨蹭蹭更能阻碍一个人成功的了——它会分散一个人的精力，灭失一个人的雄心，使他只能被动地接受命运的安排而不是主动地去主宰自己的生活。

《闲话集》中把对社会毫无价值的人当作死人，而只有当他们对别人有价值时才把他们看作是活着的。这样的话，有的人实际上20岁才出生，有的人则是30岁，有的人则是60岁，而有的人直到离开人世都没有真正生活过。

理查德·科布登是萨斯克斯的米德哈斯特一位农民的儿子。年纪很小时就被送往伦敦，在该市一个仓库受雇为童工。这是个勤奋、行为规矩的孩子，他渴望了解更多的知识。他的主人是旧式学校出来的人，警告他别读太多的书，但这孩子不听，继续他的学习，他把从书本中获得的知识财富储藏在心。他很快获得提升，从一个仓库管理员变成旅行推销员——从中建立起了大量的关系网络，这为他以后下海经商奠定了基础。最终，他从在曼彻斯特当一个印花布漆工开始了他的商业生涯。由于他对公共事务颇感兴趣，尤其是对大众教育情有独钟，他的注意力逐渐地被有关谷物法的问题吸引过去了。为了废止该项法律，他可以说是把自己的财富和毕生精力都奉献进去了。值得一提的是，他首次在公众面前发表的演讲是个彻头彻尾失败的作品。但是，由于他具有非凡的毅力、恒心、实干精神和充沛精力，随着坚持不懈的努力和实践，他终于成为公共演说家中最具说服力和最具震撼力的人之一，就连一向不苟言笑、在赞扬别人方面一向吝啬的罗伯特·皮尔爵士也不得不对科布登的演讲报以赞美。他是那些出身社会最底层的贫寒之士通过发挥自己的价值和个人的才能而跻身上层社会的最完美的一个例子。

威廉·詹姆斯指出："个人奋发向上的辛勤实干是取得杰出成就所必须付出的代价，任何一种杰出成就都必然与好逸恶劳的懒惰品行无缘。正是辛勤的双手和大脑才使得人们富裕起来——在自我教养、在智慧的生长、在商业的兴旺等方面。即使一个人出身于富贵和社会上层之家，他们个人要想获得稳固的社会声望的话，也得靠不知疲倦的实干才能成功。因为，虽然几英亩的土地可以传承给后代，但是，知识和智慧却无法传承给后代啊！富裕之人也许可以雇用别人为他们干活，但却不可能通过别人来获得为他干活的思想，或者说从中买到任何形式的自我教养的成果。"

勤奋不仅是一种人生态度，更是一种能获得不断成功的精神，只有勤勤恳恳地付出心血，才会换来真正的人生不败。生之计在于勤，而一个成功人生的关键，更在于勤奋努力，我们要用有限的时间努力地去做出一番事业。

任何事业追求中的优秀成就，都只能通过辛勤的实干才能取得。

相信自己，无所不能

【原文】 命者，暴王所作，穷人所术，非仁者之言也。（《墨子·非命下》）

【大意】 命是暴君捏造、穷人传播的，不是仁者的话。

墨子强调人的一生并非是由命决定的，哪些宣传有命的人，都是懒惰的人，是暴君用来迷惑人的论断。墨子主张充分发挥人的主观积极性，充分肯定人的作用。只要你相信你自己，你就能无所不能。

人生在世，无法事事顺遂，总会碰到这样或那样的困难。唯有那些在逆境中不心灰意冷、积极乐观的人，才最能享受到胜利的喜悦，否则便会被困难压倒。

罗夫·华多·爱默生说过："相信自己能，便会攻无不克……不能每日凌越一个恐惧，便从未学得生命的第一课。"

俗话说，没有过不去的坎儿。一个人在前进的过程中，自然会遇到各种各样的困难，但是必须相信自己的力量，你的力量是无穷的。

但是，要做到这一点，必须还有一个前提，即我们必须先战胜我们认识上的局限。

人的认识，总有一定的局限，总会受到环境的制约，会受到人们已有观念的约束。所以，我们对自己的认识，其实是基于别人的认识，根据以往的经验，根据人类代代相传下来的传统。但是，别人的认识也好，以往的经验也好，还是人类的传统也好，都不一定是真理，也会有错误的时候。

例如，人们在谈到血统的时候，总是过多地强调所谓的"将门虎子"，所谓的"龙生龙，凤生凤，老鼠的儿子会打洞"，但是，将门出犬子、凤窝出乌鸦的事情在我们的社会里还少吗？

所以，对于别人的认识、以往的经验，还有代代流传下来的传统，正确的我们当然要吸收，而错误的、不合时宜的，我们完全可以置之不理。

毕竟，你的人生只属于你。

而你的潜力是无穷的。

一个农民在自家的谷仓前注视着一辆轻型卡车快速地开过他的土地，他 14 岁的儿子正驾驶着这辆车，由于年纪太小，他还不够资格考驾驶执照，但是他从很小就对汽车很着迷，而且似乎已经能够驾驶一辆汽车，因此农民就允许他在自己的农场里开这辆客货两用车，但是不能开上外面的路。

突然，农民眼看着汽车翻到了水沟里去，他大吃一惊，急忙跑到了出事地点。他看到沟里有水，他的儿子被汽车压在底下，只有头露出了水面一点点。

这位农民毫不犹豫地跳进水沟，把双手伸到了汽车下面，把车子抬了起来，高度足以使另一位跑来帮忙的工人把那毫无知觉的孩子从车子下面拽了出来；当地医生很快赶了过来，给孩子做了全面检查，幸好只有一点皮肉伤，只需作简单的治疗，其余均完好无损。

那位抬起卡车的农民并不很高大，大约有 170 厘米高，70 公斤重。所以，别人都很惊讶，如此身体，竟然能有如此壮举！连农民自己也觉得奇怪起来，刚才他跑过去的时候根本没有想自己是不是能够抬得动。出于好奇，他就再试了一次，结果根本就无法抬动那辆汽车。

一个人在生死紧要的关头所爆发的力量是我们一般人不可想象的。这有其科学的道理在，并不是毫无根据的。

人的体能如此，其他方面的能力也是如此，如智能、情绪反应等，都可以爆发出几乎不可思议的潜力。平时只是由于情境方面的限制，人在一般状态下只能发挥十分之一的潜在能量。

这也就是说，我们每个人身上都有巨大的潜在能量未被开发出来。据科学家研究证实，普通人只开发了他蕴藏能力的十分之一，与我们应当获得的成就相比较，我们的大脑智慧几乎处于一种半梦半醒之间，我们只利用了我们身心的很小一部分。人的大脑储存的能量大得惊人，人们在平常的工作学习中只发挥了极小的大脑功能。要是人类能够发挥自己大脑功能的一半，可以轻而易举地学会 40 种语言，背诵整个百科全书，获得 12 个博士学位。

这就是一个人的真实资料。可以说,在合理的范围内,只要你有信心,你几乎是无所不能的!

在我们的生活和事业中,若再三忍受失败的打击,若再三品尝失败的苦果,若再三吞咽痛苦的泪水会怎样?可能你烦恼、你沮丧、你恐惧、你焦虑、你忧郁、你悲观、你失望……那么所有魔鬼对着你狂笑、对着你乱舞、对着你张牙舞爪,它们将撕破你的皮肤、刺瞎你的眼睛、挖出你的心肝,把你变成它们丰盛的盛宴。

这时,你也许会失去第一次跌倒时的勇气,你不愿再次爬起,甚至连尝试也觉得费力。那么,你就得当心这种心态,你可能患了严重的沮丧综合征。

幸好,你患的这种病并不是绝症,只需要一种药就可以药到病除,这就是学会忘记和抛弃,把所有的沮丧和烦恼抛给昨天。这样,成功依旧属于你。聪明的人现在与将来有太多的事情要做,因此他们不在过去的事情上虚耗光阴。

这时,你又重新回到了人生的又一个起点。想想当你第一次站在起跑线上的心态,想想你第一次成功登上峰顶时的作为,想想你第一次获取成功的原因,你就会发现,你第一次站在起跑线上时,携带着的只有征服的欲望,除了这一份积极的心态之外,你一身轻松。所以,你才能跨越一个又一个的路障,取得一次又一次的成功。总而言之,所有的这一切,都应归功于你积极地面对生活。

此时,尽管你又一次饱尝了人间的心酸,但你的人生并未走到尽头,你还需要前行。既然要前行,那就把所有的沮丧和烦恼抛给昨天。因为沮丧和烦恼只能像沉重的巨石一样增加你行进的负担。想一想,还能有什么比背着石头跑步更为艰难的呢?那么,当你把这一块巨石抛给了昨天,你就没有了负担。没有了负担,你不是会跑得更快些吗?

放眼看去,有谁能够不遇困难?中国有句老话,"天将降大任于是人也,必先苦其心志,劳其筋骨……"这并不是遭遇困境时慰藉自己时的借口。几乎所有的成功者,都曾经身陷困境,往往成大事者所受的磨难最多。然而所有的成功者都明白,世界上任何事物都有正负的两个面,关键在于我们如何对待这两个面。所以,当他们遭遇困难身陷困境时,就能够抛却一切负面、消极的想法,能够不断地给予自己鼓励:我行!我能行!我一定行。就如爱迪生所说:"我才不会沮丧!"

言而有信，是为大丈夫

【原文】 世俗之君子，贫而谓之富，则怒；无义而谓之有义，则喜。岂不悖哉！（《墨子·耕柱》）

【大意】 世俗的君子，如果他贫穷，别人说他富有，那么他就愤怒；如果他无义，别人说他有义，那么他就高兴。这不是太荒谬了吗！

这是墨子在分析虚伪的人的心态：虚伪的人总是外表装得一副正人君子的样子，而内心深处却是肮脏得很。墨子对此是深恶痛绝的。墨子非常赞同做人有诚信。这点也是我们必须学习的。

信用是一种人格的体现，是人类社会平稳存在的基础，也是人与人和平共处的基础，并且，它还是人性中最珍贵的部分。它与伪君子无缘，与空谈家相去甚远。

信用是彼此的约定，也是一种具有约束力的心灵契约。它无体无形，但却比任何法律条文具有更强的规范力。在竞争激烈的当今时代，信用则更加成为赢得人们信任的重要法宝。

一个人如果希望流芳百世，他首先要获得人们对他的信任。学会获得他人信任的方法，要比获得千万财富更富有价值。

但是，真正懂得获得人信任方法的人真是少之又少。大多数人都无意中在自己前进的路上设置了一些障碍，比如态度不好、缺乏机智、不善于待人接物等，常常使一些有意深交的人感到失望。

有些人开始经商时常常有着这样的看法，即认为一个人的信用是建立在金钱基础上的。一个有雄厚资本的人就有信用，其实这种想法是不对的。与百万财富比起来，高尚的品格、精明的才干、吃苦耐劳的精神要高贵得多。

很久以前，有一位出名的老锁匠一生修锁无数，技艺高超，收费合理，深受人们敬重。更主要的是老锁匠为人正直，每修一把锁他都告诉别人他的姓名和地址，说："如果你家发生了盗窃，只要是用钥匙打开的家门，你就来找我！"

老锁匠老了，为了不让他的技艺失传，人们帮他物色徒弟。终于，老锁匠找到了两个合适的年轻人，准备把自己一身的本领传给其中一个。

一段时间以后，两个年轻人都学会了不少东西。但两个人中只有一个能得到真传，老锁匠决定对他们进行一次考试。

老锁匠准备了两个钱匣，分别放在两个房间，让两个徒弟去打开，谁花的时间短谁就是胜者。结果大徒弟用了不到十分钟，就打开了钱匣，而二徒弟却足足用了半小时，大家都以为是大徒弟赢了。老锁匠问大徒弟："钱匣里有什么？"大徒弟眼中放出了光亮："师傅，里面有很多银子。"问二徒弟同样的问题，二徒弟支吾了半天说："师傅，我没看里面有什么，您只让我打开锁，我就打开了锁。"

老锁匠十分高兴，郑重宣布二徒弟为他的正式接班人。大徒弟不服，众人不解，老锁匠微微一笑说："不管干什么行业，都要讲一个'信'字，尤其是我们这一行，要有更高的职业道德。我的传人会是一个技艺高超的锁匠，但他必须做到心中只有锁而无其他。否则，心有私念，稍有贪心，登门入室或打开钱匣取钱易如反掌，最终只能害人害己。我们修锁的人，每个人心上都要有一把不能打开的锁。"

言而无信，人之大忌。做人就要做得踏踏实实！

言而有信，是为大丈夫。

有很多银行家非常有眼光，他们对那些资本雄厚，但品行不好、不值得人信任的人，决不会放贷；而对那些资本不多，但肯吃苦、能耐劳、小心谨慎、时时注意商机的人，他们则愿意慷慨相助。

银行信贷部的职员们在每次贷出一笔款子之前，一定会对申请人的信用状况研究一番：对方生意是否稳当？能否成功？只有等到觉得对方确实很可靠，没有问题时，他们才肯贷出款去。

人格是人的一生中最重要的资本。要知道，糟蹋自己的信用无异于在拿自己的人格作典当。

第七章 尚贤
——墨子的现代人才观

墨子对于贤能人才的价值有着极其深刻的认识。《亲士》篇云:"入国而不存其士,则亡国矣。见贤而不急,则缓其君矣。非贤无急,非士无与虑国。缓贤忘士,而能以其国存者,未曾有也。"意思是说,到一个国家主政却不能蓄纳贤士,那就要亡国了。发现贤人却不急于举用,贤人就会怠慢其国君。没有贤才就不能处理危难,没有贤才就不能与之谋虑国事。怠慢贤才、忘记良士,而能使其国家保存的事,从未有过。贤人对于国家是如此重要,对于竞争日趋激烈的企业,又何尝不是这样呢?

归国宝不若进贤士

【原文】归国宝,不若献贤而进士。(《墨子·亲士》)

【大意】向国家赠送稀有的宝物,不如选取贤能之士推荐、进献给国家。

墨子所处的时代,诸侯纷争,战乱频繁。各诸侯国为了能在竞争中居于不败之地,都比较注重发展壮大自己的国力。而当时社会中的许多有识之士,面对日新月异的社会现状,也有着自己一番治国安邦的见解,他们纷纷提出自己的政见和主张,希望能得到各诸侯统治者的赏识和任用。其中墨子所提倡的"尚同""尚贤""兼爱""非攻"等主张较为突出,代表了下层新兴知识阶层以及广大劳动人民的意愿,因而深受民众的欢迎。

墨子在《亲士》篇中一再强调贤士、人才的宝贵和重要,认为治理好国家离不开这些人的辅佐。因而墨子提出了"归国宝,不若献贤而进士",认为拥有贤能的英才是国家兴旺、发达的关键因素。一个国家是否有希望、有前途,并不在于这个国家掌握多少物质财富,而是在于是否拥有可担当重任的贤才。所以如果想向一个国家献宝,还不如选取贤士献给国家。

《墨子·尚贤上》云:"是故国有贤良之士众,则国家之治厚;贤良之士寡,则国家之治薄。故大人之务,将在于众贤而已。"意思是说,若国家拥有众多贤良人士,那么国家的治理就厚实、稳固;若国家拥有的贤良人士少,那么国家的治理就薄弱、动荡。因此执政者的首要任务,是使贤良人士增多。墨子在此有一个重要的前提假设,即国家必须由贤良人士来治理。接着,墨子通过列举"善射御之士"之例,说明了国家获得贤良人士的方法,"譬若欲众其国之善射御之士者,必将富之,贵之,敬之,誉之,然后国之善射御之士,将可得而众也。况又有贤良之士厚乎德行,辩乎言谈,博乎道术者乎!此固国家之珍,而社稷之佐也。亦必且富之,贵之，敬之，誉之。然后国之良士，亦将可得而众也。"就是说，欲使其国家善于射箭、驾车的人士增多，就必定要使其富裕、高贵、受尊敬、受赞誉，然后国内善于射箭、驾车的人士将可以获得并且增多。况且又有贤良人士，德行厚重，言谈思辨，道术广博，这本来就是国家的珍宝，社稷的辅佐。也必将使其变得富裕、高贵，受到尊敬、获得赞誉。然后，国内的贤良之士也将可以得到并且会增多。

可见，墨子重视人力资源的数量和质量，其实这决定着一个组织的命运。一些发达国家重视贤能人才，不惜重金吸引与聘请人才，为国家注入高附加值的人力资本，为经济发展注入新的活力。企业亦如此。比如，在美国微软公司，发现和选聘最优秀的人才是其首要任务。比尔·盖茨认为微软公司的成功是"聘用了一批精明强干的人"。其实，这不过是充分证实了墨子的尚贤思想的正确性与合理性罢了。

当今时代，各个国家都意识到了人才的可贵。第二次世界大战结束以来，美国之所以能取得科技经济飞速发展的成就，究其原因，就是因为他们从世界各地吸引了大批的高科技、高技能的人才。科学技术是第一生产力，而掌握科学技术的人才更是国家富强发达的关键所在。

为了能够更容易地捕获食物，野驴和狮子缔结了互助条约，野驴跑得快，狮子有力量，二者结合在一起共同发挥作用。

果然，它们很快就捕到了一份肥美的食物，由狮子来实施分配方案。它将食物分成三份，说："我拿第一份，因为我是百兽之王；第二份也应归我，因为这是我们合作我所应得的，至于第三份嘛，我们可以公平竞争，不过你要是不赶紧滚开，把它让给我，你恐怕就要大祸临头，成为我的第四份美味了。"

野驴走后，狮子再也没有得到像以前那样好的美餐了。

野驴的选择有它自己的道理，狮子拥有很强的实力，与它合作自然实力大增，有好处可捞。但是依赖强权获利并非安全之策，因为双方实力相差悬殊，根本无平等可言，你很可能成为被人利用的一方，结果吃了亏，也只能敢怒不敢言而已。

狮子对人才不充分地利用，相反却为了一时的利益把野驴赶走，结果自己再也没有获得以前的美餐了。虽然这只是个寓言，但也从侧面说明了人才的重要性。

在企业管理中,企业要的是人、产品和利润,而人是至关重要的,因此,企业领导始终要关注着企业人才的动向,不能由于一时的利益而损失人才。

韩国的三星集团在企业管理中,始终把人的管理放在企业工作的首位,确是明智之举。

三星集团的前身是1938年创办的三星商会,这是一家做进出口贸易的小公司,从20世纪50年代起开始起步,企业迅速发展。目前,它已成为韩国名列前茅的大财团。到2013年,这个拥有二十几万员工的企业,年营业额超过2000亿美元,2016年8月下旬,三星电子的股票市值接近2400亿美元。

三星集团董事长曾经一语道破它成功的秘密,那就是他们始终奉行"人才第一"的原则。

1957年,三星集团成为韩国第一个通过考试来选拔人才的企业,他们每年都要进行选拔,董事长李秉喆亲自与考入三星的人才面谈,勉励他们为企业努力工作,同时发现一些更加优秀的人才。

三星集团始终把4/5的时间用来吸引和培训人才。他们选择人才依据的是智能、人品和健康,注重一个人的完整性。一旦被录用为企业员工,企业就对其投入大量资本来培养和训练,以适应企业的应用和要求。

三星集团是韩国第一个设有培训中心的企业,李秉喆为中心题字"人才第一"。企业严格执行员工必须经过培训才能上岗的制度,员工每隔几个月都要进行重新培训,以便更新知识。在培训班上,董事长会亲临讲话,"三星的人都是精英,要集合所有精英的力量,才能发挥最大的作用"。每年,员工都要到培训中心接受三次以上的进修,在不断的进修学习中去适应科学技术的新发展。

三星集团对销售人员的培训也非常重视。他们规定参加培训的人,每两人为一组,身上不带分文,只允许带上三星的产品。他们乘坐公共汽车时,因为身上没有钱,就只能卖掉身上所带的产品,凡是在训练规定的10小时内能最早卖完产品或以最高的价格卖掉产品的人,才能获得最好成绩。否则的话,推销员不但没有钱乘车,吃饭也成问题。这样的培训,锻炼了他们的实际工作能力,从中也可以发现一批人才。

三星集团非常重视有干劲、有才智的人,对他们进行奖励提拔。每半年对员工的工作进行一次评定。对那些工作诚恳的人，对企业的未来发展有正确见解和敏锐眼光的人，对能够敏捷地掌握形势动态的人，对那些取得显著成就的人，分别给予各种奖励和晋升工资，有些还被提拔到更高的位置上。

三星集团在人力资源的开发和运用上，高瞻远瞩，措施得力，所以网罗了一大批优秀的人才，这些人才使企业迅猛发展。三星集团在家用电器、计算机、手机等领域走到了世界的前列，这与三星重人才的传统不无关系。

第七章 尚贤——墨子的现代人才观

实力胜于资历

【原文】列德而尚贤,虽在农与工肆之人,有能则举之。(《墨子·尚贤上》)

【大意】任用有高尚德行的人,给他们安排职位,尊重崇尚有贤能的人,即使他们是从事农业和手工业的人,如果他们有才能,就选举提拔他们。

墨子提出了如何使国家拥有众多贤士的方法。他认为,若要使国中贤士增多,就一定不要顾及人才的出身,一切都以是否有德有才为标准,只要有贤才,就应该任用提拔他们。墨子以圣王明主为例指出,圣王明主之所以能称得上圣、明,原因就在于他们能够"列德""尚贤","高予之爵,重予之禄,任之以事,断予之令",给贤才高官厚禄,委以他们处理政事的职务,并给他们果断发布命令的权力。因为"爵位不高,则民弗敬;蓄禄不厚,则民不信;政令不断,则民不畏"。一定要给他们相应的待遇和权力,才能使他们更好地协助治理国家。

在墨子看来,列德、尚贤是国家政治的根本,统治者必须把列德、尚贤作为大事来认真对待,注重挑选人才,并且还要在政治、经济、职权等各个方面都提高他们的地位,给他们以真正的利益和权力,这样才能保证他们充分发挥其聪明才智,让他们起到应有的作用。在文中,墨子列举了尧举舜于服泽之阳、禹举益于阴方之中、汤举伊尹于庖厨之中等事例,指出这样做不仅充分发挥了真正贤才的作用,而且震慑了原先厚禄尊位的臣子,使他们莫不敬惧,从而兢兢业业地处理政事,而那些身处社会下层的农夫工匠,也都争相进取,崇尚道德。

日本企业家松下幸之助用人的一个基本原则是"适才适用",即不受年龄、性别的限制,完全以才干、品德、经验来衡量,以决定升降。

但是,鉴于日本论资排辈的传统习惯的影响,松下认为依上述原则的提拔也不应该草率。因此,在强调适才适用的同时,也应该考虑年资考绩的提升，即把员工的提升与在本企业服务时间的长短挂起钩来。和年轻人比较起来，年长者经验充足，他们的年资和经验这两项，很容易受到年轻人的爱戴和拥护，所以对公司的业务也是大有益处的。

年资考绩和适才适用，各有优缺点，怎样协调二者呢？松下凭着多年的经验提出了一个比例，即在提升的时候，考虑的因素中年资占70%，才能占30%，这样的比例比较合适。

如果是相反的比例，就可能因经验不足而不利于工作的开展。

虽然年资、才能的比例之和是100%，但是，提拔一个人的时候，并不一定要有100%的把握。

因此，有时候为了公司的前途和业绩要敢于冒一些风险。松下在实际工作中就实施这样的制度，他认为，如果确信某人有60%的能力，便可以试着把他提拔到更高一级的职务。其中这60%是判断，其余40%是下赌注。应该注意的是，有些人看起来只有60分，但由于公司的信赖和支持，往往能极其出色地完成工作。

松下告诉我们，有年资的员工容易令人信服，而有才能的年轻员工被突然提到高职，可能就不是如此了。因此，提拔有才干的年轻人，不能仅是提拔，还要再加扶持，就是说，还要在提升的同时，给予切实的支持。松下的做法是，把年轻人提升为课长时，还应该让课内资格最老的职工代表全体课员向新任课长宣誓，并说："我们誓言服从课长的命令，勤奋地工作。"这么做很快就能提高新任课长的威信。

也正因如此，管理者才能感受到生存的价值，才能有动力，才能快乐地工作，生活也才有趣味，在逆境中也才会有转机。

如果能感受到这些的话，他们就不会觉得责任是一种束缚，而是一种驱动力，也不会对繁忙的工作感到倦怠。

这些观念，就如同运动能促进血液循环一样，可以使人在忙碌的工作中忘却疲劳。对员工的奖赏也在松下的用人经验之列。他考察了历史上各种奖赏性质与特征，他看到，有时候功劳是和才干相称的，所以提级晋升是应当的；有的时候则不同，可能发生功劳、才干和职位脱节的毛病。

松下吸取了种种经验教训，做出了自己关于奖赏的回答。松下本人是松下电器的创始人，功劳自然是巨大的，才干自然也不凡。但是，在他年事尚不算高的时候，便急流勇退，把管理大权交给有才干、有精力的年轻人,而不是躺在功劳簿上睡大觉。他的这种举动,对那些同样对松下电器有功的人员来说无疑也是一种触动。这样,就可以让那些很有功劳却缺乏才干或精力的人能及早离开岗位,让那些卓有才干、精力充沛的人走上高位。这是企业发展的生命力所在。

松下说:对于有功者在公司的任职,要非常注意。

一般来说,对有功者应给予"俸禄",在公司也就是要给予高额奖金。对有功者予以高职回报的做法是错误的,高职应与高能力配合。如果不是这样,结果是显而易见的。任何一个经营者都不能囿于成见和习惯势力的压迫,而委任高职于才能平平的功臣。

尽管这样做比较困难,但为了公司的前途,非如此不可。

在美国,没有传统文化的束缚,年龄、资历等因素在他们的社会生活中并不那么重要。日本则不同,无论社会生活的哪个领域,年龄、资历都是极其受到重视的。与中国的"论资排辈"相仿,日本有"年功序列制",服务年限、旧有的贡献,都是加薪、提职的重要条件。即使是开明的松下幸之助,也在提拔员工时实实行三七比例,能力三,年功七。

不过,松下还是清楚地看到了年轻人的力量,主张"实力胜于资历"、"让年轻人任高职"。

松下之所以提出这样的主张,有其社会的理论依据。松下认为,一个人,30岁是体力的顶峰时期,智力则在40岁时最高。

过了这个阶段,智力、体力就会下降,慢慢地走下坡路。尽管也有例外,但大体情况如此。因此,职位、责任都应与此相适应,这才是合乎规律的。

阅历、经验,当然是年长者多一些,但这并不等于"实力"。松下提出的"实力"概念,是很有意味的。他认为,有实力,不仅要能知,而且更要能行,知行合一,才是实力的象征。老年人也许能知,但往往力不从心,未必能行。相比较来说,还是三四十岁的人更具实力。有实力的人,当然应该委以重任。

不过,一个大公司有各种各样的职位,其中有一些还是颇适合老年人的。但面对困难时的攻坚、冲刺,就非年轻人不可了。松下认为,国家遇到困难、公司遇到困境时,要靠年轻人的力量才能突破难关。其原因,正是因年轻人具备实力。

同样，创新也是离不开年轻人的，这是与人在各年龄段的生活观念相联系的。人的眼光也有年龄的区别：青年人向前看，中年人向四周看，老年人回头看。因此，老年人易保守，给他们创新的任务显然是不合适的，这项使命应该放在年轻人的肩上。

但是，根深蒂固的东方文化传统，并不轻易容许年轻人脱颖而出。松下深知此点，因此，他有一个缓冲的办法，那就是经常听取年轻人的意见。松下在决定一件事的时候，往往要吸取年轻人的意见，亲自向他们问询。如果在平时工作中年轻人直接把自己的意见说出来，即使正确并富有建设性，也可能因为人微言轻而不被采纳；但如果公司领导征求他们的意见，用经营者自己的口说出来，分量就大不一样，这就是巧妙的领导艺术了。

松下很看重和欣赏这种技巧，他认为年长的企业领导，应该吸取年轻人的智慧，巧妙地推进工作。

松下对数千年来形成的东方民族"重年资"传统的弊端看得很清楚。在一次会议上，他谆谆告诫自己的部属们："现在的年轻干部，过10年、20年就会老了，那时候不管你的地位是社长还是会长，论实力都比不上40多岁有才能的人，假如由他们来代替你们的职位，就更能促使公司的发展。但日本的情势、人心向背，各种因素错综复杂，这一设想未必能顺利进行。但是，千万要记住，如果可以代替的话，对公司的发展是有益的！"

管理者要培养实力胜于资历的观念。让员工凭借实力参与到竞争中，可以说没有比这更大的驱动力了。而如果一味按资历提拔人才，久而久之，员工就会丧失工作的热情和积极性，什么发挥潜能，什么快乐工作，都只不过是空谈。

要会因事设人,而不是因人设事

【原文】 凡天下群百工,轮车鞼匏、陶冶梓匠,使各从事其所能。(《墨子·节用中》)

【大意】 凡是天下做工,如造轮车的、制皮革的、烧陶器的、铸金属的、当木匠的,使各人都从事自己所擅长的技艺。

墨子在使用人才上强调因人之才,合理分工,以争取效益最大化。简单地说,每个人都有自己的特长和弱项,然而一个办公室或一个公司里的职务就是那么多,如果根据取长弃短的原则给每个人安排一个职务,显然是不可能的。

所以,高明的管理者善于因事设人,而不会因人设事;他会尽量坚持取长补短的原则,给每个下属安排一个最适合的职务,但又不顺从他们,而是在职务的限制下让他们自由发挥。这就是因事设人。

"因人设事"之所以与"因事设人"相对立,是因为它们体现了两种不同的用人态度和方法。老板不应该漠视公司的实际需要而安置"多余人",安置"多余人"只能给公司带来人浮于事的不良效果。因此,"因人设事"是管理者不可踏入的误区,而"因事设人"是行之有效的用人原则。这就要求根据工作岗位的要求来挑选合适的人选,把合适的人才安排到合适的职位上工作,各司其职,快乐工作,以提高公司的工作效率。

一般来讲,"因人设事"有七大弊端:

(1) 使公司管理出现人员"拥挤"的现象,从而使公司效率低下。

(2) 由于人浮于事,从而使公司的具体工作没有秩序,没有目标。

(3) 会把公司的本位工作置于次要地位,而夸大人情的作用。

(4) 会使公司在复杂的人际网络中逐步失去内在的活力和竞争能力。

(5) 会使公司人才遭到创伤,因为不正常的人际关系会制约有用人才发挥作用。

(6) 会给公司岗位职责带来破坏作用。

(7) 会给公司带来"僧多粥少"的管理困境，从而造成经济效益短缺，财政支出浪费的现象。

"因人设事"的弊害非常多，最致命的一点是带来负面效应，从而使公司丧失内部管理机制，出现任人唯亲的恶果。

作为企业的一名管理人员，千万要在"因人设事"与"因事设人"两方面做出正确的选择，否则就会使企业丧失发展的活力。

与"因人设事"相对立的是人要因事而设，这是不言自明的道理，具体做法是：

(1) 各就其位。

事业为本，人才为重，人事两宜是用人的重要原则。人事两宜，包括两个含义。第一，按照需要，量才使用。社会的发展不仅迫切需要各方面的人才，而且也为发挥人才的作用开辟了广阔的道路。积压人才，用非所学，不把人才分配到最能发挥其专长的地方去，强人所难，就会影响公司的发展。第二，要了解人，而且要了解得彻底，要有全面的观点，在使用人才时要职能相称，量才适用，适才所用。人才是有不同层次和类型的，要做到大材大用，小材小用，使相应的人才处于相应等级岗位，把人的才能、专长与岗位、职务、责任统一起来。

选人用人的时候，不仅要考虑全局，教育人们服从需要和分配，而且必须考虑人才的志趣、特长、气质、能力，做到合理使用，让每个人去干自己最擅长的工作，为他们提供充分施展才能的条件和机会，不要强人所难。这样既能避免大材小用，造成人才有余，浪费人材，也能避免小材大用，耽误工作。

(2) 尽其所长。

高明的老板在管理人才时，总是根据人才的潜能、特长和品德合理地使用他们，分配给人才使用的权力必须足够使其发挥作用，如果出现错误，结合其优势督促人才合理改进，人才自然会愉快地接受。如果分配给人才的职位，根本不能发挥他们的才能，在这种情况下，人才连适应都来不及，哪里还能做到人尽其才呢？

(3) 因人而异。

一方面，用人需根据人才的条件进行安排，人才发挥作用建功立业也同样需要有客观条件,条件不具备时,人才即使有比尔·盖茨、戴尔、杨致远的能力,也会徒劳而无功,发挥不了作用。另一方面,人才各有不同,有的人善于按老板的意思做事;有的人志在管理好全局,全局管理好了,他就会高兴;有的人懂得管理社会事务,懂得什么事现在可以做,什么事将来可以做,善于适可而止,长远安排……如果能辨别以上各种情况,那么这个管理者才能被称为伯乐。

管理者要做一个现代的伯乐并不是很难,只要你在人与事的主次上恰当把握,就会做到"因事设人",而不是"因人设事"。这样就会使公司形成每个人都能胜任自己的工作,每项工作都有合适的人来完成,从而使每个员工都能快乐地工作,提高公司工作的整体效率。一个公司要充满生机,前提是人人有其责,事事有人做,时时见效率。而这正是"因事设人"的益处。

正确评价人才

【原文】 听其言，迹其行，察其所能。(《墨子·尚贤中》)

【大意】 听他的言论，考察他的行为，观察他所具备的能力。

墨子对起用贤人还提出了任前试用、任上监督、任后评论制。其一，墨子强调"听其言，迹其行，察其所能"。这些都是"慎予官"的体现，其实就是任前的考察与试用。其二，《墨子·亲士》云："君必有弗弗之臣，上必有诤诤之下。"意思是说，君主必须要有敢于谏的大臣，上司必须要有敢于提出反论的部下《墨子·尚同上》云："闻善而不善，皆以告其上。……上有过则规谏之，下有善则傍荐之。"意即听到好的与不好的，都要报告上司。上司有过错就要规劝他，下面有好的（人、事等）也要向上司推荐。如果任上不得力，或管理出现严重失误，就应当"抑而废之，贫而贱之，以为徒役"（《墨子·尚贤中》）。其实，这是一种严格的任上监督制度。其三，《墨子·尚贤中》云："若昔者三代圣王尧舜禹汤文武者是也。……万民从而誉之曰'圣王'，至今不已。……若昔者三代暴王桀纣幽厉者是也。……万民从而非之曰'暴王'，至今不已。"这其实就是任后评论制。

在人力资源管理中，对人才进行各方面的考评，形成一套考评标准，是非常重要的。它关系到量才录用，尽量做到减少企业人力资源成本，充分调动员工积极性。

人才评价中要注意一些原则：

（1）客观公正。

评价应建立在客观事实基础上，尽量做到有据可查，有证可考，不要根据亲疏关系来作主观臆断或者弄虚作假。

（2）透明原则。

评价应透明，而且透明度尽量高些，这不仅需要一些公开的制度来保证，而且尽量让员工知道参评事项，把考评过程公开。

（3）评价反馈。

评价的目的是为了获取被评价者的行为业务及思想状态情况，最终帮助员工完善自己，提高自己，因而评价结果要反馈给被评价者，让他对自己目前存在的优缺点有一个认识，从而明确努力方向。

评价过程中，对不同类型的评价者及不同层次的评价者，评价时应有不同的标准。具体来说，公司里不同类型员工的评价主要包括：对生产劳动者的评价、对科技劳动者的评价、对管理劳动者的评价。不同层次的评价主要包括：对高层人士的评价、对中层人士的评价、对基层人士的评价。

评价由于目标的不同，应有不同的内容，一般来说，应包括：

①业绩，对员工在一段时间做出的实际成绩进行评价。

②能力，对员工的各方面素质能力进行评价，例如专业知识、智力素质。

③思想，对员工的思想状态进行评价，例如与企业价值的同化程度、价值取向、责任感。

④晋升，对员工的各方面进行评价、比较，看其是否能在同类员工中做得更出色，从而确定是否有晋升的资格。

⑤薪水，对员工在下一年度应得的实际薪水进行综合评价，这主要以本年度发挥的作用、做出的成绩大小为依据。

考评方式各种各样，千差万别。不同的公司有不同的设置。但不管怎么样，评价体系在人力资源管理中是很重要的一环，对企业的发展至关重要。

我们用例子来剖析。

由于日本经济持续不景气，许多企业经营业绩恶化。为了提高企业活力，近年来日本各企业纷纷采取一些人力资源改革措施。下面是这些改革中的评价部分体系。

（1）实行新的干部评价标准，薪差拉大。

丸红株式会社在总经理马海严的带领下，着手实行新的评价制。

新的人事评价系统首先把过去七级评价标准改为五级，从而将评价结果的差距拉大。丸红以前采用七级评价标准，即由好到坏依次为A1、A2、B1、B2、B3、C1、C2。按这一评价标准有一半以上的管理人员的评价结果处在中间，因而很难体现工作差距。

最好的体现是 A1、A2 占 5%，最差的 C1、C2 占 3%，B1 占 15%，B3 占 7%。而体现一般标准的 B2 却高达 70%。在新的人事评价系统中，将七级减少到五级，依次是 C1、C2、C3、C4、C5。按照新的标准分级，评价结果的差距进一步体现出来了，C1 占 17%，C2 占 33%，C3 占 33%，C4 占 14%，C5 占 3%。在新的分级标准中，虽然 C3 自然可以看成是一般标准，但集中度明显减少。

新的人事评价系统扩大了员工的收入差距。新标准对评价结果不佳的员工，采取减薪的办法，特别在来年评薪时，其收入会有明显下降。

新的人事评价系统改变了过去把人事评价仅理解为考核工作的狭隘看法，丸红将人事评价看成是包括"评价""展示""对话"和"现状革新"在内的整个系统过程。扩大收入差距仅仅是丸红综合人事改革的一方面，如果仅仅停留在评价工作上，那些常年获得不理想评价结果的员工，将失去激励因子。

因此，丸红在新的人事评价系统上制定了一套帮助员工改进工作的活动程序。按照"评价""展示"对话和"现状革新"的工作程序，每年 5 月评价者与被评价者面谈，将上年度的评价结果告诉给被评价者，相互协商制定新年度的工作目标和革新的课题。

（2）采用量化的人事考评标准，升降有据。

为了推动企业经营业绩的提高，日本企业在人事评价中采用具体的量化的考评标准。

销售额是衡量店长和员工工作成绩的基本尺度。采用销售额这样精确的数字化评价标准，可以增加员工的工作压力。作为考评的方法，体现人人平等，而且通俗易懂，工作成绩一目了然。在考评上，不可受个人的喜恶感情和派系的影响，要体现公平、公正、公开的考评原则。

青山商事是经销量式服装的大型流通企业，它将每位员工的销售额由人事部实行一元化管理，每人每月完成了多少销售额一清二楚。一位员工要想升为店长必须突破 6000 万日元的销售标准，达到这一标准后，由所属商店的店长和该地区集团负责人进行推荐，参加店长候补研修班。如果一位员工突破了销售额标准，而店长和负责人没有推荐，店长则必须陈述理由。

青山商事对没完成销售额标准的店长采取降职处理，实际上已有很多店长遭到了降职处理，完不成定额者会从店长降为普通的工作人员。

如果一位店长成绩突出，随着成绩的积累会被提升为规模更大的商店负责人，进一步会成为统领20家店铺的地区集团负责人。而且每升一级，待遇也跟着到位。

合理的评价制度及在此基础上的奖酬制度培育了忠诚精神，保证了管理层的稳定，公司很少从外界聘人，外聘高级职员更无先例。在公司的经理人员和其他专业人员中，跳槽率平均还不到4%。

在评价人才中，有两点应该引起高度重视：

①评价要分开层次，有重有轻，不要搞折中主义。

考评是为了提高人的积极性和能动性，因而要分开档次，如果评奖面太宽，就达不到效果。同时，在评价中如果搞"中庸之道"，凡事都要"平和"不得罪人，做老好人，就可能会出现两头没有，中间一大堆的局面。

据报纸上登载：某单位科室有六位同志，其中有一位正科长，二位常务副科长，三位业务科长，一位办事员，应该说这是"中庸"考评而出现的结果，如果企业总这样做，考评就无任何价值。

②不流于形式。

评价就要做到真正的评价。如今，很多企业在搞评价时都是流于形式，书面上一套，行动上又是一套。评价过程中不认真负责，随便弄一些资料就完事，评价结果均是好话一套，套话一大堆，评价结束后又不能对差的进行惩罚、对好的给予嘉奖，因此，要使评价有效，就要实事求是，执行要雷厉风行，不徇私情，才能令员工折服。

杨朱和弟子在宋国边境的一个小客栈里休息，发现店主的两个老婆长相与身份地位相差极大，忍不住向店主人问是什么原因，主人回答说："长得漂亮的自以为漂亮所以举止傲慢，可是我却不认为她漂亮，所以我让她干粗活；另一个认为自己不美丽，凡事都很谦虚，我却不认为她丑，所以就让她管钱财。"

现代企业有多少领导，用人能像这位旅店的老板一样公允分明呢？有很多领导，一看见艳丽出众的女孩子，不管她才能如何，都要尽收门下，给其最轻松的工作和最优厚的待遇；而能干、谦逊，但长相平凡的员工，却让其干粗活，工资也低。这样的老板，真的让人很寒心。

以貌取人的领导，最终会伤透下属的心，长此以往，务实之人定然会悄然离开，而花瓶也不可能为你带来效益，最终企业关门大吉。到时候，不但江山没了，美人也弃你如敝屣，最终得不偿失。

作为一个企业的领导人要力争摆脱这种以貌取人的传统方式，对人才的甄别，应从本质上去认识。这样，才不会错失千里马，把朽木当块宝。

第七章 尚贤——墨子的现代人才观

用好比自己强的人

【原文】君必有弗弗之臣，上必有诤诤之下。（《墨子·亲士》）

【大意】一国之君若要将国家治理好，身边就一定要有敢于违逆、反对他的臣下辅佐他；在上的执政者若要创建一番事业，就必须要有敢于正义直言极谏的下属为他出谋划策，并时刻指正他的不当之处。

墨子认为权势太重的臣子会危及君主，善于奉承谄媚的属下会损害主上。因而"君必有弗弗之臣，上必有诤诤之下"，在朝廷之上有坚持不同意见的人反复进行辩论，有敢于直言进谏的人起到警戒督导的作用，国家才能长治久安，人民百姓才能安居乐业。从《亲士》篇所持的这些观点可以看出，墨子十分重视贤才的作用。在他看来，贤士不仅能"进不败其志""内究其情""虽杂庸民，终无怨心"，而且还能敢于向君主提出不同的意见和建议，即使受到君主的斥责，引起君主的反感和嫌恶，也能做到坚持自己的立场，始终不渝地对君主加以警示和规劝。贤士之所以能做到这些，是因为他们是以国家和人民的利益为重的，并没有顾及个人的利害安危。

在现代社会生活中，这句名言仍有着借鉴意义。无论是上下级之间，还是同事、朋友、亲人之间，"弗弗""诤诤"之人都是值得尊重和信任的。俗语说：忠言逆耳利于行。弗弗、诤诤之言确实不甚中听，对有些人来说更是不能入耳，但忠言毕竟是对我们有益的，阿谀、奉承的美言固然顺耳，但却可以麻痹人们的思想，使人看不到真实、客观甚至是近乎残忍的现实实情，只能掩人视听，于事无益反而其害非浅。因而对待工作也好，与人交往也好，我们都应该珍视那些敢于对我们讲真话、敢于对我们进行批评指正的人，重视他们的弗弗、诤诤之言。只有这样，上级才能体察到真实的下情，同事、朋友、亲人之间才会认识真实的自我，从而使工作、学习和生活更加充实美好。

作为管理者，要用的并不是只听自己话的人，用这种人只会让企业越来越糟。作为管理者，要能使用比自己强的人，要有海纳百川的胸怀。

"敢不敢用比自己强的人？"这恐怕是管理者对自己最大的考验，同样也是管理人员最容易犯的错误。

一位专门从事人力资源研究的学者说过这样的话："一个公司，尤其是一家开放式运作的公司，用一个不良之人，就会伤害一批好人。"此话颇有哲理。在人才的具体聘用过程中，一些企业领导人的观念依然陈旧。有的企业管理者用人从自身利益出发，宁愿用顺从听话的平庸之辈，也不用稍带棱角而能力很强的人，使得一些人才因无用武之地而远走高飞；有的企业管理者放着身边现成的人才不用，而让其闲置起来；还有一些企业管理者，宁愿用素质较低的"自己人"，也不用素质高的"外部人"。这些做法，在不同程度上伤害了员工的感情，导致人才大量流失。

新经济时代的到来，给知识分子在商界带来了机会。但在许多传统行业里，知识分子到底能否搏杀商场依然令领导者忧心忡忡。令人遗憾的是，人们正把一些落后的市场规则当作一种规律来信奉，并据此排斥新的商业原则。这种做法，使人才聘用常常走入误区，给人才的就业和发展设置了诸多障碍，同时也失去了一些优秀人才。这也是许多企业人才流失的重要原因。

在用人的问题上，人尽其才是一种理想境界，它虽不是一蹴而就的事情，却是我们致力追求的目标。这就要求新管理者在人才使用过程中摒弃旧观念，真正做到靠素质和能力用人。广告大师奥格威说过一句著名的话："用人的最大失误就是没有任用比自己高明的人。"为了诠释这一观点，奥格威在每个董事的椅子上放了一个洋娃娃，并请诸位董事打开看。大家依次打开洋娃娃后，发现里边还有一个洋娃娃，再打开里面又有一个更小的洋娃娃，当打开到最小的洋娃娃时，上面有一张奥格威写的字条：如果你永远聘用不如你的人，我们就会成为侏儒公司。反之，如果你永远聘用比你高明的人，我们就会成为顶天立地的巨人公司。

"他都比我强了，那在其他员工眼里，他是老板还是我是老板？"某私营企业老板直言不讳，一针见血，这种武大郎开店——不允许伙计胜过自己的心态一目了然。

（1）别人比自己强就意味着自己不称职，不称职的老板会在员工心中丧失威信，丧失了威信当然做不了老板。

（2）员工中有人比自己强，那么肯定会对老板的位置虎视眈眈，早晚想取而代之，又何苦养虎伤身呢？

（3）有本事的人都多少有点野心，迟早要另立门户，干吗给他创造个发展的机会，到时多个对手呢？

在这种心态支配下，这些"武大郎"老板往往是希望别人拿放大镜来看他，而他自己却用显微镜来看别人。当比自己强的员工工作取得各部门的赞许和支持时，老板会觉得他们是在树立自己的威信，是在动摇老板的权威。于是乎，老板会有意无意地疏远他们、压制他们，从而严重地挫伤这些员工的积极性，从而也使他们丧失了工作的乐趣，更谈不上会取得什么成就。

这种武大郎型的心态说到底是一种弱者的心态，外表的强硬正透露出内心的虚弱，反映出自信心的极大缺乏。真正的强者，愿意接纳桀骜不驯的部下：因为他有信心，他能控制局面；因为这样的管理者关心的并不是别人对自己是否顺从，他有能力、有信心赢得别人真正的尊敬；更因为他看重的是人的才能，也更关注企业发展的大计。

我们经常看到这样的现象：

某个企业的老板雇佣了一批庸才，然后老是奇怪为什么这些人一点干劲都没有，更谈不上有什么创新。因为他录用人员的标准是：能干但不能精明，以免抢走公司的客户另立门户。公司的业绩每况愈下。

老板不雇佣一流的人才并促使他们取得一流的成就，那么就会将公司降至二流、三流，甚至不入流的行列。

美国钢铁大王卡内基的墓志铭一直被商界人士传为佳话，因为上面这样写道：

"这里长眠着一位先知，他勇于用比自己强的人才！"

凡欲成大事的管理者、企业家，他都能够把比自己能力强的人才招揽到自己旗下，并且诚心相待。作为小企业的管理者，也应充分认识人才的重要性。

有能举之，无能则下之

【原文】有能则举之，无能则下之，举公义，辟私怨。(《墨子·尚贤上》)

【大意】有能力的就举贤，没有能力的就弃之不用，举荐要讲公平，躲开私人恩怨。

墨子反对任人唯亲的宗法血缘用人制度。尚同就是在一个国家中政令、体制、赏罚、刑治从中央到乡里上下一致，做到令出必行。"尚贤"是"尚同"的根本，"尚同"是"尚贤"的体现和延伸。墨子认为，只有上下一致，尚贤尚同，才能实现国家的大治。

在墨子看来，无论是乡正（乡长）里长（村长），还是国家的高层甚至元首，都应该由贤能的人（圣人）担任，都应该由大家推举产生。这就有点像现代的民主制度了。现在看来，只能说墨子的眼光太超前了。其实也不是不可行的，古罗马共和国不就是这样的吗？不过古罗马共和国还有奴隶，奴隶们是没有选举权的，只有平民才有选举权。墨子的思想比古罗马共和国更超前，春秋战国时期还有很多贵族拥有奴隶，在墨子看来，不分贵族奴隶，不分贫富贵贱，用人只有一个标准：贤或者不贤。

墨子为什么在两千多年前就有那么进步的思想呢？其实不奇怪，墨子思想本来就是建立在平民思想基础上的，其来源主要就是参照尧舜时代。他经常挂在嘴边的贤能楷模就是尧舜禹汤文武，与此相对的就是桀纣幽厉。众所周知，三皇五帝尧舜禹时代是原始社会晚期，氏族头领的产生都是禅让或者推举产生的。最著名的就是舜通过了尧好几道严格的考验才被指定为继承人的。而大禹更是因为治水艰苦卓绝且富有成效才得到拥护的。世界经过奴隶社会、封建社会后，民主得以重新确定发展，用人制度也回到了唯贤是举。

历史绕了一个圈，我们回头再看看墨子，就不得不佩服其眼光的前瞻性和思想的深邃性。

《墨子·尚贤上》又云："故古者圣王之为政，列德而尚贤，虽在农与工肆之人，有能则举之。高予之爵，重予之禄，任之以事，断予之令。曰：'爵位不高，则民弗敬；蓄禄不厚，则民不信；政令不断，则民不畏。'举三者授之贤者，非为贤赐也，欲其事之成。故当是时，以德就列，以官服事，以劳殿赏，量功而分禄。故官无常贵，而民无终贱，有能则举之，无能则下之，举公义，辟私怨，此若言之谓也。"所以古代圣贤帝王施政，安排位置给品德高尚的人，崇尚贤能的人，即使在农民、工匠或商人之中，有能力的就举荐，给予其高爵位，重赐其俸禄，任用其以政事，给他决断的权力。并且说，爵位不高，则百姓不敬重；俸禄不丰厚，则百姓不信任；政令不专断，则百姓不畏惧。将此三者授予贤能人士，不是为了赏赐贤能，而是要其事业成功。所以在这时，按德行列位次，以官职为国家服务，按劳动绩效确定奖赏，按照功勋分给俸禄。因此做官的不会经常富贵，而百姓也不会终身贫贱，有才能的就举荐，没有能力的就撤下，举荐要讲公平，回避私人恩怨。这就是墨子所说的意思。其实，墨子所说的"爵""令""禄"用当今之通俗语言讲就是职、权、利三者，若要重用贤人，却又不赐此三者，即使是再贤的人也是难以发挥作用的。

墨子还说："得意，贤士不可不举；不得意，贤士不可不举。……夫尚贤者，政之本也。"(《墨子·尚贤上》)意即为国家太平时，贤士不可不举用；不太平时，贤士不可不举用；崇尚贤人，是施政治理的根本所在。可见，墨子所崇尚的是开明治理。虽然儒家也主张选贤举能，但他们的贤能范围只限于在位或不在位的君子，不包括'小人'或'野人'，而墨子则把贤能的范围扩入到贱人阶级。可见，墨子的选贤是没有范围限制的。墨子在论及选贤时还强调要做到三个注意点，即："不党父兄、不偏贵富、不嬖颜色。"(《尚贤中》)但是，如果管理者不肖，就应当"抑而废之，贫而贱之，以为徒役"(《尚贤中》)。这些对于当今人事管理也是很有借鉴意义的。用人时重裙带关系，职务只能升而不能降，腐败现象比较严重，这些都是不正常的现象。只有打破这些陈旧的思想，大胆地选拔任用贤能之人，才能促进经济的健康发展，才能促进社会的文明与进步。

在企业的经营管理中，人才至关重要。选拔人才是任人唯亲，还是任人唯贤，这是企业成败的关键。在世界科技日益进步的情况下，企业要发展，就必须以当代最新科技成果来装备自己，而要达到此目的，必须要有掌握、运用这些装备，并不断装备创新的人才。企业成功的秘诀，在于领导者恰当地选用了人才，从各方面去关心他们，使他们能团结在自己的周围，为企业服务。

旧中国猪鬃大王古耕虞经营企业时，特别注意搜罗人才，培养人才。他认为，一个企业的兴衰，很大程度上取决于经营管理人才。因此，古耕虞在这方面花的精力不少。他培养人才的经验是：既要培，又要养。培，就是帮助他们树立对企业的信心，掌握商品知识和其他经济方面的有关知识；养，就是企业的各种待遇和他们的前途是稳妥可靠的，培和养这两方面是相辅相成的。

古耕虞招收职员的要求是：中学生，预备为2—3年，然后升为正式职员；大学生和留学生，进来就是正式职员。职员分5级，多数人每年升一级，约有百分之十几升两级，百分之几升3级。在前途教育中，使他们明白，只要好好干，两三年内就可以养家糊口，成为公司的股东，五六年后就可生活得比较优裕。

古耕虞父亲办企业时，取名"古青记"，大有"传诸万世"之意。古耕虞接手后，大胆地开放股权。他宣布，企业是社会的事业，不是姓古的能独占。他认为，对于谁能担任董事长总经理，要选贤任能，不是只有姓古的才能当，所以，古耕虞时期，整个公司的领导层中，姓古的不过几个人。大多数经理、助理都是从外面聘请来的，有些还是古耕虞三顾茅庐从其他地方请来的。后来古耕虞搜罗国内人才不足，还请了10个美国人、5个德国人充当技术顾问。

1946年，古耕虞在美国设代表处，公司大多数人向他建议任命他胞弟古大闵为宜，因为他胞弟是美国明尼苏达大学的经济硕士，但古耕虞却认为不可，认为他尚无实际经验，不足为任，而另派别人充任代表，古大闵仅做普通职员。古耕虞认为，人如不以才能为依据，仅凭关系，别人是不会服气的，还怎么发展企业呢？

由于古耕虞坚持任人唯贤，他手下招揽了一大批人才，他的事业一派兴旺气象，他所办的公司，也成为当时国内少有的大企业。

用人不疑，故利若此

【原文】唯信身而从事，故利若此。（《墨子·尚同下》）

【大意】唯有诚信做事，才能将事情办成，从而在其中得到利益。

墨子这里讲的利益，不是指唯利是图的利，而是指正面意义上对公众的正义事业有益。在《尚同下》中，墨子一再强调尚同，认为下级应上同于上级长官的意见，但他同时指出，上级长官反过来也一定要重视下级群体的力量。因为只有帮助他出谋划策的人多了，他办事才能更快地取得成效；委任他们做事的时候，必须首先要相信他们。墨子说："凡使民尚同者，爱民不疾，民无可使。曰：必疾爱而使之，致信而持之，富贵以道其前，明罚以率其后。为政若此，唯欲毋与我同，将不可得也。"就是说，凡是使百姓尚同的人，如果爱民不深，百姓就不能被驱使。一定要切实爱护、信任他们，然后再任用他们。用富贵引导于前，用严明的惩罚督率于后。如果能这样施政，即使想让人民不与上级一致，也是不可能的。

在这里，墨子实际谈到了一个任用下属要充分信任他们的道理。疑人不用，用人不疑，既然任用他们，就要真心相信他们，这样才能换来下属真诚的回报。在现代社会中，领导者同样需要"信身而从事"，要信任下属，放手让他们去做事，给他们一定的权力和行事的自由，不能听到一些对他们不利的言论就对其产生怀疑，否则便会造成上下级之间的隔膜和互相猜疑，使正常的工作受到影响。领导者应该从大局着眼，充分信任下属，然后详察审断，这样才能促进事业的发展。

现在，许多企业的毛病就在于管理者不知道自己是干什么的。

比尔·盖茨能让微软在全世界都那么"硬"，确实显示了他过硬的用人本领。

我们可以说他当机立断、用人不疑，可以说他有干脆利落的气魄与胆略,但这一切都在表面,准确地说,他是个帅才。

人才越来越专,研究领域也越来越精,一个企业负责人即使三头六臂,也不可能处处都是个"明白人",所以,他的主要任务应当是制定战略、指明方向、提供服务。

1981年底,微软公司已经占领了个人电脑的操作系统市场,并决定进军应用软件这个领域。比尔·盖茨雄心勃勃,认定微软公司不仅能开发软件,还要成为一个具有零售营销能力的公司。他的打算不错,但人呢?微软公司在软件设计方面,人才济济,不乏高手,可市场营销方面卓越人才的匮乏却是软肋。没有这方面的人才,微软别说要进入市场,就连门都找不到。

盖茨虽然看到了光明的前途,却感到寸步难行,所以他还是迈出了重要的一步:挖人。

他四处打听,八方网罗,经过最后的探测,锁定了肥皂大王尼多格拉公司的一个大人物——营销副总裁罗兰德·汉森。

"汉森是个营销专家,对软件他完全是个门外汉。"盖茨的幕僚有点不放心。

"那又如何呢?只要给他机会,他一定会干得很出色。"其实盖茨也正是看中了汉森对市场营销的丰富知识和经验。

盖茨挖来汉森,委以营销方面的副总裁这一重任,负责微软公司广告、公关和产品服务,以及产品的宣传与推销。

汉森上任做的最重要的一件事就是给微软公司这群只知软件、不懂市场的精英们上了一堂统一商标的课。在汉森的力陈之下,微软公司决定,从这以后,所有的微软产品都要以"微软"为商标。于是,微软公司的不同类型产品,都打出"微软"品牌。时隔不久,这个品牌在美国、欧洲,乃至全世界,都成为家喻户晓的名牌。

汉森确实不懂软件,但他懂得市场,他能用品牌去打开销路而占领市场。这一点当然令盖茨得意,但一个又一个的烦恼也接踵而来。

随着市场的日益扩大,尤其是海外市场的开发,微软公司的经营规模日益增大,公司第一任总裁吉姆斯·汤恩年近半百,渐显江郎才尽,跟不上微软的快速步伐。

好在汤恩有自知之明,主动提出辞掉总裁的职务,盖茨费尽心机,又找到了坦迪电脑公司的副总裁谢利。

他直截了当地对谢利说:"到微软来吧,我们不会亏待你的。"

"我能干什么?"谢利答道。

"做我们的司令——总裁。"

谢利一来,就对微软的人事做了大刀阔斧的改革。他把鲍默尔提升为负责市场业务的副总裁,更换了事务用品供应商,削减了20%的日常费用……

谢利掌管下的微软在许多地方开始"硬"起来,不过,谢利在微软的好戏还在后头。

1983年,为了抢在可视公司之前开发出具有图形界面功能的软件,占领应用软件市场,微软开始了"视窗"项目,并宣布在1984年底交货。

谁知,直到1984年过了大半年了,"视窗"软件仍然没有开发出来,以致新闻界把"泡泡软件"的头衔赠给了"视窗"。

强烈个性的盖茨愤怒至极。

正在这进退维谷的时候,谢利经过一番仔细调查,找到了病根:除了技术上的难度以外,开发"视窗"的组织和管理十分混乱。谢利又一次大刀阔斧地整顿:更换"视窗"的产品经理,把程序设计高手康森调入研究小组,负责图形界面的具体设计;至于盖茨嘛,他"现在的任务"则是集中精力考虑"视窗"的总体框架和发展方向。

谢利的这一番部署切中要害,"视窗"的开发立竿见影,各项工作有条不紊,进展神速。最终在1985年底,微软向市场推出"视窗"1.0版,随后是"视窗"3.0版。

当然,在两位助手的帮助下,微软从1995年8月"视窗"95发布起,正式把微软推向计算机业的巅峰。而1992年IBM OS/22.0销量仅100万套,"视窗"3.0却达1000万套。

借助强大的市场优势和资金实力,微软屡屡实施"吸功大法",将许多其他公司创造的新技术、新功能纳入自己的产品,尤其是"视窗"之中,使其成为无所不能的百宝箱。这种形势下,弱小的软件公司的确无法与微软一起参与这场游戏。

这就是伟大的微软!

企业要用好人不易,其中学问不少,但比尔·盖茨掌握了。

汉森虽然不会发明软件,但他有将软件送到全世界的思路,有思路才会有出路。

　　在大家不知所措的时候,正是谢利"找到了病根",其实就是找到了可以让"视窗"早点露面的人。还有一点,谢利敢于给盖茨派活,让他集中精力考虑"视窗"的总体框架和发展方向,而别的则由自己揽下。

第七章　尚贤——墨子的现代人才观

用人当知人善任

【原文】 使人各得其所长，天下事当；钧其分职，天下事得；皆其所喜，天下事备；强弱有数，天下事具矣。(《墨子·杂守》)

【大意】 用人若能发挥其长处，天下的事情就能办得妥当；若能使其各得其所，天下的事就能办得合理；若各人都能得到自己得心应手的职务，天下的事就完备了；若能以其才华量才就位，天下的事情就没有遗漏的了。

墨子的这一主张与儒家所倡导的"陈力就列，不能者止"颇有相通之处。不过，一个是从用人者的角度出发，要求用人者要善识其长，善用其长；一个是从被用者的角度出发，要求被任用者自知自觉，不勉为其难。二者都体现着一种量才而用的思想。为了做到知人善用，墨子曾区分了"谗人""利人""恶人""善人""长人""谋士""勇士""巧士""使士""内人者""外人者""善人者""善斗人者"13种各有特点的人物类型，并要求用人者仔细考察他们所具备的是哪种品质和特长，名副其实者就应接纳任用。在墨子的眼中，世上只有因安置不当而导致没有被充分使用的人才，没有一无是处的庸人。无论三教九流，只要使用得当，都能找到自己合适的位置，为国家做出一定的贡献。想当初赫赫有名的战国四公子之一的孟尝君，不也正是靠了鸡鸣狗盗之徒的帮助才逃得一命的吗？一架机器，大小零件各居其位，运转起来就会精确无误，一旦有零件被安装错了位置，整架机器就将运转不灵，甚至瘫痪。

墨子这一"量才而用，各尽其长"的用人观是经得住历史检验的，对我们今天合理利用人力资源，促进社会发展仍是有重大意义的。

《战国策·燕策一》记载：燕国国君燕昭王（公元前335—前279年）一心想招揽人才，而更多的人认为燕昭王仅仅是叶公好龙，不是真的求贤若渴。于是，燕昭王始终寻觅不到治国安邦的英才，整天闷闷不乐。

后来有个智者郭隗给燕昭王讲述了一个故事,大意是:有一国君愿意出千两黄金去购买千里马,然而时间过去了三年,始终没有买到,又过去了三个月,好不容易发现了一匹千里马,当国君派手下带着大量黄金去购买的时候,马已经死了。可被派出去买马的人却用500两黄金买来一匹死了的千里马。国君生气地说:"我要的是活马,你怎么花这么多钱弄一匹死马来呢?"

国君的手下说:"您舍得花500两黄金买死马,更何况活马呢?我们这一举动必然会引来天下人为你提供活马。"果然,没过几天,就有人送来了三匹千里马。

郭隗又说:"你要招揽人才,首先要从招纳我郭隗开始,像我郭隗这种才疏学浅的人都能被国君采用,那些比我本事更强的人,必然会闻风千里迢迢赶来。"

燕昭王采纳了郭隗的建议,拜郭隗为师,为他建造了宫殿,后来没多久就引发了"士争凑燕"的局面。投奔而来的有魏国的军事家乐毅、有齐国的阴阳家邹衍,还有赵国的游说家剧辛等。落后的燕国一下子便人才济济了。从此以后,一个内乱外祸、满目疮痍的弱国,逐渐成为一个富裕兴旺的强国。接着,燕昭王又兴兵报仇,将齐国打得只剩下两个小城。

"千军易得,一将难求。"现实生活中,也许我们不可能像燕昭王一样筑"黄金台",但是,我们难道不可以借用报刊一角,筑起"招贤台",招聘贤才么?

人才就是效率,人才就是财富。得人者得天下,失人者失天下。

在一次宴会上,唐太宗对王珪说:"你善于鉴别人才,尤其善于评论。你不妨从房玄龄等人开始,都一一做些评论,评一下他们的优缺点,同时和他们互相比较一下,你在哪些方面比他们优秀?"

王珪回答说:"孜孜不倦地办公,一心为国操劳,凡所知道的事没有不尽心尽力去做,在这方面我比不上房玄龄。常常留心于向皇上直言建议,认为皇上能力德行比不上尧舜很丢面子,这方面我比不上魏征。文武全才,既可以在外带兵打仗做将军,又可以进入朝廷搞管理担任宰相,在这方面,我比不上李靖。向皇上报告国家公务,详细明了,宣布皇上的命令或者转达下属官员的汇报,能坚持做到公平公正,在这方面我不如温彦博。处理繁重的事务,解决难题,办事井井有条,这方面我也比不上戴胄。至于批评贪官污吏，表扬清正廉署，疾恶如仇，好善喜乐，这方面比起其他几位能人来说，我也有一日之长。"唐太宗非常赞同他的话，而大臣们也认为王珪完全道出了他们的心声，都说这些评论是正确的。

　　从王珪的评论可以看出，唐太宗的团队中每个人各有所长，但更重要的是，唐太宗能将这些人依其专长运用到最适当的职位，使其能够发挥自己所长，进而让整个国家繁荣强盛。

　　管理之道，唯在用人。人才是事业的根本。杰出的领导者应善于识别和使用人才。只有做到唯贤是举，唯才是用，才能在激烈的竞争中战无不胜。

第八章　学思并重
——墨子的学习与教育思想对现代人的启示

学思并重，提高实践能力是墨子思想的一大亮点，墨子在学习中很注重学与思的结合。要知其然，更要知其所以然。墨子提出学习要"以行为本"。正如有位伟人说的那样：实践出真知。"两耳不闻窗外事，一心只读圣贤书"的那种时代已经过去。在学校里若没有实践能力，那么走出象牙塔，可能会面临诸多困境。

墨子的教育思想

【原文】 仁人之所以为事者，必兴天下之利，除天下之害。(《墨子·兼爱中》)

【大意】 仁人处理事务的原则，一定是为天下兴利除害。

为了传播墨家学说，墨子兴利除害，"摩顶放踵"，"上说下教"。但是墨子知道，任何事情要想成功，只靠个人的力量是不行的，要培养更多的人才共同去做，才有希望成功。因此，他除了自己到各国游说之外，还派出许多弟子到各地分头讲学，宣传墨家主张，形成遍布各地的教育体系。

墨子非常重视学校教育，以作为培育人才的摇篮，培养出来一批又一批的弟子。墨子的办学宗旨是培养博学多能、文武兼备、有能力办事并富有"有道教人、有财分人、有力助人"精神的"兼士"。墨子对其弟子施以严格的组织纪律教育，培养高尚的情操和优秀的道德品质，授予各种专门的知识和生产劳动的技能技巧，使他们在分工合作的原则下，各从事其所能，把他们培养成真正履行墨家道义，为实现"兴天下之利，除天下之害"的政治目的而行义的"兼士"。墨子的教育对象主要是"农与工肆之人"，面向天下，在民间广泛招生。墨子的教育理想是使广大民众皆知义，都有奋发向上以身殉义、以天下为己任、忧国忧民的忧患意识和为他人利益而奋斗的侠义精神。学校教育力求使学生成为德才兼备、言行一致、义利并重、积极进取、艰苦奋斗的"兼士"，具有赴汤蹈火、无私奉献的精神。

学校教育仅仅是短期教育，墨子将教育延伸到学生的终身，这就是终身教育。

墨子教育的方法有以下几点：

1. 强学强教

墨子认为，既然学是为义，教也是为义，那么做学生的就必须强学，做教师的就必须强教。对于强学强教的意义，墨子在《贵义》篇曾说过一段比较概括的话："嘿（默）则思，言则诲，动则事。使三者代御，必为圣人。""嘿（默）则思"属学，"言则诲"属教。整句话的意思是，沉默的时候就自己思考，讲话的时候就教诲别人，行动的时候一定符合义。做到了这三点，就可以成为圣人了。这是墨子强学强教的心得，也是他自觉遵循的行为准则。

2. 因材施教

墨子在长期的教育实践中，因人、因时、因事、因地的不同，而施予不同的教育。他要求弟子"能谈辩者谈辩、能说书者说书、能从事者从事"。墨子因材施教的方法表现在：根据教育对象的特长、爱好、性格的差异，施予不同的教育内容；根据教育对象的天赋资质或才能高低，予以不同的要求标准。墨子能够认识到弟子们的才资有不同并实施相应之教，这是他长期从事教育活动的结果。

3. 学思并重，提倡实践力行

墨子在教学中很注重学思的结合，他认为在学习时，不但要知其然，更要认真地思考其所以然。在《墨子》书中，有许多"是故何也""何以为""何以知之""何自"等关于究其所以然的记载。就是要求弟子们开动脑筋，多加思考，注意学思并重。墨家是一个主张力行的学派，墨子论学史是着重实践力行，提出"以行为本""士虽有学，而行为本"（《墨子·修身》）等实践性的原则。

墨子认为，出言必定守信用，行为必定要果断，使言行一致就像与符节相合一样，不能只说不做。他坚决反对仅停留于言谈而不务实际。一个人说话，要是能够改善自己的行为，就不妨常说，如果不能改善自己的行为，就不必说，因为白费口舌，是无用的。

墨子是伟大的教育改革家，善于独立思考，长于发现问题，敢于革弊立新，创立代表"农与工肆之人"利益的墨家学派，并在教育目的与方针、教学方法与内容等方面进行了一系列卓有成效的改革。

知识就是资本

【原文】为义而不能，必无排其道。譬若匠人之斲而不能，无排其绳。（《墨子·贵义》）

【大意】行义而不能胜任之时，一定不可归罪于学说、主张本身。好像木匠劈木材不能劈好，不可归罪于墨线一样。

墨子在这里指出，做事首先要反省自己，不要责怪知识、学说。什么是知识？

墨子认为，知识由七个方面组成，即：

闻知：由传授得来的知识。如学生上学获得的书本知识。

说知：不受时空阻碍而推论出来的知识。如八月十五月圆，因以前每个八月十五是这样，推知今后也是如此。

亲知：由亲身经验和观察得来的知识。如从实践中总结出来的战争经验。

以上三者为知识的来源。

知名：用来表示事物的名称。

知实：用来表达某一事物的实质。

知合：名和实的相互符合。

知为：把握了事物并立志去实行。

以上四者为知识的体系及其实践意义。以"知为"作结，说明知识离不开实践，离不开人们的生产劳动等社会活动，这是极其宝贵的思想。

知此七者，便可以成为一个有知识的人。

知识是成功的资本，也是赢得别人喜欢的前提，一个学问渊博的人很容易受到人们的欢迎。在当今社会，知识如同古代帝王一般，代表着一种至高无上的权力。而前人也已经给我们积聚了无数的宝贵知识，通过学习我们可以轻松掌握。人若没有知识，便不能一展抱负。不说是别人，连自己的亲人都可能讨厌你，鄙视你。

每个人都有想要做一番大事业的理想，但是做大事必须要有一定的资本，那么你的资本在哪里呢？其实它就在你自己身上——要求你以努力的态度、负责的精神，持续不断地去学习、去读书。

自古以来，历史上这样的例子不胜枚举：年轻时打好根基的人，后来才能做成大事业。一般获得成功的伟大人物之所以在晚年能够收获一生的美满果实，大体是因为他们在年轻时就酷爱读书，也就是说播下了成功的种子。

一些青年人养成了急功近利的心态，这是非常有害的。他们不想读书，也认为读书是在浪费时间。其实，我们对任何事都不应该急于求成，不应该心存奢望，而应该先在自己的大脑中一点点地储备知识与经验，作为将来成功的根本。要知道，今天社会上所需要的是受过良好教育、品质可靠、训练有素的人。

李嘉诚曾经说过："这个时代所需要的是有知识的人。"的确，过去中国的企业需要大量的工人，任何人不管受教育程度怎样，只要品行尚可、做事有条理，就可以获得一个工作职位，但如今的情况已非昔日可比。

也许你的家境使得你无法在专门学校或高等学府学习，甚至你还可能有很沉重的负担，但是你总可以抽出一些业余时间来读书。如果你每天都能挤出一小时来学习，长此以往，最后所积累的知识必定非常可观。这样的做法与习惯，要比那些没有生活目标、每天只知吃喝玩乐、混日子的人强多了。

李嘉诚在茶楼当学徒的时候，同事们闲下来就打麻将，李嘉诚却捧着一本《辞海》啃，日日如此，翻得厚厚的一本《辞海》都发黑了。李嘉诚形容自己："不是求学，我是在抢学问。"

正是靠了这种抢学问的精神，才会创造条件使幸运之神得以降临，否则，天上掉下来的金钱也会拿不住。

一个人应时时注重充实自己的生活，提高自己的知识，不应该浪费自己的空闲时间。不仅如此，还应经常注意与事业相关的东西，并且总能保持一种乐观积极的心态，做起事情来非常敏捷，善始善终。对这样一个人，可以断定他将来的前途一定很光明。

最为可怜的是那些不学无术的人，上了年纪后再也无法弥补学识的不足,加上他们没有好的经济条件,最后连普通人的境地都达不到。他们既谈不上有什么志趣又缺乏自信,这样的人生实在没有什么意义!

我们必须懂得,平时学问上的努力和经验上的积累,才能使一个人能胜任他的工作。一个人积累的学识与经验就是他获得成功的最重要资本。所以,要集中精力、毫不懈怠、积年累月地去做。每个人都要趁着年纪尚轻,珍惜时间,刻苦努力,否则将来的"收成"一定十分有限。

在一次记者招待会上,一位记者向李嘉诚提出了一个问题。他说:"你是华人的首富,你认为在你的创业过程中,什么对你起到的作用最大?是别人所说的幸运吗?"李嘉诚谦逊地说:"坦白地说,我在创业初期,几乎百分之百不靠运气,而是靠工作、靠辛苦、靠智慧的头脑。百分之九十得益于自己平时多读书,多思考。"

"时势造英雄",当今的时代是知识经济的时代,出现了一批领导知识经济潮流的知识英雄,他们是新的财富拥有者。他们是新技术的发明者,也可能是知识产品的创造者,或者是知识经济企业的领头人。他们均是走在知识经济前列的知识英雄。

在当今社会,知识信息和中古时代帝王的权杖一样,成为一种标志和可能——拥有知识的人,可以成为最有权力、也最具有创造财富能力的人。但是,也并不是任何形态的知识都可以"兑现"为成功。拥有知识是成功的必要条件,你必须拥有专业知识,有专业、特殊的才能,方可成功致富,使你成为耀眼的明星。就个人而言,当今中国最值钱的是谁呢?据一个专业的资产评估所认定,是袁隆平,他的名字的"品牌价值"高达1000亿元人民币。

袁隆平是湖南省农科院的教授、中国工程院院士,是世界上第一个成功地利用水稻杂交优势的人,在国际上被称为"水稻杂交之父"。在中国这样一个有12亿人口的大国,在耕地面积不断缩小的情况下,人民还能够丰衣足食,这在很大程度上要归功于他。他使过去亩产只有300多公斤的水稻产量增加到500多公斤,而他新培育的超级杂交水稻将把亩产进一步提高到800多公斤。当初为支持该项目的研究,项目报告递交的第三天,朱镕基就直接批了1000万元人民币作为研究经费。

在当今的中国,有一半的水稻种植面积和60%的水稻产量源自袁隆平和他的助手培育出来的杂交水稻品种。他的成果在很大程度上解决了中国人民的吃饭问题。朴实的中国农民在致富的道路上没有忘记袁隆平，他们深有感触地说，要感谢两个"平"，一个是邓小平给政策，一个是袁隆平给种子。袁隆平的杂交水稻被公认为是解决 21 世纪世界性饥饿问题的法宝。第 19 届世界水稻委员会做出了一个最重要的决策，就是大力发展杂交水稻。袁隆平不仅获得了中国第一个特等发明奖，也获得了 8 个国际性大奖。人们称他领导了第二次"绿色革命"，并成为联合国粮农组织的首席顾问。国际上有人甚至认为，他的发明是继中国四大发明之后的第五大发明，袁隆平对世界文明做出了很大的贡献。袁隆平是当之无愧的知识英雄。

在过去，许多富翁都要历经几代的积累才会有非凡的成就。然而在如今，成为富翁的时间越来越短，他们的年龄也越来越年轻，这足以让商场上的老前辈感叹时代的神奇，而促成这一切的只有两个字：知识。

第八章　学思并重——墨子的学习与教育思想对现代人的启示

学习永远都是有益的

【原文】学之,益也,说在诽者。(《墨子·经下》)

【大意】学习是有益的。因为诽谤者反对学习的言论与他们教育他人学习的行为是自相矛盾的。

春秋战国时期,大小诸侯之间相互兼并,战争频繁,"礼崩乐坏","天下无道"。在此情况下,老庄学派就提出了"学无益"的观点,主张"绝学无忧",认为无知无欲才是社会安定、保全性命的良方。但墨家坚决否定这种"学无益"的思想,极为重视教育和学习的作用,指出"谤学者"以为别人不知道学习是无益的,所以告诉别人。这种使别人知道学习是无益的行为本身就是在教导他人。既然认为"学习是无益"的,又去教导人家,这就是自相矛盾,不足以服人。在此,墨家运用了逻辑的武器,批驳了"学无益"的论调,指出学习可以使人知"大"、知"义"、知"利",也就是能使人看清事物的本质,懂得做人的道理,取得一定的成就。墨子本人是十分重视学习的,在出使各国时,仍随身携带许多书籍,不敢荒废读书学习之事。除了重视自身的刻苦学习之外,墨子也很注意帮助他人,每当看到不思学习之人,便主动引导他们,并力求使他们懂得为什么学习的道理。同时,墨子也很讲求学习的方法,认为学习需要师生之间的相互唱和,老师不唱或是学生不和,都不会取得太大的功效。此外,墨子对于教育的环境也多有论述。《墨子》一书中虽无一篇完整的、系统的以"劝学"为名目的文章,但其重视学习、强调"学有益"的思想是显而易见的。

在科技如此发达、知识更新如此之快的今天,学习的作用更是无须多讲,稍有松懈,就会跟不上时代的步伐。

在科学技术日新月异的今天,我们如果不每天学习、不充电,那么很快就会落伍,就会被这个时代抛弃。因此,无论在何时何地,每个人都不要忘记给自己充充电。尤其是在竞争激烈的商界,每个人必须随时充实自己，奠定雄厚的实力，否则便难以生存下去。一个有干劲的人，时不时地充充电，就不会被社会淘汰。

当你刚离开学校时，也许内心中抱着很大的希望：或者准备竭尽全力，成就一番大事业；或者打算勤学苦读，以求得学识上的进步；或准备拥有一种令人愉悦的社交生活；或想组织一个温馨舒适的小家庭。但是等到你真正踏入社会、开始工作时，外界的各种诱惑就开始侵袭你，有时它们使你无法安心自修，无法安于目前的工作。

在工作的过程中，除了干劲以外，还需要有另一种观念，即学习充电的观念，尤其在现在这个时代，"学而不思则罔，思而不学则殆"，正是最好的启示。然而书本的知识只是基础，必须以自己的理解力将其消化吸收，社会是更大的一本书，需要经常不断地去翻阅。须知，在现代社会中，不充电就会很快没电。

现代生活的变化迅速，节奏加快，要求我们必须抱定这样的信念：活到老，学到老。一个喜欢读书的人不一定是一个成大事的人，而一个成大事的人必定是一个喜欢读书的人。

假如你想成功，就请从现在开始多读书吧！如果你因为目前的工作进行得很顺利就感到很放心，每天优哉游哉地过安逸日子，那么目前的情形就不一定能维持很久了。失败的日子一定不远了。

与此相反，能将这份工作当作一生的工作而埋头苦干，不断进修，不断创造新的东西，始终能"活到老学到老"，你的进步一定是无止境的。日日以清新愉快的心情，有效地做自己喜欢并为之奋斗的工作。这样自然就有希望，不至于失去理想，当然也就不觉得疲倦了。

现在就要立下决心，并立即行动！不管你现在的境况怎样，你千万要记住三个字："求上进！"如果你确实能做到这一点，那么即使你遭遇到了经济上的失败、工作上的挫折，你也必定还有力量，必定还能东山再起。一个有真才实学的人，就无须担心时运不济、阻力重重，即使没有大笔的财富，别人仍然会看重你，尊敬你。而你体内所储藏的知识财富，更是别人无法抢走的。

在人类进化进程当中，我们大家所需要做的，就是去学习我们需要学习和应当学习的东西，并且把它学好，通过这样的不断学习来提升自己，以适应社会的发展。

生活发生变化，对每个人的影响都是非常巨大的。这就要求每个人都不能在自己的安乐窝里坐享其成，不要以为现在有一份好工作，有足够的积蓄，就可以享清福。你必须顾及社会发展的需要，不断地武装自己，不断地学习，不断地适应社会发展变化。

如今社会变化飞快，常常在很短的时间内，人们就会面临跟以前截然不同的环境。人生无常，在这样的环境中，究竟我们应该采取被动还是主动，我们立身处世、安身立命的哲学到底应该是什么？

要不断学习，以不变应万变。现在信息产品这么发达，你到书店会觉得真的是信息爆炸。但是你如果了解一下，可以发现，是工具书居多，真正的革新技术并不多。只要能掌握基本的技术和核心概念就可以了，其他的就是辅助信息，不需要恐慌。我们很难掌握大环境，只能努力打下较深厚的基础，崇本务实，不管是对个人或企业，冲击和改变是不可避免的。如果能调整自己，走向学习型的个人或组织，对应变就非常有利。我们所看到的优秀企业，都是这样乐于学习。就拿英特尔公司的例子来说，当半导体已经转向与软件的竞赛时，英特尔公司的董事长要求所有高级主管在五年内把软件弄懂，不然就走人。于是像他们已经做到这么高地位的人，还像小学生一样拿着笔记到处去请教别人，就这样一路学习。后来他们都变成了专家。

在这个飞速发展的时代，有很多的力量会把我们击倒。无形的力量最终会击败有形的东西。除了掌握根本，还必须培养多种专长以及不断地学习，才能让我们在不景气当中，不畏变局。即使不完美，但只要更好，就义无反顾地去做。

社会发展得越快，对人的素质要求就会越高，适应社会发展，不断调整自己的思想认识，这样才能保证我们不被淘汰，与时俱进。

行者必先近而后远

【原文】行者必先近而后远。(《墨子·经说下》)

【大意】走路的人必然先到达近处，而后才能到达远方。

墨子早期学孔子之术，后因不堪忍受儒家繁文缛节、厚葬而贫民等弊病，自创了与儒家相对立的墨家学派。墨子非儒，并不是对孔子进行全盘否定，而是扬弃了儒家的糟粕，吸收了儒家的精华。此处"由近而远"的提出可能就是汲取了儒家思想。"先近而后远"这一思想屡次散见于儒家的思想言行中。例如《孔子·宪问》篇中，子路向孔子询问如何才算是一位真正的君子，孔子的回答是"修己以敬"，意为修养自己的德行，严肃认真地对待工作。且仅仅如此还远远不够，还应做到"修己以安人"（这里的人专指社会上层人物，与下文的百姓相对）、"修己以安百姓"，即通过自身的修养使上层人物和下层人民都舒适安乐。在孔子看来，一个真正的仁人君子是要使他人安乐的，要想做到这点，必须先从近处开始修养自身的德行，然后才能到达远方，施及他人。如若自身的德行不好，又拿什么来教化他人呢？这种"先近而后远"的思想暗藏于儒家思想中，墨子可能对此做了一次"提纯"，更加直接地提出了"先近而后远"的修身与行事的原则。

现在世人的情绪普遍浮躁，学习不能扎实用功，工作不能踏实努力，投机钻营的心理比较流行。如此下去，社会发展将深受其害。因而墨子的这一富有实干精神的"先近而后远"的思想，是值得发扬光大的。

"行者必先近而后远"，那就从"近"开始吧！面对知识突飞猛进的时代，你可能感到自己跟不上知识发展的速度，当你走上社会之后，可能会发现自己的能力很"拙"、很笨，难免会对自己感到失望。但是，你不必悲观，"勤"能使你发出亮光，引人注目。

所谓"勤"，就是要勤学，踏踏实实，在自己的工作岗位上一刻也不放弃、一个机会也不放弃地学习，不但自己加强理论学习，同时也向有经验的人请教。别人休息，你在学习。别人去旅行，你在学习。别人一天只有8小时的工作时间，你则有16小时，那就等于一天当两天用。这种密集的、不间断的学习效果相当显著。俗话说："勤能补拙。"在学校，我们经常听老师向我们念叨此话。只有当你经历了实际生活之后，你才能意识到这句话的意义，仍有必要谨记在心。

当你走上纷繁复杂的社会之后，首先要认定自己是"巧"还是"拙"。也许你感到自己在茫茫人海中是多么渺小，你原先学到的一点东西也确实是沧海一粟。当然，刚刚走上社会之后，承认自己"拙"的人并不太多，大多数人都认为自己不是天才，至少也是个有用之才！但现实生活中，真正能一帆风顺的人实在是太少了！有的不仅不顺，还跌下来摔了跟头。为何如此？一是知识不够，二是能力不足。

其实，对于这两种不足，都可运用一个办法加以补救——"勤"。

一个人的能力，尤其是专业知识、工作规划以及处理问题的能力，都不是三两天就可以培养起来的，但只要勤奋，就能有效地提高自己这方面的能力。

还有一种人真是能力不足，也就是说，他的先天资质就是不如他人，学习能力也比别人差。这种人要和别人比较长短是很辛苦的，而应该时时刻刻自我反省，认清自己的能力，从力所能及的事做起，循序渐进，不可急于求成，否则一辈子最悲哀的事便是：失败、失败、还是失败！

其实"勤"并不只是为了补"拙"，即使是聪者智者也不能离开一个"勤"字。在一个团体里，一个始终做到"勤"的人会为自己带来很多好处，如：给自己塑造一种敬业的形象——当其他人浑水摸鱼而你在兢兢业业地勤奋工作，这种敬业精神就会成为他人眼里的焦点，大家都认为你的这种精神竖大拇指。

勤奋容易获得别人的谅解——当工作出错时，大家可能会因为你平时工作勤奋而原谅你。所以，勤奋是生存的大智慧。

也许你是一个能力平庸的人，但不甘于平凡的生活。那么，你唯一的选择就是勤学！因为，天道酬勤，勤能补拙。

多才多艺，不如独精一门

【原文】 二三子有复于子墨子学射者，子墨子曰："不可。夫知者必量亓力所能至而从事焉。"（《墨子·公孟》）

【大意】 有几个弟子告诉墨子，要学习，要习射。墨子说："不能。智慧的人一定会衡量自己的力所能达到的地方，然后再进行实践。"

这是墨子的徒弟问墨子，可不可以既学写作，又练习射箭，墨子就指出了，首先要衡量自己的能力，然后再去选择。虽然现在社会是提倡使用综合型人才，但是如果没有一门专长的技艺，就会变成"什么都会，而又什么都不会"的状态。

人们常说："一招鲜，吃遍天。"这话想必永远不会过时。无论你从事什么行业，只要你对自己从事的行业有所专长，把握精髓，那么你肯定就能成就一番事业。

《庄子》一书中，有两个技艺超群的人。

一个是厨房伙计，一个是匠人，厨房伙计即那位宰牛的庖丁，匠人即那位楚国郢人的朋友，叫匠石（不一定就是石匠）。二人的共同之处，就是技艺超群，简直到了出神入化的境界。

先看庖丁，他为梁惠王宰杀一头牛。他那把刀似有神助唰唰几下，一个庞然大物，便肉是肉、骨是骨、皮是皮地解剖得清清爽爽。他解牛时，手触、肩依、脚踏、进刀，就像是和着音乐的节拍在表演。更神奇的是，庖丁的刀已用了19年，所宰的牛已经几千头，而那刀仍像刚在磨石上磨过一样锋利。此时你看他提刀而立，悠然自得，又仔细地把刀擦净，收好。那神气，就如同优雅的骑士。

再看匠石，也许是木匠，也许是石匠，也许木石活儿都做。他的技艺也十分了得。郢人把白灰抹在鼻尖上，让匠人削掉。那白灰薄如蝉翼，匠人挥斧生风，削灰而不伤郢人的鼻子。

古人讲，凡是掌握了一门技艺，无论是做什么的，都可以成名。只要有一技之长，就可以自立。的确是如此。过去老人总对年轻人说："纵有家产万贯，不如薄技在身。"这是最平凡、最实在的真理。

  一个残疾青年，学会电脑打字，便办起了小小打字社，交活儿及时，打的质量又高，连一些著名作家也慕名而来，让他打文稿。几个下岗大嫂，都是做饭行家，一合计，总不能老靠一点儿救济金度日，于是办起了"嫂子饺子馆"。卖的饺子薄皮大馅，服务热情，生意很快就兴隆起来。

  有些人瞧不起小技艺，总想做大事。做大事是可以的，比如当总经理，从政做官，做科学家、理论家，等等。但一是要真有那份才能，也要有机遇；二是就是做大事，也常常离不开靠小技艺做小事打基础。这个基础，包括锻炼你的实践能力，包括锻炼你的意志，包括对基层实际的体察。有时一技在身，也能助你成就大事。

  不要小瞧这些技艺：理发、修表、烹饪、园艺、茶道……只要技艺精深，同样大有可为，同样事业辉煌。

  许多原被人视为"雕虫小技"的技艺，今天却有了巨大的商业和社会价值，有的甚至变成一种产业。这种情况应当为有为青年注意，在其中寻找成功的机遇。

谦虚是学习的重要法门

【原文】助之思虑者众，则其谈谋度速得矣；助之动作者众，则其举事速成矣。(《墨子·尚同中》)

【大意】帮助他思索考虑的人众多，那他所谋划的计划很快就能实现；帮助他行动的人众多，那他所要成就的事业很快就能成功。

尚同，即上同，就是强调居在下位的人，其思想、认识、言论以及行为要向上统一于居于上位的人。里统一于里长，乡统一于乡长，国统一于国君，天下统一于天子。小到一里，大到天下，人们的意见都要统一于他们的长官，直到天子上统一于"天"，从而统一全体人民的思想和行为。墨子认为，只有尚同，才能使国家避免产生混乱，达到治理的目的。墨子同时还提出，上级长官必须是经过选拔的"仁人""贤君"，上同于他们也并不意味着他们可以独断专行，他们必须要听取人们的反映，做到详细了解下情。当上级长官自己有过错时，一定要听取下面人的劝谏，也就是说，上下双方的作用是相互的，而不是单方面的。最终，天子就必须向上服从于"天"，必须上同于天的意志，即"为万民兴利除害，富贫众寡，安危治乱"，这样就使各级长官乃至天子受有一定的约束。这表明，墨子所主张的"尚同说"有十分积极的进步意义。

"助之思虑者众，则其谈谋度速得矣；助之动作者众，则其举事速成矣。"这句名言虽然是针对上级长官而言的，但也同样适用于我们普通人。任何人都有缺点，也有优点，正所谓"人无完人"。一个人要想最快地取得成功，那最好的心态就谦虚，听取他人的意见。"三个臭皮匠，顶个诸葛亮"。做学问也是同样，孔子有言：不耻下问。说的正是要谦虚。谦虚谨慎是成功人士必备的品格，具有这种品格的人，在待人接物时能温和有礼、平易近人、尊重他人，善于倾听他们的意见和建议，能虚心求教，取长补短。对待自己有自知之明，在成绩面前不居功自傲；在缺点和错误面前不文过饰非，能主动采取措施进行改正。

谦虚谨慎永远是一个人建功立业的前提和基础。

不论你从事何种职业，担任什么职务，只有谦虚谨慎，才能保持不断进取的精神，才能增长更多的知识和才干，因为谦虚谨慎的品格能够帮助你看到自己的差距。永不自满、不断前进，可以使人能冷静地倾听他人的意见和批评，谨慎从事。否则，骄傲自大，满足现状，停步不前，主观武断，轻者使工作受到损失，重者会使事业半途而废。

具有谦虚谨慎品格的人不喜欢装模作样、摆架子、盛气凌人，而能够虚心向群众学习，了解群众的情况。美国第三任总统托马斯·杰斐逊指出："每个人都是你的老师。"杰斐逊出身贵族，他的父亲曾经是军中的上将，母亲是名门之后。当时的贵族除了发号施令以外，很少与平民百姓交往，他们看不起平民百姓。然而，杰斐逊没有遗传这些贵族阶层的恶习，而是主动与各阶层人士交往。他的朋友中当然不乏社会名流，但更多的是普通的园丁、仆人、农民或者是贫穷的工人。他善于向各种人学习，懂得每个人都有自己的长处。有一次，他和法国伟人拉法耶特说：你必须像我一样到民众家去走一走，看一看他们的菜碗，尝一尝他们吃的面包，只要你这样做了的话，你就会了解到民众不满的原因，并会懂得正在酝酿的法国革命的意义了。由于他作风扎实，深入实际，他虽高居总统宝座，却很清楚民众究竟在想什么，他们到底需要什么。这样，他在密切群众关系的基础上，为民服务，为国操劳，成为一代伟人。

谦虚谨慎的品格，还能使一个人面对成功、荣誉时不骄傲，把它视为一种激励自己继续前进的力量，而不会陷在荣誉和成功的喜悦中不能自拔，把荣誉当成包袱背起来，沾沾自喜于一得之功，不再进取。居里夫人以她谦虚谨慎的品格和卓越的成就获得了世人的称赞，她对荣誉的特殊见解，使很多喜欢居功自傲、浅尝辄止的人汗颜不已。也正因为她的高尚品格的影响，以后她的女儿也踏上了科学研究之路，并再次获得了诺贝尔奖，成为令人敬仰的两代人三次获诺贝尔奖的家庭。

学以致用，将知识运用于实践

【原文】 其为衣裘何以为？冬以圉寒，夏以圉暑，凡为衣裳之道：冬加温，夏加凊者，芊鉬（鲜祖）不加者去之。(《墨子·节用上》)

【大意】 他们制造衣裘是为了什么？冬天用以御寒，夏天用以防暑。凡是缝制衣服的原则是：冬天更加温暖，夏天更加凉爽而已，如果只是漂亮而不能增加这一特性的就去掉。

墨子在《节用》篇指出，做任何东西都要能实用，对于没有用的东西都可以去掉，虽然观点有点偏颇，但对于我们仍有很大启示。在学习当中，我们应当学以致用，学而不懂，等于不学，白白浪费了宝贵时间。学习不好的人或因智力低下，或不肯用功，或基础知识太差，或思想不专一。经过分析，找准存在问题，即阻碍学习的原因，而后有针对性地加以改进，或改变学习方法，或发扬"笨鸟先飞"的精神，或扫除学习的思想障碍，或发挥集体的力量帮助解决、克服影响学习的困难问题，终会学有所知，学有所获，学有所成。

能够学好理论并掌握其方法的人，关键在于应用。不能运用所学知识解决实际问题，那也等于白学。此种人需积极参加社会实践，向一切有实践经验的人学习，虚心地拜他们为老师，尽快地把自己的理论转化为实际运用中的能力，方能成为理论与实践相结合的行家里手。

既能够使用学得的知识，又能够坚持既定的道德标准规范自己行为的人，可以成为某项事业的核心力量。这种人具有娴熟的技能，又朝着自己认定的目标，执着于事业上的追求，其前途必然光明。

这一种人，如果在取得一定成就的时候便保守起来，在获得一官半职或某种荣誉之后便躺在功劳簿上睡起大觉来，或者身居要位，改变初衷，干起违法乱纪的勾当，那就走上了一条危险的道路。反之，他们始终沿着选定的方向，既孜孜以求地在事业上做出成绩，又根据时代的发展、社会的进步、科学技术日新月异的变化，而不断更新观念，革新技术，学习和掌握现代化的科学理论、管理方法、操作技能和经营手段等，紧紧把握时代的脉搏，坚持正确原则，与广大群众同甘共苦，共担风险，就是社会的中坚、国家的栋梁、事业的中流砥柱。

条条大路通罗马

【原文】 故言多方，殊类，异故，则不可偏观也。(《墨子·小取》)

【大意】 言语有多种不同的表达方式，事物有不同的种类，论断的根据、理由也不同，那么，在推论中就不能有偏执观点。

这是墨子在论述辩论的时候说的一段话，墨子认为言语有多种表达方式，不必执着于一条。正所谓"条条大路通罗马"，解决问题的方法很多。

有一位法国农学家奥瑞·帕尔曼特被德国人抓去做了俘虏。在监狱里，他曾经品尝过马铃薯，认为其味甘美。后来获释回到法国，他决定在自己的家乡种植马铃薯。

当时有不少的法国人都非常反对，尤其是那些宗教迷信者，把马铃薯视为"鬼苹果"，医生们也普遍认为马铃薯对人身体有害，连一些农学家也断言：种植马铃薯会导致土地贫瘠。

帕尔曼特怎么也说服不了他们。怎样才能使马铃薯顺利地推广起来呢？

1789年，帕尔曼特得到国王的特别许可，在一块非常低产的地方栽种了马铃薯。

春去秋来，快到马铃薯成熟时，帕尔曼特向国王请求，派一支身穿仪仗队服的国王卫队来看守这片马铃薯，当然是白天看守，晚上就撤回去了。这样一来，马铃薯成了国王卫队保卫的"禁果"。对此人们感到奇怪，而且经不起诱惑，每天晚上都有人悄悄跑来，偷挖这些"禁果"。大家尝到马铃薯的美味后，又偷出一些"禁果"把它移植在自己的菜园里。

于是，马铃薯便在法国推广开来。

法国著名女高音歌唱家玛·迪梅普莱，有一座非常漂亮的园林，山清水秀，林木葱郁，流水潺潺，鸟鸣啾啾，好一派迷人景象。

为此，引来不少人来这里度周末：采鲜花、采蘑菇、捉蟋蟀、观月亮、数星星，有的甚至燃起篝火，一边野餐，一边唱歌跳舞，余兴未尽者，干脆搭起帐篷，彻夜狂欢。因此，常常把园林搞得一片狼藉，肮脏不堪。

束手无策的老管家，只得按迪梅普莱的指令，在园林的四周围搭起篱笆，竖起"私家园林，禁止入内"的警示牌，并派人在园林的大门处严加看守，结果收效甚微，许多人依然通过各种途径用极其隐蔽的方式钻进去，令人防不胜防。后来管家只得再行请示，请主人另想良策。

迪梅普莱思忖良久，猛地想起，园林中不是经常有毒蛇出没吗？直接禁止游人入内不见成效，何不利用毒蛇做篇文章呢？她叫管家雇人做了一些大大的木牌立在园林的显眼处，上面醒目地写明："请注意！你如果在林中被毒蛇咬伤，最近的医院距此15公里，驾车需半小时。"

从此以后，再闯入她园林的人便寥寥无几了。

从上面两个实例中我们可以看出，帕尔曼特推广马铃薯的种植也好，迪梅普莱禁止游人进入她的园林也好，"常规性的措施"已完全不起作用，只有借助其他手段，迂回曲折地走一下弯路，再用巧妙的办法来解决问题。

对于非常强大的敌人或障碍，如果我们没有必要的条件和充足的力量去打垮它，只是一味地直线前进，盲目蛮干，那是一勇之夫所为，轻则徒劳无功，重则头破血流，丢盔卸甲，甚至惨败。

反过来，我们动动脑筋，变换一下思路，不去向强敌直接挑战，不去触动和攻击障碍本身，而是采取避实击虚、避重就轻的迂回方式，先去解决与它发生密切关系的其他因素，最后使它不攻自破或不堪一击，比起硬碰硬的真打实敲，岂不更有效果？

对于问题，根据具体情况做具体的分析研究，该勇往直前的就义无反顾地冲上去，但面临一些无条件、无力量解决的问题时，我们可以理智地避其锋芒，"绕道而行"，不争一时之气。取得最终的胜利才是根本，笑到最后的才是真英雄。

创新是一种强大的力量

【原文】夫物或乃是而然,或是而不然,或一周而不一周,或一是而一不是也。(《墨子·小取》)

【大意】事物有些为"是"而正确,有些为"是"而不正确。有些为一方是面普遍,而另一方面却是不普遍。有些为一方面是正确的,而另一方面却是不正确的。

墨子认为,事情是变化无常的,有些时候是,而有些时候又变成了不是,所以要以发展的眼光来看问题。在不同的环境下,或者是在不同的条件下,都有可能得出不同的结果。正所谓"此一时,彼一时",要有变化的思维,有变就是有创新。在众多信仰中,思维创新是最独特的,也是最有效的。无论你相信与否,人类的进步、科学的发展都是创新精神的结果。

松下幸之助说:"今后的世界,并不是以武力统治,而是以创新支配。"可见创新力量的强大。创新能力,是每个正常人所具有的自然属性与内在潜能,普通人与天才之间并无不可逾越的鸿沟,惠能和尚甚至说:"下下人有上上智。"所以,我们每个人都可以养成创新的习惯。

在人的一生中,我们总会碰到大大小小创新的机会,善于抓住创新翅膀的人是聪明的人,但更聪明的人是凭借自己之力,自由飞翔。一个好的创意往往会彻底改变我们的人生,成为人生成功的灵魂。

一位孤独的年轻画家,除了理想,他一无所有。为了理想,他毅然远行。起初他到堪萨斯城的一家报社应聘,那里的良好氛围正是他所需要的。但主编看了他的作品后认为缺乏新意而不予录用,他初尝了失败的滋味。

后来,他替教堂作画。由于报酬低,他无力租用画室,只好借住在一家废弃的车库。一天,疲倦的画家在昏黄的灯光下看见一对亮晶晶的小眼睛,是一只小老鼠。他微笑着注视着它,而它却像影子一样溜了。后来小老鼠又一次次出现。他从来没有伤害过它,甚至连吓唬都没有。它在地板上做多种运动,表演杂技,而他就奖它一点面包屑。渐渐地,他们互相信任,彼此建立了友谊。

不久,年轻的画家被介绍到好莱坞去制作一部以动物为主题的卡通片。这可是个难得的机会,但他再次失败了。

在黑夜里,他苦苦思索自己的出路,甚至开始怀疑自己的天赋。就在他潦倒不堪的当儿,他突然想起车库里的那只小老鼠,灵感在黑夜里闪出一道光芒。他迅速画出了一只老鼠的轮廓。

有史以来最伟大的卡通形象——米老鼠诞生了,沃尔特·迪士尼也因此扬名。

探索、创新改变了整个世界。人类在进步,但如果没有创新,我们充其量也只是一只灵猴而已!相信人人都这样想过:"要是我能像鸟儿一般飞翔,该有多妙啊!"大多数人都只是说说,但不惜以身相试的也不乏其人。

1020年,有个叫奥利弗的英国人决心实现这个夙愿,他在双臂上系上了一对鸟翅,扑腾了200多米,坠下来,结果跌断了双臂和双腿。尽管他身负重伤,然而似乎还很开心,他说是他疏忽了,忘了安上个马尾巴!

无独有偶,在1507年,有个叫约翰·达米恩的意大利人再次对这一纪录做了勇敢的挑战。他在苏格兰进行了他的试飞计划。因为鸟毛难寻,他就因地制宜,用鸡毛扎了一对翅膀。那天,他披着用鸡毛制成的翅膀,从斯多林城堡的高墙上纵身一跳,结果,宛如石头下落,还算幸运,他只跌断了一条腿。约翰·达米恩异常失望,他长叹了一口气,懊丧地说:"我犯了一个错误,我用的是鸡毛,而鸡是不会飞的。要是起先用鸟毛,我相信是可以飞起来的。"

科学的发现、人类的进步,来源于人类对自然的舍身探索。进步的动力,是创新的结果。

创新的能力与其他能力一样,是可以通过教育、训练而激发出来并在实践中不断得到提高发展的。我们应当相信创新是一种伟大的力量。

经常反省自己

【原文】君子察迩修身也,修身见毁而反之身者也。此以怨省而行修矣。(《墨子·修身》)

【大意】君子明察左右来提高自己的修养,提高修养后还受人诋毁时,会再自我反省,因而怨少而品德日修。

墨子在《修身》篇中特别强调了自我反省的重要性,认为君子就需要不断地经常自我反省,减少怨恨和仇恨。对自己做错的事,知道悔悟和反省,这是敦品厉行的原动力。不反省不会知道自己的缺点和过失,不悔悟就无从改进。

著名作家李奥·巴斯卡力,写了大量关于爱与人际关系方面的书籍,影响了很多人的生活。据说,他之所以有这样卓越的成就,完全得益于小时候父亲对他的教育,因为每当吃完晚饭时,他父亲就会问他:"李奥,你今天学了些什么?"这时李奥就会把在学校学到的东西告诉父亲。如果实在没什么好说的,他就会跑进书房拿出百科全书学一点东西,告诉父亲后才上床睡觉。这个习惯一直维持着,每天晚上他就会拿十年前父亲问他的那句话来问自己,若当天没学到点什么东西,他是不会上床的。这个习惯时时刺激他不断地吸取新的知识,产生新的思想,不断进步。

无独有偶,在我朋友的书房里,赫然醒目地挂着一张条幅:"在飞逝的今天,你为生活留下了什么?"而且问号写得特别大。朋友说:"这张条幅像悬在我脊梁上的一条鞭子,问号像一把锋利的离别钩,直刺我的心灵。"朋友认为,善待每一天是成功人生的真实写照。每一天都是描绘成功人生画卷的一笔,我们必须认真地画好每一笔。人生也好比一卷长长的胶片,每一格胶片记录着每天的生活态势。所谓反省,就是反过来省察自己,检讨自己的言行,看一看有没有要改进的地方。

反省是自我认识水平进步的动力。反省是对自我的言行进行客观的评价，认识自我存在的问题，修正偏离的行进航线。

为什么要经常反省？因为人不是完美的，总要有个性上的缺陷、智慧上的不足，而年轻人更缺乏社会历练，常常会说错话、做错事、得罪人。反省的目的，在于建立一种监督自我的畅通的内在反馈机制。通过这种机制，我们可以及时知晓自己的不足，及时匡正不当的人生态度。良好的反省机制是自我心灵中的一种"自清洁系统"或自动纠偏系统。反省是砥砺自我人品的最好磨石，它能使你的想象力更敏锐，它能使你真正认识自我。

时下，许多行业都很注重反省的习惯，以增强行业的凝聚力和工作效率。西方一家企业在一天工作结束时，抽出下班前的10分钟，让员工集合起来一起做次"晚祷"，由老板领头朗诵下面几句话：

——我今天8小时的工作，是否有偷懒的行为？

——我今天的工作是否有任何缺点？

——我对今天的工作是否尽了全力？

——我今天是否说过不当的话？

——我今天是否做过损害别人的事？

这种方式对个人来说是过于呆板了些，但其精神可资借鉴。对个人来说，方式可以灵活机动些，只要是反省自己，随时随地都可以进行。建立自我反省机制是为了反观自我的不足，以达到提升自我、健全自我和改善自我的目的。我们要从以下几方面认识反省、看待反省：

（1）正视人性的弱点，认识反省自我的必要性。

毋庸置疑，人的通病都是"长于责人，拙于责己"或"以自我为中心"。反省要求的是"反求诸己"，而不是找他人的不是。反省是一面心镜，通过它可以洞观自己的心垢。自我如同眼睛一样可以尽情地看外面的世界，却无法看到自己。反省机制的建立将彻底改变这一局限。说反省难，难就难在你愿不愿意去看到心垢，有没有勇气去洗刷它。

（2）反省是认识自我、发展自我、完善自我和实现自我价值的最佳方法。

成功学专家罗宾说：我们不妨在每天结束时好好问问自己下面的问题：今天我到底学到些什么？我有什么样的改进？我是否对所做的一切感到满意？如果你每天都能改进自己的能力并且过得很快乐，必然能够获得意想不到的丰富人生。真诚地面对这些提出的问题就是反省，其目的就是要不断地突破自我的局限，省察自己，开创成功的人生。

（3）反省的内容就是时时扪心自问自己的言行，这是郑重的人生之问。

每天进行"心灵盘点"，有益于及时知道自己近期的得与失，思考今后改进的策略。

（4）反省的立足点和取向主要是针对自己，省悟自身的不是。

这不仅是自身素质不断完善的手法，而且是融洽人际关系的法宝。比如，"念自己有几分不是，则内心自然气平；肯说自己一个不是，则人之气亦平"，"自知其短，乃进德之基"，"先问自己付出多少，再问人家给了多少"等。这都是很好的反省方法。若我们能时时这样去反省，就能使自己心平气和，善结人缘，力求进取，开创光辉的人生。

反省的方式可以灵活多样，至于反省的方法，有人写日记，有人则静坐冥想，只在脑海里把过去的事拿出来检视一遍。

只要我们都关注自身的发展，就无法回避认识自我。我是谁？我能干什么？我做得怎样？我要到哪里去？……在茫茫的人生旅途上，我们都必须亮起一盏心灯，时时叮嘱自己："一路走好。"只有这样，我们的成功之路才能越走越宽广。